Un chat qui nous ressemble tant...

MYSTIC
À LA DÉCOUVERTE DU
BONHEUR

Anne-Claire Szubaniska

Traduit de l'Anglais (USA) par Antoine Mainguy
Titre original, Mystic and the Secret of Happiness
ACAM PUBLISHING, Penn Yan, New York

MYSTIC À LA DÉCOUVERTE DU BONHEUR
Un chat qui nous ressemble tant...

Anne-Claire Szubaniska

TRADUCTION PAR
Antoine Mainguy

Mentions légales

Le Code de la propriété intellectuelle interdit les copies ou reproductions destinées à une utilisation collective. Toute représentation ou reproduction intégrale ou partielle faite par quelque procédé que ce soit, sans le consentement de l'auteur ou de ses ayants droit ou ayants cause, est illicite et constitue une contrefaçon, aux termes des articles L.335-2 et suivants du Code de la propriété intellectuelle.

ISBN : 978-0-9983848–2-5

Texte copyright © 2017 Anne-Claire Szuba
Couverture & illustrations © 2022 ACAM Enterprises LLC

Couverture Antoine Mainguy et Lhor

ACAM Publishing is a DBA of ACAM Enterprises LLC,
Penn Yan, New York

À mes grands-parents, Papi et Miman

Table des matières

Déclencheur	1
Nouvelle amie	21
Avant-goût du bonheur	41
Perdre confiance et affronter la peur	61
Intuition	75
Changement de perception	89
Plongée profonde dans l'obscurité	109
Nouveau départ	125
Nouveau défi	143
Le pouvoir du lâcher-prise	163
Amour	191
Tout rentre dans l'ordre	207
Vous avez aimé...	239
Anne-Claire Szubaniska	240
À propos de l'auteur	241
Remerciements	243

Déclencheur

- 1 -

La nuit était obscure et fraîche, plongeant tout le monde dans un sommeil profond. Enfin, presque tout le monde. Les chats, libres de vagabonder à l'extérieur sous le couvert de la nuit, rôdaient dans les environs, à la recherche de petits rongeurs à traquer ou de poubelles à fouiller. Parmi eux se trouvait Mystic, un chat tigré gris impeccablement soigné, paré de rayures blanches et noires, les yeux bleus perçants. Cependant, contrairement à ses congénères, Mystic n'était pas en quête de proies ou de détritus à explorer. Il était assis, contemplant les étoiles aux côtés de son ami, un éléphant nommé Bumpa.

Les nuits comme celle-ci étaient leurs préférées: La nouvelle lune dévoilait un ciel d'une clarté cristalline, créant une couverture étincelante de millions d'étoiles scintillantes.

Une étoile filante traversa le ciel.

— Ouah ! s'exclama Bumpa en rebondissant lourdement sur la plate-forme en bois où il aimait s'asseoir avec Mystic. Tu as vu ça ? Combien de temps a-t-elle filé !

— Oui, oui, oui, je l'ai vue, répondit Mystic. Mais arrête de sauter comme ça. Tu vas à nouveau briser notre banc, et cette fois-ci, le soigneur pourrait ne pas vouloir le réparer. Alors, nous ne pourrions plus nous asseoir.

Bumpa était complètement indifférent à l'irritation de Mystic.
— Je sais, mais as-tu vu la longueur de sa queue ?
— Oui, c'était impressionnant. As-tu fait un vœu ?
— Un peu que je l'ai fait ! Bumpa balançait sa queue de façon énergique. J'avais gardé mon meilleur vœu pour celle-ci, et je l'ai fait !
Il bondit à nouveau sur la plateforme, et Mystic le regarda avec désapprobation.
— Oups, désolé, se mit à rire Bumpa.
Mystic sourit. Bumpa n'essayait pas délibérément de l'embêter ; il débordait simplement de joie et avait besoin de l'exprimer, un peu comme un enfant à Noël. C'était en réalité ce que Mystic aimait le plus chez Bumpa : son enthousiasme contagieux.
Cependant, il arrivait parfois que Bumpa dise des choses qui le contrariaient, comme ce qu'il venait de dire.
— Pourquoi ne m'as-tu jamais parlé de ton vœu le plus cher? Cela me surprend que tu ne l'aies jamais partagé avec moi. Tu sais tout sur moi, et je pensais que je savais tout sur toi aussi. Mais apparemment, je...
Mais il n'eut pas la chance de terminer. Bumpa éclata de rire.
— C'est tellement typique de toi, dit-il. Tu prends tout personnellement, comme si je t'aimais moins parce que je ne t'ai pas parlé d'un de mes nombreux vœux.
Même si Bumpa avait raison, cette remarque troubla Mystic. Et ce n'était pas seulement ça. Mystic était conscient d'être trop susceptible, mais il ne savait pas comment faire autrement. Sa douleur se transforma alors en colère.
— Pourquoi me fais-tu mal ? Tu sais que ça me blesse quand tu me parles ainsi.
Bumpa lui fit un grand sourire,
— Mystic, s'il te plaît ! Tu sais que je ne ferai jamais rien pour te faire du mal. Jamais. Tu es blessé, c'est tout.
Mystic fit la moue. Il avait espéré que Bumpa admettrait avoir mal agi, mais au lieu de cela, il continuait.
— C'est la façon dont tu interprètes les choses qui te blesse, et non pas ce que je fais ou dis.
— Pourquoi ne m'as-tu pas parlé de ton rêve, alors ? gémit Mystic. Ne suis-je pas assez important pour toi pour que tu ne le partages pas avec moi?
— Cela n'a rien à voir avec notre amitié, Mystic, dit Bumpa

tendrement. Je ne te l'ai pas dit parce que, pour qu'un vœu devienne réalité, il doit rester dans notre tête. C'est un secret. Cependant, je te promets que lorsqu'il se réalisera, je te raconterai tout. J'ai tellement hâte de le faire !

Il retrouva son enthousiasme et se mit à danser sur le banc.

— Tu me promets que je serai le premier à le savoir ?

— Je te le promets.

Bumpa tendit sa patte avant droite et s'exclama : « Tope là ! »

Mystic, rassuré par la promesse de Bumpa, leva sa petite patte et la claqua contre celle de son ami.

— Promis ! s'exclamèrent-ils.

Mystic regardait vers le ciel, sa contrariété s'atténuant peu à peu, lorsque soudain, une autre étoile filante trancha la nuit comme une boule de feu en pleine course. Il essaya de formuler un vœu, mais rien ne lui vint à l'esprit. De toute façon, il doutait que faire un vœu au passage d'une étoile filante suffise à l'exaucer.

Bumpa est libre et heureux, il n'a aucun mal à formuler des vœux. Il contemple simplement les étoiles avec une joie totale, et les vœux lui viennent tout naturellement. Mystic admirait tellement Bumpa pour son esprit libre, qu'une petite part de lui-même aspirait vraiment à lui ressembler. Lorsqu'ils étaient ensemble, Mystic puisait de l'énergie auprès de son ami, se sentant ainsi plus libre et plus heureux. Cependant, il lui semblait injuste de ne pas pouvoir atteindre cet état par lui-même.

- 2 -

Mystic avait un rituel. Il rendait visite à Bumpa la nuit et en milieu de journée. Quotidiennement, vers midi, il quittait sa maison pour se rendre au parc où vivait Bumpa, et au fil des mois, les gardiens s'étaient habitués à ses visites régulières. La rumeur s'était alors répandue qu'un chat domestique venait chaque jour voir un éléphant, attirant ainsi de nombreux enfants qui venaient en grand nombre les observer.

Le visage rayonnant de Bumpa reflétait la joie et l'énergie qu'il tirait des nombreux sourires qui l'entouraient dans son enclos. Bien sûr, Mystic était toujours très excité, mais au fond de lui, il savait qu'il n'était pas aussi joyeux et enthousiaste que son ami. Il souhaitait vraiment être aussi heureux que semblait l'être Bumpa.

À chaque fois qu'il arrivait, Mystic se frottait contre les énormes pieds gris de Bumpa pour lui dire bonjour. Bumpa s'asseyait alors, enveloppait Mystic dans sa trompe, le soulevait dans les airs et le déposait sur son épaule. C'était toujours le moment où les enfants impressionnés laissaient échapper des cris de surprise, ce qui faisait sourire Bumpa. Mais les cris souvent trop stridents, provoquaient une certaine tension chez Mystic.

C'était souvent le matin après avoir observé les étoiles ensemble, et Bumpa venait de placer Mystic sur son épaule. Tous les enfants sautaient et criaient d'excitation.

— Ils me rendent si heureux, dit Bumpa. J'adore ça !

— Il doit y en avoir plus d'un millier aujourd'hui ! cria Mystic par-dessus le vacarme.

Il restait ébahi devant le nombre de petits visages qui le fixaient intensément. - il n'en avait jamais vu autant, et pour une fois, il ressentait la même excitation que Bumpa. Une telle joie était une nouvelle expérience pour lui, et il adorait ça !

— Et bien, que veux-tu faire aujourd'hui ? demanda-t-il alors qu'il retrouvait un peu de calme.

— Jouer ! s'exclama Bumpa, sautillant sur place.

— Bien sûr, jouer, répondit Mystic en riant. Nous jouons toujours, n'est-ce pas ?

C'était exactement ce qu'il aimait partager avec Bumpa – l'excitation et l'enthousiasme débordant qui lui faisaient oublier tout le reste. Sans prévenir, Mystic sauta de l'épaule de Bumpa et s'écria : « Essaye de m'attraper ! »

Bumpa se tourna instinctivement pour attraper Mystic avec sa trompe, mais il le manqua, et Mystic atterrit légèrement sur ses pattes devant lui. Il courut, et Bumpa le poursuivit jusqu'à ce que Mystic s'élance entre ses jambes.

Bumpa arrondit le dos, poussa la tête en avant et tendit sa trompe vers Mystic. C'était une pose à la fois drôle et audacieuse. Les enfants hurlaient de peur, craignant que Bumpa ne tombe sur lui-même ou sur Mystic, mais cela ne s'était jamais produit. C'était un stratagème, et Bumpa pouvait en réalité contrôler son corps beaucoup mieux qu'il n'y paraissait. Les cris des enfants redoublaient à chaque fois que Bumpa semblait sur le point de capturer Mystic avec sa trompe, mais cela faisait aussi partie intégrante de leur jeu. Mystic et Bumpa échangèrent un clin d'œil complice et continuèrent à s'amuser.

Quand tous deux furent enfin épuisés, Mystic laissa Bumpa l'attraper et le lancer en l'air. Les enfants hurlaient de peur alors que Mystic tournoyait dans le ciel, mais Bumpa le rattrapait toujours et le posait doucement à terre.

Puis ils s'assirent côte à côte, la tête de Mystic reposant confortablement contre le corps chaleureux et accueillant de Bumpa. À cet instant, la vie était parfaite, et Mystic pensait qu'il pourrait rester ainsi pour l'éternité. D'un côté, les enfants adorables hurlant de joie, de l'autre, son ami. La vie était belle.

Dommage que cela ne puisse pas durer pour moi comme c'est le cas pour Bumpa, pensa Mystic à regret. Il sentait déjà son bonheur s'estomper. *J'aimerais tellement être comme lui.*

– 3 –

Quand Mystic n'était pas au parc avec Bumpa, il était à la maison avec sa famille adorée : Jane, Pete et leur fille Sarah. Mystic les aimait tous, mais il avait une affection particulière pour Sarah.

À même pas six ans, Sarah était déjà la réplique étonnante de sa mère : toutes deux arboraient de denses et soyeux cheveux noirs, des yeux bruns d'une intensité captivante, et une peau pâle comme de la crème. Cependant, au-delà de ces ressemblances physiques frappantes, Sarah partageait également la nature bienveillante et douce de sa mère. Chaque fois qu'elle jouait avec Mystic, elle veillait à ne pas être trop brusque, témoignant ainsi de sa gentillesse naturelle.

L'amour qu'il partageait avec Sarah différait de celui qu'il avait avec Bumpa, mais il n'en était pas moins profond. Avec Bumpa, il pouvait communiquer directement, tandis qu'avec Sarah, c'était plus instinctif. Elle semblait toujours savoir ce que Mystic essayait d'exprimer à travers son langage corporel, et Mystic pouvait presque toujours comprendre ce que Sarah essayait de dire avec le sien. Pour un chat et un humain, leur connexion était exceptionnelle. Mystic connaissait d'autres chats qui n'étaient pas aussi proches de leurs humains ni même des autres animaux avec lesquels ils partageaient leur quotidien. Il savait que cette complicité était précieuse.

– 4 –

Au petit matin, après avoir passé la nuit avec Bumpa, Mystic se glissa à travers la chatière de la porte de la cuisine comme à son habitude. Il s'assura de faire suffisamment de bruit pour que Sarah puisse l'entendre. Ses oreilles étaient bien habituées aux sons de la chatière, et l'un des plus grands plaisirs de Mystic, en dehors de son temps avec Bumpa, était quand Sarah le prenait dans ses bras et lui couvrait la tête de baisers lorsqu'il rentrait. Il se sentait chaleureusement accueilli et accepté.

Sarah était assise à la table du petit déjeuner lorsque Mystic arriva, et dès qu'elle le vit, elle abandonna ses céréales et se précipita vers la porte.

— Tu es de retour ! s'écria-t-elle avec joie, le soulevant et le prenant dans ses bras.

Jane et Pete, qui étaient encore à table, sourirent et poursuivirent leur petit déjeuner. Après des baisers et des caresses, Sarah reposa doucement Mystic sur le sol, et il se frotta contre ses jambes, ronronnant aussi fort que possible.

Cela faisait toujours rire Sarah.

— Il ronronne comme un bateau à moteur.

— Sarah, viens finir ton petit déjeuner, dit Jane en souriant. Tu vas être en retard à l'école. Et d'ailleurs, Mystic a sûrement du sommeil à rattraper.

— D'accord, répondit-elle, en se penchant vers Mystic pour le câliner encore une fois. Puis à contrecœur, elle retourna s'asseoir à table pour terminer son repas, tandis que Mystic se dirigeait vers l'escalier pour monter dans la chambre de Sarah.

Pendant qu'il marchait, il réfléchit à quel point il était chanceux d'avoir à la fois Sarah et Bumpa. C'est pourquoi il cherchait toujours à exprimer sa gratitude. Lorsque Sarah rentrait à la maison dans l'après-midi après l'école, Mystic était souvent en train de se reposer après avoir passé du temps à amuser les enfants avec Bumpa. Sarah en était consciente, et avant de rejoindre ses amis pour jouer, elle se précipitait à l'étage pour passer du temps avec Mystic. Il s'assurait également d'être là le soir pour partager des moments avec elle après le dîner. Quand venait l'heure du coucher, il se blottissait à ses pieds. Mais par-dessus tout, ce qu'il chérissait, c'était s'endormir à ses côtés, sur son oreiller. Sarah délaissait alors son ours en peluche pour le prendre dans ses bras.

Une fois dans les bras de Sarah, c'était comme si le monde avait cessé de tourner et que ce moment de paix et de perfection pouvait durer éternellement. Mais Bumpa l'attendait en regardant les étoiles. Alors, une fois Sarah profondément endormie, Mystic sortait à nouveau, en prenant beaucoup de soin cette fois-ci pour que la chatière ne fasse aucun bruit.

Mais tout cela, c'était pour plus tard. Maintenant, recroquevillé comme une virgule au bout du lit défait de Sarah, Mystic s'était endormi, pensant aux enfants qu'il allait bientôt divertir avec Bumpa. Il rêvait, à nouveau, d'être aussi heureux que son ami.

– 5 –

— Bumpa! Hé, Bumpa!

Mystic traversa le tunnel reliant le chemin à l'enclos de Bumpa, comme il le faisait tous les jours à l'heure du déjeuner. Le tunnel était sombre et frais, parfaitement à sa taille. À l'occasion, quand il faisait trop chaud ou qu'il n'avait pas suffisamment dormi, Mystic se couchait et faisait une sieste dans l'humidité fraîche sous les rochers. Mais aujourd'hui, il était reposé et débordant d'énergie.

Bumpa ne répondit pas. Parfois, lorsque les enfants étaient vraiment excités, leurs cris couvraient sa voix, et Bumpa ne l'entendait pas. Mais aujourd'hui, tout était étrangement silencieux. Beaucoup plus silencieux que d'habitude, ce qui fit naître une étrange sensation au creux de l'estomac de Mystic. Il pressa le pas.

Peut-être s'est-il endormi, pensa-t-il, mais sans trop y croire. Bumpa ne s'endormait jamais lorsque Mystic devait arriver. Son cœur battait aussi rapidement qu'un moineau pris au piège dans une cheminée. Il ne comprenait pas vraiment pourquoi, mais une sensation vague d'inquiétude s'éveillait en lui, laissant entendre qu'un événement terrible venait de se produire. Il tenta de chasser cette pensée, en vain. Il se mit à courir.

Mystic émergea du tunnel plus rapidement que d'habitude. Au lieu de trouver l'enclos familier, un lieu qu'il connaissait aussi bien que sa propre maison, il se retrouva dans un paysage étranger. Les jouets avaient disparu, de même que la mangeoire, les couvertures et la literie de Bumpa. Normalement, le foin et les restes de fruits qu'il délaissait étaient éparpillés au sol, mais là, tout était propre. L'odeur était similaire à celle de la maison de Jane et Pete après une grande séance de nettoyage.

Il leva les yeux vers le bord de l'enclos, s'attendant à voir les visages souriants des enfants, mais là aussi tout était désert. Il trouva étrange de ne voir personne.

Pourquoi ont-ils nettoyé son enclos ? se demanda-t-il. Pendant tous les mois où il avait visité Bumpa, ils ne l'avaient jamais nettoyé de la sorte. L'appréhension dans son estomac s'intensifia.

Alors une idée lui vint : *Ils ont dû le déplacer dans un autre enclos !* Cela pouvait s'expliquer. Pour nettoyer son enclos à ce point, ils ne pouvaient pas le faire avec Bumpa à l'intérieur.

— Je dois juste trouver où !

Sa voix retentit dans le vide et revint à ses oreilles. Il entendit de l'espoir dans ses mots et fut réconforté. *C'est ça !* pensa-t-il.

— Je vais faire le tour du parc et regarder dans chaque enclos. Je parie que je le trouverai en un rien de temps !

Excité, il retraversa le tunnel, laissant le grand enclos vide derrière lui. Il lui faudrait un certain temps pour fouiller tout le parc, alors il voulut commencer immédiatement. Il parcourut la longueur du tunnel en un temps record, mais lorsqu'il sortit de l'autre côté, il se figea aussitôt.

Il avait oublié que c'était la mi-journée et que le parc était plein de visiteurs qui ne regardaient pas où ils allaient. Sans parler des enfants qui couraient partout, excités, les poches pleines de friandises. Cela pouvait être dangereux pour un petit chat comme lui. Son espoir commença à s'émousser. Il ne pouvait pas chercher maintenant, pas facilement en tout cas. Mais chaque minute qui s'écoulait sans savoir où était Bumpa rendait ses pensées négatives de plus en plus oppressantes et son désespoir insupportable.

Sa poitrine était comprimée, et il éprouvait de la difficulté à respirer. C'était trop en même temps : la peur de l'inconnu, l'anticipation de ce qui allait se passer, et peut-être le pire de tout, son inquiétude croissante de ne plus jamais revoir Bumpa.

Cela ne me mène nulle part, pensa-t-il. *Je dois agir*. Il était toujours figé sur le chemin, il y avait des gens partout autour de lui et tôt ou tard quelqu'un finirait par le remarquer. *Mais par où commencer ?*

Et puis cela lui revint. Le plus grand enclos vide était celui où habitaient les ours polaires. Il était vide depuis un an, et la rumeur disait qu'ils avaient été déplacés dans un endroit où ils pourraient être plus libres. Il avait entendu dire qu'ils étaient heureux maintenant. Il n'avait pas connu les ours personnellement, mais il connaissait le chemin, et ce n'était pas loin.

MYSTIC À LA DÉCOUVERTE DU BONHEUR

Il se mit à marcher, lentement au début, essayant d'éviter la forêt de jambes autour de lui, mais très vite il se mit à courir. Alors qu'il courait, il devenait de plus en plus certain que Bumpa serait là, qu'il devait être là. Bientôt, il rirait de son inquiétude. Il ne pouvait imaginer aucun autre scénario.

Mais avant même qu'il ne puisse s'approcher plus de l'enclos des ours polaires, son espoir fut brisé. Le plexiglass qui l'entourait était sale et opaque.

Peut-être qu'ils n'ont tout simplement pas eu le temps de le nettoyer, pensa-t-il. Mais lorsqu'il atteignit le plexiglass sale et baissa les yeux, le peu d'espoir qu'il avait réussi à conserver disparu. La peinture bleue sur le fond de la piscine vide était craquelée et écaillée. Il était évident que personne n'y habitait depuis longtemps.

La douleur s'abattit sur lui brusquement, comme un éclair déchirant le ciel. *Il est parti*, pensa-t-il. *Il est parti pour toujours, comme les ours*. À cet instant, il fut certain qu'il ne reverrait jamais son ami, et à sa douleur s'ajouta la colère.

— Non! cria-t-il. Non, non, non! S'il te plaît, reviens, Bumpa! Peu importe si les ours polaires sont plus heureux là où ils sont maintenant, je ne veux pas que tu sois loin! Je te veux ici! Reviens!

Sa voix retentit sur les murs vides de l'enclos sans aucun autre son. Bumpa ne répondait pas.

Il se sentait seul, comme si le monde s'écroulait autour de lui.

Il s'assit quelques instants, triste et en colère avant de se décider à se lever pour aller vérifier les autres grands enclos. Il n'avait que peu d'espoir de trouver Bumpa dans aucun d'eux – ils étaient tous occupés par les girafes, les élans et tous les autres animaux gigantesques –, mais il devait y aller. Il voulait être sûr.

De plus en plus de gens affluaient chaque minute dans le parc, rendant ses recherches plus risquées. Se déplaçant rapidement mais avec prudence, il se fondait autant que possible dans l'ombre. En peu de temps, il avait réussi à tous les visiter.

Mais Bumpa ne se trouvait nulle part. Triste, abattu et fâché, Mystic décida de rentrer chez lui. Il n'y avait plus rien d'autre à faire ici pour lui maintenant.

- 6 -

Mystic était perdu dans ses pensées. Toutes accaparées par Bumpa.

Habituellement, il adorait le chemin jusqu'à chez lui. Dans le tronçon entre le parc et sa maison, les oiseaux étaient partout, volant joyeusement de branche en branche, et les regarder lui procurait beaucoup de joie. Ils étaient libres, beaux et rapides, pas le genre d'oiseaux qu'il oserait chasser. Mais aujourd'hui, la vue de ces oiseaux joyeux et plein de vie l'amena à se sentir comme ceux qu'il attrapait parfois : vieux et malades. Les regarder voler si librement, bavardant les uns avec les autres sans se soucier de rien le rendait encore plus conscient de l'absence de Bumpa et de la solitude qu'il éprouvait. Il aurait voulu être avec eux, et comme eux, voler sans soucis ni inquiétude.

Mais cela n'arriverait plus et certainement pas ce matin. Il avançait d'un pas lourd et mécanique, la tête baissée, la queue traînante, les yeux fixés au sol au lieu de regarder les oiseaux. Machinalement arrivé à la porte de sa maison, franchissant avec lourdeur la chatière, il fut soulagé que Sarah ne soit pas là pour l'accueillir et le voir ainsi. Il lui aurait été impossible de feindre la joie comme Pete et Jane savaient le faire.

Il se rappelait avoir observé Pete rentrer du travail, visiblement en colère, en train de crier au téléphone dans le jardin. Pourtant, une fois à l'intérieur de la maison, Pete avait rapidement retrouvé un visage joyeux, dissimulant habilement ses émotions afin de protéger Sarah. Mystic savait qu'il ne pourrait jamais faire comme Pete. Ses émotions étaient toujours à vif et il lui était impossible de les dissimuler.

Il traversa la cuisine et monta dans la chambre de Sarah. À cet instant, tout ce qu'il désirait, c'était de se blottir au bout de son lit. En pénétrant dans la chambre, il ressentit immédiatement un réconfort. La présence de son parfum était presque aussi apaisante que son étreinte. Cela ne pouvait pas combler le vide qu'il ressentait, mais cela l'atténuait. Peut-être même plus que cela, pour la première fois depuis la disparition de Bumpa, il se sentit apaisé. Il sauta sur le lit, enfonça son nez dans la couverture de Sarah et s'installa, une patte posée délicatement autour de sa tête. L'odeur familière de la maison était réconfortante. Allongé, il sentit peu à peu sa tristesse et sa douleur s'apaiser. Avant même qu'il ne s'en rende compte, il s'endormit.

– 7 –

Un peu plus tard, le claquement de la porte de la cuisine le réveilla. Il s'étira, bâilla, et sauta du lit, oubliant pour l'instant sa tristesse matinale. Des voix venaient d'en bas, c'étaient Pete et Sarah. Il descendit les escaliers pour les voir. Lorsqu'il entra dans la cuisine, ils vidaient des sacs de provisions sur le comptoir. Il repéra immédiatement une boîte de sa nourriture favorite. Pete parlait à Sarah, mais Mystic ne comprenait normalement pas le langage des humains, et toute son attention était dirigée vers la boîte de nourriture posée sur le comptoir. Il se frotta contre la porte du placard et miaula légèrement.

— Il va avoir besoin de câlins supplémentaires maintenant, Sarah, dit Pete en prenant une gamelle du placard et en y versant la nourriture.

— Oui, papa, je sais.

Mystic fixait intensément la gamelle de nourriture dans la main de Pete. Avant même qu'il ne puisse la déposer au sol, il courut vers lui et commença à manger, prenant de grandes bouchées.

— Eh bien, au moins, ça ne lui coupe pas l'appétit ! Pete sourit en plaçant finalement la gamelle de Mystic sur le plancher de la cuisine.

— Il adore ça ! s'exclama Sarah en sautillant.

Elle se pencha et caressa Mystic pendant quelques instants, jusqu'à ce que Pete l'interpelle.

— Laisse-le manger en paix. Pourquoi ne vas-tu pas nettoyer ta chambre ?

Ils partirent tous les deux et Mystic resta seul. Alors qu'il léchait les dernières gouttes de jus au fond de sa gamelle, l'estomac plein et apaisé, une pensée lui traversa l'esprit.

Je devrais raconter à Bumpa à quel point je suis bien traité !

Puis il se souvint !

La tristesse le frappa à nouveau, chassant la quiétude qu'il avait appréciée pendant le repas qu'il venait de déguster. Il s'assit lourdement devant son assiette vide et la regarda. Il ne restait plus que quelques tourbillons graisseux laissés par sa langue et la vague odeur de poisson. Il n'aurait jamais cru possible de ressentir tant de tristesse assis devant un plat qui sentait si merveilleusement bon. Mais il n'aurait jamais pensé non plus que Bumpa le quitterai.

Ce n'est pas juste, pensa-t-il en léchant sa patte. *Être avec Sarah est censé être amusant, mais sans Bumpa dans ma vie, ça ne l'est pas. Je veux les deux, alors je serai heureux.* Il se dirigea vers son bol d'eau, mais avant même de prendre une gorgée, il décida qu'il n'en voulait pas vraiment.

Il entendit Sarah se déplacer dans sa chambre et courut à l'étage pour être avec elle.

Elle était assise sur le plancher à côté de son lit, jouant avec son nécessaire de coiffure. Elle lui fit signe de la main avec sa brosse à cheveux.

En temps normal, il aurait sauté sur le lit pour la regarder jouer, créant un monde imaginaire élaboré dans lequel elle s'immergeait totalement. Il aimait son imagination et se sentait plus près d'elle quand il la regardait jouer. Elle avait la même capacité de création que lui quand elle était dans son univers de coupes de cheveux, de permanentes et de teintures. C'était aussi vrai pour elle que lorsque Mystic prétendait qu'une boulette de papier était une souris ou un morceau de poussière flottant dans l'air un oiseau. Dès le début Mystic s'était rendu compte que c'était quelque chose d'unique qu'ils partageaient. Il n'avait jamais vu Jane et Pete imaginer quoi que ce soit, et les rares fois où il avait essayé de les impliquer dans le monde de Sarah en se frottant contre leurs jambes ou en miaulant, ils avaient juste pensé qu'il voulait de la nourriture.

Aujourd'hui, c'était différent. Aujourd'hui, il avait besoin d'attention et n'avait pas envie de rejoindre Sarah dans son monde imaginaire. Il traversa la pièce, se frotta contre son dos et poussa un petit miaulement plaintif.

Sarah se retourna aussitôt, prit Mystic dans ses bras, et le posa sur ses genoux.

— Je sais, Mystic, dit-elle d'une voix pleine de compassion. Papa m'a parlé de ton ami qui a été emmené. Je suis vraiment désolée.

Mystic fut interloqué. Il n'avait jamais pu traduire ce que les humains disaient – il y avait tant de mots, et aucun d'eux n'avait de sens pour lui bien qu'il puisse souvent traduire leurs émotions et leur langage corporel –, mais là, il comprenait. Pas les mots, nécessairement, mais il savait que Sarah avait compris qu'il avait perdu son ami.

Il la regarda.

— Où est Bumpa ? Que lui est-il arrivé ? Va-t-il revenir ?

Les questions étaient sorties de sa bouche avant qu'il ne s'en aperçoive, et du coup, il se sentit un peu sot. Il savait que Sarah ne pouvait pas le comprendre, que tout ce qu'elle entendait, c'était des miaulements.

— Je sais que tu es triste, Mystic. Mais je t'aime, et je serai toujours là pour toi. Tu n'es pas seul, tu sais ?

Elle l'étreignit avec force, plus fort que d'habitude, et lui fit un gros bisou sur le front. Elle le serra ainsi pendant un moment, jusqu'à ce qu'elle ressente l'urgence de se replonger dans son monde de rêve. Elle le posa délicatement sur son lit.

Peu de temps après, Sarah était absorbée par son jeu, discutant avec ses clientes de la couleur et de la coupe de cheveux qu'elles désiraient. Tellement absorbée, elle ne remarqua même pas lorsque Mystic sauta du lit, descendit les escaliers et sortit par la chatière.

– 8 –

Mystic marcha nonchalamment dans la rue jusqu'à ce qu'il soit devant la plus grande maison du quartier où vivait son ami Ulysse. Ulysse était un chat tout blanc aux traits délicats et à la fourrure soyeuse. Il avait l'air si raffiné et distingué qu'il était impossible d'imaginer la vie mouvementée qu'il avait chez lui. Il vivait avec trois garçons âgés de dix à seize ans, leurs parents, et il se passait toujours quelque chose dans sa maison.

Ulysse avait un jour confié à Mystic qu'en cas de tension ou d'énervement général, il lui suffisait de se frotter contre chacun d'eux pour changer l'ambiance. Cependant, il arrivait parfois que cela ne soit pas suffisant, et quelqu'un le chassait avec agacement. À chaque fois que cela arrivait, une autre personne intervenait immédiatement pour prendre sa défense, réprimander celui qui l'avait chassé et le prendre dans ses bras pour le protéger.

Cela ne durait jamais longtemps, et la paix revenait toujours. Mystic savait que ce qui semblait être le calme pour la famille d'Ulysse pourrait paraître chaotique pour Jane, Pete et Sarah. Malgré cela, Ulysse semblait apprécier sa vie et s'épanouir.

Mystic avait souvent pensé qu'il avait beaucoup de chance de ne pas avoir la vie trépidante d'Ulysse. Il n'aurait pas supporté un tel niveau d'énergie en permanence – il aimait trop le calme pour cela. Cependant, aujourd'hui, il ressentait les choses différemment. S'il avait été occupé à la maison avec sa famille, il n'aurait pas eu le temps d'aller au parc, de rencontrer Bumpa et il ne se sentirait pas aussi triste maintenant.

— Hé, Mystic, appela Ulysse depuis du trottoir tandis que Mystic s'approchait. Quoi de neuf?

— Rien de bien, répondit-il le cœur gros.

— Oh, dit Ulysse doucement.

Mystic connaissait Ulysse depuis plus d'un an, et Ulysse lui avait déjà reproché d'être trop sensible. Parfois, son attitude légère à son égard l'énervait, mais il ne pouvait pas le lui dire, sinon il lui reprocherait encore la même chose. Il n'avait pas oublié la dernière fois qu'il avait été déprimé et avait rencontré Ulysse.

— Qu'est-ce qui ne va pas, Mystic ? lui avait-il demandé à l'époque.

— Sarah m'a ignoré ces derniers temps, avait répondu Mystic. Elle passe beaucoup plus de temps avec ses amis qu'elle ne le fait avec moi. Elle ne m'a même pas pris dans ses bras aujourd'hui.

Ulysse avait ri.

— Je n'ai jamais vu un chat qui agit comme un être humain, avait-il dit. Normalement, les chats trouvent leur bonheur en eux-mêmes et n'ont besoin de rien ni personne pour se sentir bien. Ils aiment interagir avec les autres, mais ce n'est pas indispensable pour leur bien-être. En revanche, toi, tu sembles très dépendant de l'attention que l'on te porte pour te sentir bien !

Mystic n'avait rien dit, mais avait fait la moue.

— Juste parce que Sarah passe du temps avec d'autres personnes ne veut pas dire qu'elle ne t'aime plus.

Mystic n'avait pas été convaincu.

C'était le jour où il avait rencontré Bumpa pour la première fois, et ce soir-là, quand il était passé devant la maison d'Ulysse sur le chemin du retour, en marchant légèrement d'un air heureux, Ulysse lui avait demandé ce qui avait changé. Mystic lui avait parlé de Bumpa et de l'incroyable journée passée ensemble dans le parc.

— Tu vois ! s'était écrié Ulysse. Si Sarah ne t'avait pas ignoré, tu ne serais jamais allé au parc, tu n'aurais pas eu une journée extraordinaire et tu ne te serais pas fait un nouvel ami !

Mystic avait dû reconnaitre que la journée avait été parfaite.

— Et est-ce que tu aimes moins Sarah maintenant que tu as un nouvel ami ? avait demandé Ulysse avec un brin de sarcasme, mais c'était taquin sans être méchant.

— Non, bien sûr que non. Je peux aimer plus d'un ami à la fois.

— Sarah aussi.

Mystic avait reconnu qu'Ulysse avait raison, mais ça n'avait pas été facile à accepter. Les fois suivantes où Sarah avait passé plus de temps avec ses amis et avait moins joué avec lui, il s'était encore senti abandonné. Il avait également été blessé lorsque Bumpa lui avait raconté qu'il jouait avec ses gardiens et qu'il recevait des friandises pour le faire. Mystic n'aimait pas se sentir exclu.

Mystic se doutait, au ton d'Ulysse, que ce dernier avait supposé que c'était cette même vieille histoire qui le préoccupait et qu'il ne le prendrait pas au sérieux. Mystic en était encore plus découragé. S'il ne pouvait même pas en parler à Ulysse, avec qui pourrait-il le faire?

— Alors, que se passe-t-il cette fois-ci? demanda Ulysse.

— Non pas que cela t'intéresse ou ne puisse t'affecter, mais voilà, je ne reverrai jamais plus Bumpa, il est parti. Mystic s'effondra parterre sous le poids de ses paroles.

— Quoi! Mais c'est affreux! Que lui est-il arrivé? Était-il malade ou a-t-il eu un accident?

— Ce n'est pas ce que je voulais dire, soupira Mystic en levant les yeux au ciel. Il est parti... Il n'est plus dans son enclos.

— Oh! C'est tout?

Mystic comprit le soulagement d'Ulysse dans sa voix.

— Qu'est-ce que tu veux dire par là? N'est-ce pas suffisant? Penses-tu que je ne devrais pas être triste de ne pas trouver mon meilleur ami?

— Non, mais c'est mieux que si quelque chose de grave lui était arrivé, non? Il est toujours vivant, n'est-ce pas?

— Oui, oui, bien sûr.

Logiquement, Mystic savait qu'Ulysse avait raison, mais la logique et les émotions étaient deux choses différentes. Émotionnellement, il ne pouvait pas contrôler ce qu'il ressentait, même s'il savait que c'était égoïste.

— Mais au moins si quelque chose lui était arrivé, je saurais où il est.

— Tu ne le penses pas! Répondit Ulysse soudain plus sévère qu'il ne l'avait jamais été auparavant, ce qui choqua Mystic. Tu es juste en colère, et c'est normal, mais je sais que jamais tu ne souhaiterais de mal à l'un de tes amis, même si cela pouvait t'aider à te sentir mieux. Pas vrai?

— Non, je ne le ferai jamais, dit Mystic de sa voix douce et abattue. Mais je ne sais pas quoi faire.

— As-tu demandé aux autres animaux du parc?

— C'était trop animé quand j'étais là-bas, il y avait beaucoup de monde et c'était trop dangereux de courir partout.

— Alors, pourquoi ne pas rester ici avec moi jusqu'à ce que le soleil passe de l'autre côté des arbres ? Alors le parc sera fermé aux enfants et tu pourras parler aux animaux sans avoir peur. Je viendrais même avec toi si tu veux.

Mystic ne voulait pas attendre, il voulait savoir tout de suite. Cependant, Ulysse avait raison. Il était plus sage d'attendre un moment plus opportun. Mystic réalisait sa chance d'avoir un ami comme lui, même si ce dernier ne semblait pas toujours attentif à ses préoccupations. À présent, Ulysse manifestait de l'intérêt pour son problème, et Mystic se sentait moins seul dans ses recherches.

- 9 -

Lorsque le soleil passa de l'autre côté des arbres, les deux chats avaient élaboré un plan et s'étaient répartis les animaux avec lesquels ils discuteraient.

Ulysse parlerait aux oiseaux exotiques, aux animaux de ferme, aux lions et aux pigeons qui vivaient autour du parc. Mystic, lui, parlerait aux tigres, aux zèbres, aux phoques, puis finirait par les girafes.

Il lui avait fallu un peu plus d'une heure pour parler à tout le monde à l'exception des girafes, et après chaque animal dont il s'éloignait sans réponse, Mystic devenait de plus en plus préoccupé. Néanmoins, il remarqua que plus il exprimait sa tristesse, plus les autres animaux devenaient compatissants, ce qui lui faisait du bien. Alors il continua à agir comme s'il était accablé. L'attention qu'on lui portait était agréable... Plus que cela : il l'aimait. Quand il arriva à proximité du couple formé par Lili et Lulu, il avait perdu tout espoir. Forcément, les girafes ne sauraient pas non plus où était Bumpa. Mais au moins, il pourrait obtenir plus de compassion et d'attention, ce qui l'aiderait à trouver l'énergie de continuer.

Quand il s'approcha de leur enclos, Lulu et Lili levèrent la tête de leur plat de granulés et de branches d'acacia. La balustrade qui entourait la fosse où elles habitaient était à la même hauteur que leurs têtes, et Mystic se glissa dessous pour s'approcher d'elles.

— Salut, Lulu et Lili, dit Mystic, la voix basse et triste. Je suis ici parce que...

— Parce que tu cherches Bumpa, dit Lili.

Mystic s'arrêta net, il ne s'attendait pas à entendre le nom de

Bumpa, et soudain, tout l'espoir avec lequel il avait commencé sa recherche lui revint.

— Oui ! s'écria-t-il, mille questions sur le bout de la langue.

Mais avant qu'il ne puisse demander quoi que ce soit, Lili l'interrompit.

— Nous sommes désolés, Mystic, dit-elle, secouant la tête, le regardant fixement avec ses grands yeux chaleureux. Nous ne savons pas où est Bumpa. Nous avons vu son gardien venir à la première heure ce matin et l'emmener dans un camion.

— Et je connais le camion, interrompit Lulu. C'est le même qui a pris Snowy et Icy.

— Les ours polaires, ajouta Lili.

— Les humains avaient dit qu'ils allaient dans un endroit appelé sanctuaire pour les ours, mais je doute qu'ils aient emmené Bumpa là-bas, déclara Lulu.

Le visage de Mystic se décomposa, son bref moment d'espoir partant déjà en fumée. Snowy et Icy avaient été emmenés et ne sont jamais revenus. Bumpa ne reviendra jamais, pensa-t-il. Des flashes de moments heureux partagés avec Bumpa traversèrent son esprit, intensifiant son sentiment d'abandon. Tout à coup, le souvenir de l'autre nuit lui fit battre le cœur un peu plus fort. Bumpa avait envoyé son plus grand souhait au ciel, et maintenant il était parti.

Est-ce que c'était ça son vœu secret ? Partir ? Mais il m'avait promis qu'il me le dirait !

La trahison et les blessures bouillonnaient en lui. Il se sentait plus seul que jamais. Toutes sortes de pensées négatives tourbillonnaient dans son esprit comme un nuage de mouches. Il voulait crier. Il se sentait comme si le monde entier était contre lui.

C'est injuste ! Comment Bumpa peut-il me laisser ainsi ? Comment peut-il être si égoïste ?

Il aurait pu continuer à ressasser ces pensées négatives et blessantes pendant longtemps, s'il n'avait pas été interrompu par Ulysse qui arrêta sa course, à bout de souffle, à côté de lui.

— Pourquoi arrives-tu en courant comme ça ? demanda Mystic.

Mais la réponse ne l'intéressait pas vraiment. Son espoir de trouver Bumpa avait complètement disparu, et rien d'autre n'avait vraiment d'importance.

— J'ai parlé avec les pigeons. Ils m'ont parlé d'un gros camion et d'un éléphant qui était monté à l'intérieur. Je pensais que ça t'intéresserait.

Les oreilles de Mystic se redressèrent.

— Ils ont dit que Bumpa était monté dans le camion ? demanda-t-il, son intérêt à nouveau éveillé. Comme monté de lui-même ?

— Oui, dit Ulysse. Ils ont même dit qu'il avait l'air heureux et qu'il sautillait.

Mystic repensa à la nuit étoilée où Bumpa sautait joyeusement sur la plate-forme et put facilement l'imaginer faire cela à l'arrière du camion. Cela aurait été presque drôle s'il n'avait pas été si triste et blessé.

— C'est donc ce qu'il souhaitait, dit Mystic en soupirant.

Il regardait Lulu et Lili, mais il ne les voyait pas vraiment. Perdu dans ses pensées, tout ce qu'il pouvait voir, c'était Bumpa regardant les étoiles et faisant le vœu qui l'emmènerait loin d'ici pour toujours.

— Mais pourquoi ? Pourquoi voulait-il me quitter ? Pourquoi voulait-il me faire du mal comme ça ? Personne ne répondit.

— Eh bien, au moins maintenant je sais pourquoi il ne m'a pas dit son vœu. Il savait que je l'aurais supplié de rester ici avec moi.

Tous restèrent silencieux pendant quelques minutes, seuls les grillons et le bourdonnement lointain de la circulation rompaient le calme de la nuit.

Finalement, Ulysse prit la parole d'une voix mesurée et prudente, choisissant ses mots avec soin.

— Mystic, pourquoi dis-tu que Bumpa voulait te quitter ? Ne penses-tu pas qu'il voulait seulement quitter cet endroit, son enclos, et pas toi ?

— Peut-être, mais je vis ici, non ? cria Mystic, sa voix emplie de frustration. Je vis ici, et il vit ici avec moi ! Mais il est parti, et cela veut dire qu'il voulait me quitter aussi ! Il ne m'en a même pas parlé, il l'a gardé secret. Je me sens tellement trahi !

— Ou peut-être qu'il a gardé ça secret pour que vous puissiez profiter de chaque moment ensemble jusqu'à la fin, dit doucement Lulu.

Mystic commença à réfléchir à cette perspective.

— Si tu avais su qu'il partait, tu n'aurais pas profité pleinement du temps passé avec lui, pas vrai ? ajouta Lili. Au lieu de ça, tu aurais été triste, déprimé et tu n'aurais même pas les bons souvenirs que tu as aujourd'hui.

Lulu, derrière elle, acquiesça de la tête pendant qu'elle parlait.

— Vous êtes tous du côté de Bumpa ? s'écria Mystic avec colère, les sourcils froncés.

— Personne ne prend parti, Mystic, dit Ulysse.

Mystic ne l'entendit pas. Le sang bourdonnait à ses oreilles, et sa colère lui chauffait le visage. Alors, au lieu d'essayer d'imposer son point de vue, il se retourna et marcha d'un pas lourd et bruyant vers sa maison. Il voulait être seul.

Mystic entendit les pas rapides d'Ulysse le poursuivre.

— Va-t'en, Ulysse. Je vais bien, dit-il avant que le chat blanc ne soit trop près. Je rentre chez moi, et tu devrais en faire autant. C'est fini, on ne peut plus rien faire.

— Je suis avec toi, Mystic, dit Ulysse un peu essoufflé. Je pense juste que tu ne vois pas les choses correctement. Bumpa ne ferait jamais rien pour te faire du mal, et tu le sais. Il avait juste besoin de prendre soin de lui, de faire ce qui lui convenait le mieux.

Mystic continua de marcher d'un pas rapide, feignant de ne rien entendre de ce qu'Ulysse lui disait.

— D'ailleurs, je suis sûr que Bumpa avait une bonne raison de garder ce secret, continua Ulysse. Bumpa a toujours fait ce qu'il pouvait pour te protéger, pour ne pas te blesser, et je sais que tu le sais aussi.

Mystic s'arrêta et fit face à Ulysse.

— Je sais, dit-il finalement, laissant sa colère fondre un peu. Je sais que tout ce que tu dis est vrai, mais je ne peux pas m'empêcher de me sentir comme ça. Je suis bouleversé, et je ne sais pas comment ressentir autre chose.

Nouvelle amie

- 1 -

Ulysse était déjà rentré chez lui, et Mystic marchait lentement sur le sentier qui le ramenait vers sa maison. Soudain, il s'immobilisa. L'idée de retrouver Sarah et sa famille humaine ne suscitait plus en lui la joie et le bonheur habituels. Au contraire, cela lui semblait être une tâche difficile de devoir jouer le rôle d'ami pour Sarah ce soir-là.

Il connaissait un endroit sûr dans le parc où vivaient des chats sauvages, et il décida de s'y rendre. Là-bas, il passerait une ou deux nuits en leur compagnie. Ce groupe de chats était toujours accueillant et partageait même leur nourriture avec lui. En plus de leur hospitalité, ils étaient toujours captivés par ses histoires.

Mystic retourna donc au parc, content à l'idée de partager sa douleur avec d'autres chats et de savourer un bon repas. La tombée de la nuit approchait, et la femme qui apportait parfois de la nourriture aux chats sauvages ne tarderait pas à venir. Après cela, il disposerait d'un moment de solitude pour réfléchir à sa situation.

Les chats sauvages l'accueillirent chaleureusement, comme à leur habitude. Cependant, cette fois-ci, l'atmosphère joyeuse fut de courte durée. L'histoire de Mystic n'était ni heureuse ni amusante, elle ne concernait pas quelque chose que Sarah, Jane ou Pete auraient pu faire. Non, cette fois ci, l'histoire était empreinte de tristesse. Il la raconta en détail, partageant chaque événement depuis qu'il avait découvert l'enclos vide de Bumpa. Les chats étaient suspendus à ses lèvres et Mystic ressentit la même chose qu'au cours de l'après-midi lorsqu'il passait d'un animal à l'autre, partageant son histoire. En un rien de temps, il oublia même qu'il était triste et se laissa totalement absorber par le poids de son récit. S'attardant sur de nombreux détails (mettant même plus de temps à raconter son histoire cette fois-ci qu'il n'en avait pris cet après-midi-là), il créa un tableau vivant de sa tristesse, de son impuissance, et de la trahison qu'il avait vécue. Avec passion, il exprima sa colère envers Bumpa, Lili, Lulu, Ulysse et tous ceux qui semblaient s'opposer à lui. Finalement, il conclut son histoire en se demandant ce qu'il avait bien pu faire pour mériter un tel sort. C'était une performance incroyable.

— Je ne sais vraiment pas quoi faire, conclut-il, espérant peut-être qu'un des chats sauvages aurait une solution à son problème, une formule magique à suivre pour tout réparer. Cependant, la réponse qu'il obtint ne correspondait pas du tout à ses attentes.

— Pourquoi ne pas rester avec nous ? suggéra joyeusement Dusty depuis l'arrière du groupe. Dusty était une chatte blanche dont la fourrure était tellement encrassée de poussière qu'elle paraissait grise et terne.

— Oui, pourquoi pas ? répondirent les autres chats en chœur, emplis d'excitation à l'idée de Mystic restant parmi eux. Cette réponse contraria profondément Mystic, qui ressentit une grande déception. Il souhaitait des idées pour retrouver Bumpa, des idées intelligentes, et non des solutions égoïstes.

Ils ne pensent qu'à eux ! Ils ne se soucient pas de ma tristesse ni de ma douleur. Tout ce qui les intéresse, c'est l'amusement que ma présence pourrait leur procurer, pensa Mystic avec colère.

Alors que les autres chats continuaient à bavarder et à s'exciter, personne ne remarqua la frustration grandissante de Mystic.

— Tout le monde est si égoïste !

Plongé dans sa colère et sa déception, Mystic ne remarqua pas immédiatement la présence d'une chatte noire assise à l'arrière du groupe. Sa fourrure d'un noir profond, presque bleuté, captivait le regard. Contrairement aux autres félins présents, elle ne semblait guère émue par le triste récit de Mystic. Son visage affichait un sourire apaisé, sa queue se balançait doucement de gauche à droite, comme si elle dansait au rythme d'une mélodie intérieure. Ses yeux, presque mi-clos, exprimaient une profonde sérénité, semblable à un état méditatif.

C'est ainsi que Mystic la remarqua pour la première fois. Il sentit qu'un regard attentif pesait sur lui depuis le groupe de chats. Levant les yeux par-dessus les têtes des autres chats, il la distingua légèrement en retrait, son visage rayonnait de bonheur.

Lorsque leurs regards se croisèrent, le sourire de la chatte noire s'élargit et devenait encore plus radieux. Soudain, Mystic se sentit envahi par un sentiment de timidité absolu le rendant incapable de bouger ou de prononcer le moindre mot.

Il y avait en elle quelque chose de captivant. Une aura magnifique émanait de sa présence, se propageant à travers le groupe des chats sauvages jusqu'à Mystic. Ce dernier ressentait cette force même à distance, fasciné par ce qu'il était en train de vivre, bien qu'il ne puisse encore pleinement en comprendre la signification.

La chatte noire se leva avec une grâce exceptionnelle et commença à se frayer lentement un chemin à travers le groupe en direction de Mystic. Les autres chats sauvages s'écartèrent instinctivement créant un passage sans même s'en rendre compte.

À mesure qu'elle se rapprochait, le cœur de Mystic commençait à battre plus fort dans sa poitrine, ce qui le surprit. Habituellement sûr de lui en présence de femelles, il ne se souvenait pas avoir jamais ressenti une telle nervosité.

Pourquoi est-ce que je me sens ainsi ? s'interrogea-t-il.

La chatte noire s'approcha de lui et s'assit dans l'herbe. Ses yeux d'un vert profond capturèrent l'attention de Mystic.

— Je t'en prie, Mystic, cesse d'attendre que les autres te viennent en aide, dit-elle d'une voix douce et mélodieuse qui semblait apporter une profonde tranquillité.

— Tu es le seul à pouvoir t'aider, poursuivit-elle.

— Comment ça ?

— Parce que pour solliciter l'aide des autres, il faut d'abord que tu te sentes bien en toi. C'est la seule manière de te préparer à aller mieux. Répondit-elle avec bienveillance.

Un sourire radieux éclaira son visage. Elle semblait satisfaite, comme si elle venait d'accomplir quelque chose d'essentiel.

Bien que toujours fasciné par la présence de la chatte noire, Mystic sentit de nouveau sa vieille colère monter en lui. *Qui est-elle pour me dire de me sentir bien ? Je viens de perdre mon meilleur ami, et elle me dit de « me sentir bien » comme si c'était simple ! Et pourquoi veut-elle m'aider de toute façon ? Elle est folle ou quoi ?* Il voulait lui crier tout ça et plus encore. Mais au lieu de cela, il resta muet. Sa confiance en elle était évidente à la fois dans la manière dont elle se tenait confortablement assise – sans être dérangée par ce qui se passait autour d'elle – et dans sa façon de parler. Mystic savait par expérience que chaque fois que quelqu'un voulait imposer un point de vue, cette personne parlait et parlait sans jamais vous laisser l'occasion d'intervenir. Mais cette chatte noire avait dit ce qu'elle avait à dire, puis s'était tu, lui donnant le temps de traiter l'information et de répondre.

C'était perturbant, et ce fut cela, plus que tout le reste, qui le poussa à crier :

— Qui es-tu pour me dire de me sentir bien ? N'as-tu pas remarqué que je suis triste et en colère pour une raison valable, une raison que je ne peux pas contrôler ?

— Si tu choisissais de poser ton attention sur ce qui te fait du bien autant que tu le fais à trouver des excuses pour ne pas être heureux, tu te sentirais toujours incroyablement bien, quelle que soit la situation, répondit-elle avec calme et souriant à nouveau. Cela peut sembler simple, mais c'est la clé pour comprendre comment retrouver ton ami. En fin de compte, la décision t'appartient, mais il est vraiment important que tu te concentres sur le fait de te sentir bien, quelles que soient les circonstances.

Elle cessa de parler, lécha sa patte et nettoya ses oreilles, parfaitement à l'aise malgré la colère grandissante de Mystic.

Bien que Mystic ne puisse supporter d'entendre les paroles de la chatte noire, il perçut de la bonté et de la tendresse derrière ce qu'elle disait. Il était conscient qu'elle cherchait à l'aider, mais cela ne faisait qu'accentuer son malaise. La situation devenait de plus en plus insupportable, et il ne put réprimer davantage ses émotions.

— Ne penses-tu pas que ma souffrance est déjà suffisante ? s'écria-t-il. Veux-tu vraiment que je me blâme en plus de ne pas être heureux ? Est-ce que tu essaies de me faire porter la responsabilité de ne pas pouvoir retrouver mon ami ?

Étonnamment, le calme de la chatte noire demeura imperturbable, et il sembla même s'accentuer légèrement à mesure qu'elle parlait.

— Je ne cherche pas à t'accabler, dit-elle avec bonté. Je te pousse légèrement parce que je crois en toi, Mystic. J'ai confiance en tes capacités. Tu as le potentiel pour trouver le bonheur, ici et maintenant.

Après son éclat d'émotion, Mystic se sentait épuisé, et sa colère s'était atténuée. Ce que la chatte noire disait semblait un peu fou, mais il voulait y croire. *Lorsque j'ai demandé de l'aide, les chats sauvages ne m'ont pas vraiment prêté main-forte ! Et puis tout à coup elle est arrivée... Et si elle était l'aide dont j'ai besoin ?* Cette idée semblait farfelue, et bien que son irritation persistait, elle n'était plus l'émotion prédominante. Alors, il se dit qu'il voulait au moins essayer de comprendre ce que disait la chatte noire avant de prendre une décision. Comment cela pourrait-il lui faire du mal ?

— Ceci n'est ni un tour de passe-passe ni un mensonge, Mystic, je te promets que tu peux être heureux et retrouver ton ami. Je l'ai vu maintes et maintes fois... Mais c'est vraiment à toi de décider, et de savoir si tu veux faire l'effort nécessaire.

La chatte noire prononçait chaque mot avec une égale importance, comme si elle cherchait à ce que chacun d'entre eux résonne en lui. Sans en être vraiment conscient, Mystic écoutait, captivé, et il sentit une légère lueur d'espoir.

— Je sais que l'idée de faire l'effort peut être intimidante, mais je t'assure que ça en vaut la peine, fais-moi confiance. Prends la décision de trouver un moyen de te sentir bien, ou du moins mieux, ici et maintenant, et tu verras que, une fois que tu auras compris le fonctionnement, ça deviendra vraiment plaisant ! Comme un jeu ! À partir du moment où tu commences à te sentir mieux, tu te mettras à chercher toutes les raisons pour te sentir encore plus épanoui, un peu comme si tu cherchais à battre ton propre record chaque jour.

Elle souriait tout en semblant complètement absorbée par ses propres paroles, comme si elle se replongeait dans un beau souvenir qui se déroulait devant ses yeux.

Le son de sa voix était mélodieux, et Mystic dut se concentrer pour ne pas être distrait.

— Pourquoi devrais-je me sentir bien quand tout ce qui se passe autour de moi me rend triste et en colère ? Le visage de la chatte noire s'épanouit à sa question et à cet instant, elle devint éblouissante, comme irradiée par une lumière intérieure.

— Parce qu'une fois que tu commenceras à te sentir bien à l'intérieur, vraiment bien, alors tes questions trouveront leurs réponses, dit-elle.

— Mais...

— Chuuut, écoute pour l'instant. Décide de faire confiance et essaie de te sentir mieux. Qu'as-tu à perdre en essayant ?

— J'ai peur que les autres ne me prennent pas en considération, répondit-il sincèrement. Plus je suis triste, plus les autres font preuve de compassion. Cela me fait du bien. Je me sens important.

— Si je suis trop heureux, ils penseront que je n'ai pas besoin d'eux et je serais seul, soupira-t-il. Je ne peux rien perdre de plus aujourd'hui, pas après avoir perdu Bumpa. Mystic s'attendait à ce que la chatte noire réponde avec compassion, mais au lieu de cela, elle éclata de rire, ce qui raviva son agacement.

— Oh, Mystic... as-tu conscience de ce que tu viens de dire ? demanda-t-elle. Est-ce pour cela que tu cherches toujours une raison pour être malheureux ? Parce que tu désires susciter la compassion des autres et ainsi attirer leur attention ?

Elle rit de nouveau.

Après avoir entendu ça, Mystic était vraiment fâché une fois de plus. Il ouvrit la bouche pour lui crier dessus, pour dire toutes les choses qu'il pensait mais n'avait pas osé dire auparavant. Mais avant qu'il ne puisse le faire, la chatte noire bondit gracieusement à côté de lui et posa sa patte droite doucement sur sa bouche.

— Chut, murmura-t-elle. Trouve simplement un moyen d'être heureux et observe ce qui se passe. Fais toi confiance, et fais-moi confiance aussi.

Elle le regarda avec une bienveillance qu'il n'avait jamais ressentie, et quand elle retira sa patte, toutes ses paroles de colère et ses accusations avaient disparu. Il voulait garder pour toujours cette sensation d'amour, aussi forte que celle qu'il ressentait dans les bras de Sarah.

Mais comme tout le reste aujourd'hui, cela ne dura pas. La chatte noire lui sourit, lui tourna le dos, et sauta au loin dans le groupe de chats. En un instant elle avait disparu.

Mystic resta immobile, respirant le sentiment d'amour que la chatte noire avait laissé dans son sillage. Mais cela s'estompa, remplacé par une vague de solitude pire que tout ce qu'il avait ressenti auparavant. Il avait soudain l'impression d'avoir perdu deux amis ce jour-là.

C'est à cet instant qu'il réalisa qu'il ne connaissait même pas son nom.

– 2 –

Mystic se retourna vers la foule. Il n'était plus en colère ni même agacé. En fait, il ne ressentait plus rien. Il se sentait vide et fatigué.

Il dit aux chats qu'il n'avait plus envie de parler et leur demanda s'il pouvait rester une nuit avec eux. Ils semblaient tous ravis de l'accueillir. Ils le conduisirent à un arbre magnifique à la périphérie de leur territoire, Mystic se mit en boule sur le sol contre la base du tronc et s'endormit presque aussitôt.

Quelques temps plus tard, il ressentit une légère pression sur son visage et ouvrit les yeux pour découvrir un vieux chat angora au pelage roux. Mystic le connaissait comme Tiger, l'un des félins sauvages du parc. La nuit était tombée, plongeant l'endroit dans l'obscurité, et le chant strident des grillons emplissait l'air.

— La femme qui nous apporte de la nourriture est venue, déclara Tiger. Elle a également apporté du lait. Viens si tu veux en avoir avant que tout ne soit fini.

Mystic se leva, encore à moitié endormi, le ventre creux. Il repensa à la dernière fois qu'il avait mangé et se souvint que c'était lorsque Pete lui avait donné sa nourriture préférée plus tôt dans la journée. Cela lui semblait être à des années lumières. En suivant Tiger jusqu'à l'endroit où les chats étaient rassemblés pour manger, il ressentit de la gratitude envers ses amis pour partager si volontiers leur nourriture.

Il mangea rapidement et il essaya d'éviter toute communication avec les autres chats qui évitèrent aussi de lui parler. Quand il eut fini, il retourna à son arbre. Son ventre était plein, il était rassasié pour le moment, et il était impatient de se rendormir.

Alors qu'il s'endormait et s'ouvrait au monde des rêves, les paroles de la chatte noire lui revinrent si fort en mémoire que c'était presque comme si elle était à ses côtés, en train de lui parler.

Trouve un moyen de te sentir bien.

Une fois que tu auras atteint ce bien-être, il deviendra addictif et tu voudras trouver des moyens de le conserver.

Lorsque ton attention sera seulement dirigée vers ton bien-être et que tu te sentiras mieux, alors les réponses à tes questions deviendront claires.

Ces paroles résonnaient dans son esprit alors qu'il se reposait au pied de l'arbre avec une sensation de bonheur et de réconfort plus grande, quand soudain une nouvelle voix prit la parole, une voix qu'il ne reconnut pas :

— Quand tu t'abandonneras au bonheur, il te sera facile de réaliser tout ce que tu veux. Rien ne sera hors de portée tant que tu suivras ta joyeuse intuition.

Mystic ouvrit les yeux, surpris. Ce qu'il venait d'entendre ne venaient pas de la chatte noire, mais en même temps, il savait qu'il ne les avait pas rêvés – il ne s'était pas complètement endormi. C'était très réel, comme si une présence à côté de lui avait parlé. Il regarda autour pour voir si quelqu'un se trouvait tout près, mais il était seul. C'était un peu inquiétant, mais il décida de ne pas se laisser perturber. Il s'étendit, arc-boutant son dos et étendant ses pattes devant lui aussi loin qu'il le pouvait, puis se recroquevilla en boule. Il ferma les yeux et une image de Sarah apparut dans son esprit, ce qui le fit sourire.

— Tu vois ! tu commences à apprendre comment me rejoindre !

Mystic se leva brusquement sur ses quatre pattes et poussa un cri effrayé. Il regarda tout autour de lui, fit un grand cercle autour de l'arbre, examina même les feuilles tout en haut, dans l'espoir de voir qui venait de parler à voix haute. Il était pourtant seul.

Que m'arrive-t-il ? pensa-t-il, agacé. *Est-ce que je deviens fou ?* Il avait clairement l'impression que c'était le cas. Il décida d'aller faire une courte promenade pour se calmer et clarifier son esprit. Il revint à l'arbre quelques minutes plus tard, mais avant de fermer les yeux pour se rendormir, il décida d'essayer quelque chose.

— S'il vous plaît, j'ai besoin de dormir, dit-il à haute voix dans l'obscurité. J'ai besoin de repos, arrêtez de me parler.

Il se sentait idiot de s'adresser au vide autour de lui et se mit à rire de lui-même, mais au moins il se sentait plus calme. Il ferma les yeux.

Pendant un bon moment, il eut du mal à s'endormir, car chaque fois qu'il était sur le point d'y parvenir, il se réveillait, certain qu'il entendrait à nouveau la voix. Finalement, il s'endormit et ne se réveilla que tard le lendemain matin.

– 3 –

Mystic se réveilla et eut une sensation de bonheur pendant quelques instants, avant de réaliser qu'il avait dormi dehors sous un arbre. Alors, tout ce qui s'était passé lui revint en mémoire.

La douleur était plus forte qu'elle ne l'avait été la veille, et il avait l'impression de perdre le contrôle de tout (son corps, ses émotions et même son esprit). *Pourquoi la douleur doit-elle revenir ? J'étais de bonne humeur quand je me suis réveillé. Pourquoi la douleur est-elle revenue pour tout gâcher ?* Le jour qui avait commencé si agréablement avait vite tourné au vinaigre et Mystic redevint fâché contre tout et tout le monde. *Pourquoi cela m'arrive-t-il ?* Mais avant qu'il ne puisse continuer à s'apitoyer sur son sort, il fut surpris par la chatte noire.

— Je ne serai pas toujours là pour t'aider, Mystic, dit-elle arrivant par derrière.

Et avant qu'il puisse se retourner, elle bondit et atterrit gracieusement devant lui.

— Tu n'es pas le seul que j'aide, tu sais, et je ne pourrais pas continuer avec toi si tu n'essayes même pas.

— Essayer quoi ? demanda sèchement Mystic.

— Essaie de ne plus te considérer comme une victime, dit-elle. Je sais que c'est difficile à comprendre maintenant, mais tu as le pouvoir de contrôler tes émotions. Il te suffit d'apprendre à remplacer la douleur par n'importe quel sentiment positif de ton choix, puis de t'exercer à le faire tout le temps.

Contrôler mes émotions ? Cesser d'être une victime ? Mystic ne s'était jamais senti aussi agacé de toute sa vie. Il voulait crier toute sa rage et sa colère jusqu'à ce qu'il ne puisse plus hurler, mais la chatte noire reprit la conversation. Seulement maintenant, sa voix était plus forte et plus puissante.

— Il faut que tu essayes de comprendre que ce qui t'arrive ne devrait pas nécessairement influencer tes émotions, tu vois ? C'est toi seul qui décides de réagir aux événements de ta vie et comment ils affectent ton bonheur.

Dès qu'elle eut fini de parler, elle esquissa un sourire serein et son regard paisible réapparut.

Mystic était déconcerté. Il ne savait pas comment répondre. Il voulait rejeter tout ce que cette chatte ennuyeuse voulait lui apprendre et la considérer comme folle afin de l'ignorer. Mais quelque part, une partie de lui voulait accepter ce qu'elle disait, même si cela n'avait aucun de sens.

— Mystic, tu n'es pas une marionnette contrôlée par ce qui se passe en dehors de toi, et tu n'es certainement pas la marionnette de tes émotions, dit-elle. Tu es extrêmement puissant comme nous le sommes tous. Tu as le pouvoir de diriger ton état d'esprit et de transformer ta vie, ainsi que celles de ceux qui t'entourent. Comprends-tu à quel point cela est essentiel pour toi ?

Malgré sa confusion, quelque chose dans ses paroles lui semblait authentique, et Mystic hocha lentement la tête.

— Améliorer son bien-être devient simple dès lors que tu en comprends le mécanisme, expliqua-t-elle. Tout découle de ton pouvoir de changer ce sur quoi tu te concentres. Une fois que tu y parviens, tu pourras entendre ta propre intuition. Et ce... Elle ferma les yeux et esquissa un sourire qui laissait penser qu'elle vivait le rêve le plus merveilleux qui soit, ou qu'elle savourait un repas incroyablement délicieux. C'est le sentiment le plus incroyable au monde.

Mystic ne savait pas ce que l'intuition pouvait être et était sur le point de le lui demander lorsque la chatte noire se remit à parler.

— L'intuition, c'est la part de toi qui me reconnaît.

Comment savait-elle ce à quoi je pensais ? se demanda-t-il.

Elle sourit et lécha sa patte avec grâce.

— C'est cette chose en toi qui te fait m'écouter et malgré tout ce que tu penses, vouloir me faire confiance. Tu la ressens en ce moment même.

Elle avait raison. Il y avait une partie au fond de lui qui lui disait de croire en la chatte noire même quand il la pensait folle. Cette partie reconnaissait la cohérence de ses propos, même s'il ne pouvait pas les comprendre. C'était comme si cette partie de lui était extrêmement intelligente, mais il n'en avait jamais eu conscience et ne savait pas comment y accéder.

— Si c'est si facile, alors pourquoi personne ne le fait ? lui demanda-t-il. Et si c'est vrai, pourquoi ne m'en a-t-on jamais parlé ?

La chatte noire sourit largement, et Mystic se sentit satisfait de lui-même. C'était agréable qu'il puisse la faire sourire de cette façon juste en montrant de l'intérêt et en posant des questions.

— Parce que la plupart des gens ont été habitué à craindre les réponses faciles, dit-elle. Ils se disent exactement ce que tu te dis – si c'était aussi facile, alors tout le monde le ferait. Et tu sais quoi ?

Mystic secoua la tête.

— Ils utilisent ça comme excuse pour ne pas essayer. Et c'est pourquoi tu ne vois pas beaucoup de succès... parce que très peu oseront même essayer d'essayer. Elle rit de sa petite plaisanterie.

Le son de son rire apaisa un peu plus son humeur et il attendit qu'elle continue. C'était comme si il pouvait passer sa vie à l'écouter. Ce n'était pas parce que ce qu'elle disait avait du sens, pas vraiment, mais la mélodie de sa voix était presque enivrante.

— Et puis il y a ceux qui pensent comme toi, dit-elle pour le taquiner. Ils ont peur d'être heureux ou de réussir parce qu'ils craignent d'être délaissés.

Mystic détourna le regard, honteux.

— Ne t'inquiète pas, Mystic, il n'y a pas de raison d'avoir honte, dit la chatte noire doucement. Tu n'es pas le seul à avoir cette croyance. La première étape pour changer est d'en prendre conscience.

Il se détendit un peu.

— D'ailleurs ne crois-tu pas qu'il vaut mieux avoir quelqu'un attiré par toi, car ton bonheur l'inspire, plutôt que parce qu'il a pitié de toi et veut partager ta misère.

Elle fit une grimace, comme si elle venait de mordre dans quelque chose d'aigre.

— Cette forme d'attention éphémère ne conduit jamais à un véritable bien-être à long terme, même si elle peut donner l'illusion passagère d'un sentiment agréable.

Il considéra ses paroles en silence, conscient que c'était beaucoup à assimiler en si peu de temps. Il souhaitait lui faire confiance, mais elle était encore une étrangère à ses yeux. Il ignorait même son nom et son histoire. D'un autre côté, ce qu'elle lui demandait n'était ni impossible ni risqué, simplement d'essayer de trouver comment se sentir mieux à chaque instant de sa vie. Rien de dangereux en cela, n'est-ce pas ?

— Je sais que c'est beaucoup d'informations à intégrer en une seule fois, mais tu peux changer si tu choisis de le faire, insista la chatte noire.

— Les vieilles habitudes ont tendance à ressurgir, alors tu devras être patient avec toi-même et ne pas te décourager lorsque tu penses, vois ou juges les choses de manière négative. Cela fait partie du processus. Mais le pouvoir de changer est en toi, tu dois simplement l'exercer comme un muscle.

Mystic aimait l'idée d'avoir un pouvoir. Plus jeune, il avait souvent imaginé avoir des supers pouvoirs et sauver ses amis de toutes sortes de danger. Maintenant, cette chatte noire lui disait qu'il en avait un. L'idée était très séduisante et, déjà, il devint excité de le mettre en pratique.

— Quel est mon pouvoir ? Et comment...

Mais la chatte noire posa de nouveau sa patte sur sa bouche. Mystic se sentit électrisé de la tête aux pieds par une courte et intense sensation très agréable.

— Whoa, whoa, whoa, attends un peu, dit-elle en riant. Ne complique pas les choses. C'est très simple. Répète toi à chaque fois que tu y penses que tout va bien. Dis-toi que ton ami est vivant et heureux, peu importe où il est, que tu es en vie et en bonne santé ici, et que ta famille humaine t'aime.

Elle s'arrêta, mais laissa sa patte sur la bouche de Mystic. Il la regarda dans les yeux, hypnotisé.

— Cherche toutes les raisons possibles pour déclencher un sentiment de bien-être en toi. Et avant que tu ne le saches, cela se produira naturellement. Bientôt, ce sera une habitude. Continue simplement à le pratiquer.

Sur ces mots, elle se retourna et bondit dans les buissons, le laissant seul sous l'arbre où il avait dormi, il était sans voix.

- 4 -

Mystic resta sans bouger un moment, pensant à la chatte noire comme s'il était encore hypnotisé par sa présence. Mais assez rapidement, il revint pleinement à ses sens et réalisa qu'il ressentait toujours de la douleur.

Le départ de la chatte noire avait laissé un vide en lui, comme si son départ lui avait retiré une partie vitale. Elle l'avait beaucoup irrité avec ses commentaires et avec son attitude positive écrasante, mais en même temps il s'était senti plus en paix en sa présence – comme s'il n'avait besoin de rien d'autre qu'elle pour être plus heureux, plus accompli.

Quand elle était là, l'ennui, la peur, le temps lui-même ne semblait plus exister, et cela le laissait perplexe. Il n'avait jamais ressenti cela avant, pas même avec Bumpa ou Sarah, et il devait admettre qu'il aimait autant ces sensations qu'il en était troublé.

Il aurait seulement espéré que la tranquillité qu'il ressentait en présence de la chatte noire persiste après son départ. Cependant, à mesure qu'il se remémorait la joie qu'elle lui procurait, ses anciennes pensées refaisaient surface, entraînant avec elles les vieilles sensations de tristesse.

Il repensa au départ de Bumpa, et avec cela revint la dépression. L'espoir d'atteindre ce « pouvoir » dont la chatte noire avait parlé s'envola. C'était cet espoir qui l'avait poussé à lui dire qu'il voulait se sentir mieux et essayer de croire en elle.

MYSTIC À LA DÉCOUVERTE DU BONHEUR

Mais je ne peux pas me sentir mieux avec Bumpa disparu, et je ne le voudrais pas, pensa-t-il avec colère. *C'est impossible de toute façon !* Sa douleur était poignante. Il se sentait incapable de la surmonter seul.

L'énergie de cette chatte noire ! En fait, je l'écoutais, et elle m'a fait croire des choses idiotes. Elle n'a pas pris ma douleur au sérieux. Elle a même essayé de me faire croire que j'étais coupable de me sentir mal, comme si c'était ma faute ! Et c'était ce qui lui faisait le plus mal. Elle lui avait donné un faux espoir, et le retour à la réalité était d'autant plus douloureux.

Il marchait sans but autour du tronc d'arbre, tellement perdu dans ses pensées qu'il ne vit pas un groupe de gens s'approcher très près de lui. C'était une famille de quatre personnes, composée d'un garçon, d'une fille et de leurs parents. Ils riaient en observant un petit chien noir gambader joyeusement en rond autour d'eux, tandis que leurs parents suivaient derrière. Le visage de la femme faisait une grimace et ressemblait à celui que Pete avait fait quand des ratons laveurs avaient renversé les poubelles et répandu des ordures partout dans le jardin. L'homme à côté d'elle avait l'air content de regarder les enfants jouer dans la douceur du matin.

Le chien sauta sur la petite fille et lui lécha le visage, la faisant éclater de rire. Le petit garçon riait aussi, et bientôt ils roulaient sur le sol, jouaient avec le chien et riaient encore plus fort. En observant les enfants, un sourire apparut sur le museau de Mystic. Il aurait aimé être comme eux en ce moment, jouer et rire comme ils le faisaient. C'était presque comme s'il pouvait réellement partager leur bonheur sans y participer. Il ressentit quelque chose se relâcher dans sa poitrine. Une partie de la colère qui avait grandi depuis le départ de la chatte noire avait disparu, tout simplement parce que les enfants l'avaient distrait avec leur bonheur.

Waouh ! pensa-t-il. *Je n'aurais jamais cru que cela puisse arriver si facilement, mais je commence à me sentir mieux !* Mystic était tellement absorbé par l'observation des enfants et du chien que lorsque la femme parla, il fut surpris. Bien qu'il ne puisse pas comprendre pleinement ses paroles, le ton aigu et colérique de sa voix ainsi que ses gestes agressifs étaient évidents.

— Comment peux-tu être si heureux, Paul ?

— Je ne suis pas heureux, dit l'homme. Je suis juste content de voir nos enfants joyeux.

— Eh bien, c'est ce que je veux dire, trancha la femme. Comment peux-tu même apprécier quelque chose maintenant ?

Hou la, quel casse-pied cette femme, pensa Mystic. Il sentait sa résistance à être aussi joyeuse que le reste de la famille, mais ne pouvait pas comprendre pourquoi.

— Chérie, je sais que tu souffres, et moi aussi, crois-moi, dit l'homme en détournant le regard de ses enfants. Mais je veux me sentir mieux. Je ne veux plus souffrir autant, ou disons que je veux juste moins souffrir, est-ce un crime ?

— Non, ce n'est pas un crime d'essayer d'aller mieux, dit la femme, et Mystic entendit dans sa voix qu'elle résistait à l'envie de crier. Mais ça me fait mal que tu n'aies aucune considération pour ma douleur et ma tristesse, comme si je n'avais aucune importance pour toi.

— Eh bien, ça marche dans les deux sens, dit l'homme sarcastiquement. Tu pourrais essayer d'être plus heureuse avec moi et les enfants, au lieu de te plaindre que je ne suis pas assez malheureux pour toi.

— Je ne peux pas être heureuse ! hurla la femme. Je ne peux pas !

— Et parce que tu as décidé de ne pas te sentir mieux, de ne pas essayer, je suis le monstre, c'est ça ?

L'homme criait aussi maintenant.

— Tu n'es pas un monstre.

La voix de la femme était plus douce et calme maintenant.

— Tu m'as fait du mal parce que tu es heureux quand je ne le suis pas, et...

Mystic était tellement fasciné par ce qui se passait devant lui que, lorsqu'une autre voix prit la parole, il sursauta. Cette voix n'était pas celle de l'homme ou de la femme, et il comprenait parfaitement ce qu'elle disait.

— Elle te rappelle quelqu'un ?

Mystic tourna la tête d'un côté à l'autre et regarda dans les branches de l'arbre, mais ne vit personne.

— N'aie pas peur, dit la voix. Je suis la partie de toi dont Freedom t'a parlé.

— Freedom ? demanda Mystic, un instant confus.

Puis il revint à lui.

— Vous voulez dire la chatte noire ?

— Oui ! cria joyeusement la voix.

— Mais qui êtes-vous ? Et où êtes-vous ?

— Je suis à l'intérieur de toi, dit la voix en riant. Et partout.

Je deviens fou, pensa-t-il avec une soudaine certitude. *Je suis fou, et si j'en suis là c'est à cause de cette chatte noire.* Son cœur battait de plus en plus vite tandis que sa peur revenait. Il ne voulait pas être fou, mais il entendait des voix, et il n'y avait pas d'autre explication pour ça, n'est-ce pas ?

La voix revint, mais elle était beaucoup plus inaudible, comme si elle venait de loin.

— Arrête, implora-t-elle. Ou je ne pourrais pas t'aider. Je ne peux venir à toi que si tu es détendu ou si tu penses positivement.

Mystic ne bougeait pas. Sa peur l'avait figé sur place.

— Tu me perds, appela la voix de plus en plus lointaine, à peine audible. Tu es en train de me perdre...

Et puis elle disparut.

Quand tout redevint calme, Mystic sentit qu'il pouvait bouger. Tout ce qu'il voulait, c'était partir le plus loin possible. La famille était encore là, un peu plus distante, les parents discutaient entre eux, mais plus tranquillement maintenant. Les enfants riaient toujours et jouaient avec le chien. Mystic les regarda avec nostalgie, prit trois respirations profondes pour éclaircir ses pensées, et se mit à courir aussi vite qu'il le put. Il ne savait pas où il allait, mais courir lui faisait du bien.

– 5 –

Lorsque Mystic atteignit l'autre côté du parc, ses yeux se posèrent sur un érable majestueux, niché dans un coin paisible, à l'écart des autres, animaux et humains. Il grimpa habilement dans les branches, cherchant à atteindre le plus haut point possible, jusqu'à ce qu'il se sente enveloppé par une véritable cathédrale de feuilles. Jetant un regard furtif vers le bas pour vérifier qu'aucun curieux ne l'avait suivi, il se retrouva seul, enfin libéré des agitations extérieures.

Une fois confortablement installé, Mystic réfléchit à la voix et à ce qu'elle avait dit. *Qui était cette voix, et d'où venait-elle ? Et pourquoi avait-elle demandé si la femme lui rappelait quelqu'un ? Je ne connais personne d'aussi ennuyeux, n'est-ce pas ?* Il passa en revue toutes les personnes qu'il avait rencontrées ces derniers jours, mais personne ne correspondait à cette description. *Cette femme était vraiment malheureuse. Les enfants s'amusaient tellement, et elle voulait juste rester de mauvaise humeur. Quelle plaie ! Elle ferait mieux d'apprendre à être heu—*

Et puis, soudain, une révélation lui apparut tel un éclair dans un ciel d'azur. La voix parlait de lui, de Mystic. Il cessa alors de penser à toutes les personnes rencontrées au cours des derniers jours pour se pencher sur sa propre conduite durant cette période. Il avait ressenti de la colère envers la chatte noire, Freedom, et les chats sauvages, qu'il accusait de ne pas prendre sa douleur au sérieux. Il était contrarié que les chats sauvages se réjouissent de sa présence pour la nuit, sans lui offrir de solution à son problème. Des souvenirs affluèrent de sa quête désespérée de Bumpa, cherchant la pitié et la sympathie de tous les animaux qu'il rencontrait.

J'étais même fâché contre Bumpa pour avoir vu son vœu devenir réalité. Mystic sentit ses joues rougir sous sa fourrure.

— Je dois changer. Je ne veux pas devenir comme cette femme dans le parc. Et pour la première fois, il pensait que c'était vraiment possible. Le souvenir des enfants qui jouaient avec leur chien le fit sourire, tout comme cela avait été le cas plus tôt, lorsque la douleur semblait insurmontable.

Et c'est à ce moment-là que ce que Freedom lui avait dit pris tout son sens. La compréhension qui découlait de ses paroles était totale, et il ressentit une vague d'optimisme et d'espoir. Ce n'était pas le même espoir qu'il avait eu plus tôt. Maintenant, Mystic ressentait l'espoir qu'il pourrait aller bien même s'il ne pouvait pas retrouver Bumpa, sans pour autant renoncer à essayer. Enfin, il avait compris le pouvoir qu'il possédait. Il pouvait choisir de s'attarder sur la tristesse ou choisir d'être plus heureux à la place. Cela semblait incroyable. Lui qui avait toujours eu l'impression d'être victime de ses émotions douloureuses ! Avant Freedom, personne ne lui avait dit qu'il était même possible de les contrôler, encore moins comment le faire.

C'est la prochaine étape, pensa-t-il. *Je dois commencer à mettre tout cela en pratique.* L'idée était tout aussi passionnante qu'elle était impressionnante. Il n'était pas sûr de réellement savoir comment faire et n'avait développé aucun outil pour faire face à un tel défi. Même quand il s'était senti mieux aujourd'hui, ce n'était pas de son initiative, mais grâce à la rencontre fortuite des gens dans le parc.

Il y réfléchit un peu, retournant le sujet dans son esprit, lorsque ses pensées revinrent à la voix qu'il avait entendue. *Et c'était quoi ça ?*

Et soudain, la voix parla de nouveau, comme si, en y pensant, il l'avait appelée. Cela l'effraya tellement qu'il faillit tomber de sa branche.

— Je te l'ai dit ! Je suis la partie de toi dont Freedom t'a parlé !

— Vous... euh... tu as failli me faire tomber de l'arbre ! cria Mystic avec colère. Ne fais-tu jamais attention à où je suis quand tu te manifestes ?

Mais il regrettait déjà son ton excessif. Il venait juste de décider d'essayer d'être plus heureux, et déjà il criait sur la voix invisible. De plus, il devait ressembler à un imbécile, perché dans un arbre en train de hurler tout seul. Si quelqu'un le voyait, il penserait à un fou. Une fois de plus, il se demanda s'il ne l'était pas vraiment.

— Attention, Mystic, si tu perds la sensation de bien-être que tu as atteinte, tu me perdras encore. Alors je ne pourrais pas t'aider.

— Ça ne doit pas te déranger autant que ça, sinon tu ne m'effrayerais pas à chaque fois que tu te présentes, dit Mystic, surpris de converser encore avec cette voix.

L'anxiété commença à revenir et il ressentit le besoin de sauter de l'arbre pour s'enfuir comme il l'avait fait dans le parc quelques instants auparavant.

— Mystic, tu es en train de me perdre, et par son ton, Mystic put comprendre qu'elle le titillait à nouveau.

Pourquoi cette "chose" est-elle toujours de bon humeur ? Il sentit son irritation grandir. Mais au lieu de suivre cette réaction négative, Mystic prit plusieurs respirations profondes et commença à retrouver la sensation de calme qu'il avait perdue.

— C'est ça, Mystic, c'est mieux.

— S'il te plaît, va-t'en, dit Mystic entre de profondes respirations.

Et tout à coup elle se tut. Il se retrouva seul au sommet de l'arbre à écouter la douce brise chanter dans les feuilles.

Puis-je contrôler cette voix ? Est-ce qu'elle vient réellement de m'écouter ? Mais il n'y avait aucun moyen de connaître la réponse, et pendant un moment, il n'osa ni bouger ni même penser. Son corps tout entier était tendu, prêt à sursauter à nouveau. Cependant, la voix ne revint pas. Alors, certain qu'il ne l'entendrait plus, il se détendit et respira normalement.

Il se sentait fatigué après tant d'événements en une seule matinée. Malgré tout, Mystic avait le sentiment que sa vie était sur le point de prendre un tournant positif. Il avait l'intuition que le pouvoir dont Freedom lui avait parlé était à portée de patte, prêt à être exploré.

Il avait hâte de retrouver Bumpa pour tout lui raconter.

3

Tiny

MYSTIC
À LA DÉCOUVERTE DU
BONHEUR

Avant-goût du bonheur

- 1 -

Mystic s'endormit en imaginant ses retrouvailles avec Bumpa, comment il rirait et sauterait quand il lui raconterait son histoire. Et pour la première fois depuis le départ de Bumpa, quand il se réveilla, ses pensées n'étaient plus dominées par l'absence de son ami, mais plutôt par son désir de pratiquer une meilleure attitude.

Avant toute chose, j'ai faim. Mystic n'avait jamais eu à chercher sa propre nourriture et ne savait même pas par où commencer. De retour à la maison, sa famille s'assurait toujours que sa gamelle soit pleine, mais pour le moment, il ne se sentait pas prêt à rentrer. Pas avant d'avoir changé et découvert son pouvoir.

Il savait que Sarah serait malheureuse de ne pas le voir, mais Jane était une mère attentionnée et avait certainement déjà trouvé le moyen de l'aider avec patience et à l'attendre. Néanmoins, il se sentait triste pour elle. Il pouvait clairement l'imaginer assise sur le sol de sa chambre jouant avec son salon de coiffure, regardant vers le lit où il s'allongeait habituellement, devenant toujours plus triste de ne pas le trouver là.

Soudain, une pensée le frappa. Il se rendait compte qu'il faisait à Sarah ce que Bumpa lui avait fait dans le passé. Il avait été tellement en colère envers Bumpa. Cette comparaison le fit sourire. C'était comme si tout cela avait été orchestré pour lui faire comprendre à quel point il avait été égoïste et stupide.

Il espérait que Sarah serait plus compréhensive qu'il ne l'avait été avec Bumpa. Elle était une petite fille au grand cœur – le plus grand qu'il ait jamais connu – et il savait qu'elle gérerait certainement mieux la situation que lui. Elle s'inquiéterait simplement, sans se mettre en colère. Une fois de plus, ses joues rougirent sous sa fourrure.

- 2 -

Mystic arrivait dans la clairière où les chats sauvages se réunissaient pour manger. Il anticipait déjà que tous seraient heureux de partager leur repas avec lui, et cette pensée fit grogner son estomac.

— Hé, les gars ! cria Tiger. On dirait que notre ami a finalement senti la nourriture !

Ce qui les fit tous rire.

— Oui, je meurs de faim ! répondit Mystic joyeusement.

Il fut surpris par sa réponse enjouée. Il y a peu de temps encore, il aurait été contrarié par le sarcasme de Tiger et les rires de l'assistance, mais il était de tellement bonne humeur que ça ne le dérangeait pas. Et il fallait bien l'admettre, c'était merveilleux de se sentir ainsi, au lieu de le percevoir comme s'ils riaient à ses dépens. Il ressentait le bonheur des chats, leur désir de rire et de plaisanter sur tout et n'importe quoi. Ils riaient pour détendre l'atmosphère et non pas pour le rabaisser ou lui faire de la peine.

De plus, pensa-t-il, *ces chats n'ont pas connu le confort ni la sécurité dont j'ai bénéficié. Leur vie est bien plus difficile. Si la femme qui vient les nourrir ne leur apporte rien, ils doivent trouver leur propre nourriture. Ils vivent dans la crainte constante pour leur vie, toujours sur leurs gardes contre les prédateurs, en particulier la nuit...*

Penser à quel point leurs vies étaient difficiles en comparaison de la sienne le rendait honteux. *Je n'arrive pas à croire que je me suis comporté en victime comme je l'ai fait. Ces chats doivent lutter tous les jours pour rester en vie et être heureux. Ici, c'est une question de vie ou de mort.*

Mystic baissa les yeux vers ses pattes, trop gêné pour croiser le regard de quiconque. À cet instant, il était reconnaissant que personne ne puisse lire dans ses pensées et savoir à quel point il avait été égoïste.

Dusty s'approcha avec enthousiasme.

— C'est formidable de te voir en si grande forme !

— Des choses incroyables me sont arrivées ! répondit Mystic.

— As-tu vu la chatte noire de nouveau ? Celle qui parlait de toutes ces choses sur l'importance du bien-être ? dit un petit chat noir nommé Tiny.

Tiny avait été jeté par-dessus la clôture du parc avec ses frères et sœurs. Les semaines suivantes, des enfants les avaient découverts et recueillis un à un. Tous sauf lui. Le groupe de chats sauvages l'avait trouvé seul et l'avait adopté ; cependant, Mystic ne l'avait que rarement croisé et ne lui avait encore jamais parlé.

— Oui, Tiny, je l'ai revue, répondit Mystic. Son nom est Freedom. Elle a essayé de m'aider, mais j'avais trop peur et j'étais trop égoïste pour apprécier son aide à sa juste valeur.

— Et Bumpa ? demanda Dusty. Tu l'as trouvé ?

— Non, sourit Mystic. Mais je sais qu'il va bien.

— As-tu donc accepté son départ ? Demanda Tiny, les yeux écarquillés et brillants. C'est pour ça que tu parais aller beaucoup mieux ? Après m'avoir adopté, les autres chats m'ont dit que si j'acceptais ce qui m'arrivait au lieu de résister, je pourrais être heureux à nouveau.

Mystic se rappela qu'après l'adoption de ses frères et sœurs, Tiny se sentait rejeté et en colère. Mais à l'époque, Mystic était trop absorbé par ses petits bobos imaginaires pour vraiment prêter attention à ce que Tiny traversait et ne lui avait jamais demandé si le conseil des chats sauvages l'avait aidé. Maintenant il était curieux et voulait savoir si Tiny allait bien.

Il réfléchit à sa question et c'était intéressant.

— Je ne sais pas si j'ai accepté cela, Tiny, dit-il. Je n'y ai pas vraiment réfléchi pour le moment, donc je ne peux pas répondre. Et toi ? As-tu accepté le départ de tes frères et sœurs ?

— Tiny gonfla légèrement sa poitrine. Oui, je l'ai accepté !

— Vraiment ? C'est incroyable. Et comment as-tu réussi ?

— Je me suis simplement dit qu'il n'y avait rien que je puisse faire.

Tiny parlait rapidement et avec assurance. Mystic pouvait dire qu'il était enthousiaste de partager son expérience, surtout avec un chat plus âgé. Il se sentit touché par son énergie.

Tiny continua joyeusement,

— Je ne voulais pas penser à toutes les choses tristes qui arrivent. J'aime me sentir bien, et je voulais que mes frères et sœurs se sentent bien aussi. Me mettre en colère contre eux parce qu'ils avaient des conditions de vie meilleures que la mienne me faisait du mal, alors j'ai arrêté d'y penser et je me suis senti mieux.

Pendant un instant, Mystic resta sans voix. Entendre autant de sagesse et de bon sens venant d'un chaton aussi petit était incroyable et attendrissant.

— Et plus dit Tiny, j'ai été adopté par le meilleur groupe de chats de tout le parc !

Dusty, Tiger et quelques autres ajoutèrent avec enthousiasme, Absolument ! et Sans aucun doute ! Tiny rigola.

— Je suis impressionné que tu sois si serein, dit enfin Mystic, sa voix retrouvée. Je n'aurais pas tenu le coup dans une situation pareille.

— C'est grâce à ma merveilleuse famille, dit Tiny en saluant le groupe de chats sauvages.

— Nous te l'avons appris, Tiny, c'est vrai, dit Tiger lorsque le brouhaha se calma, mais c'est toi qui as fait tout le travail. La partie la plus difficile, c'est toi qui l'a surmontée, pas nous, ni personne d'autre.

Mystic regarda le groupe de chats comme s'il les découvrait pour la première fois et réalisa quelque chose d'un peu troublant.

— Comment se fait-il que vous ayez tous cette connaissance sur les émotions et notre capacité à les contrôler, et pas moi ? Ou du moins, pas avant aujourd'hui !

Il commençait à se sentir à nouveau un peu stupide. Quand Freedom était venue lui parler devant le groupe de chats sauvages, il avait pris leur silence pour de la confusion. Mais en fait, ils avaient tous compris. Il était le seul à avoir été confus.

— Je ne sais pas, dit Dusty, perplexe. Normalement, tous les chats connaissent ces choses. Parfois ils ont juste besoin d'un petit rappel, comme Tiny.

Elle tapota gentiment la tête de Tiny.

Mystic sentit son visage passer du sourire au froncement de sourcils. Dusty le remarqua clairement et elle ajouta aussitôt :

— Mais nous croyons fermement qu'il y a une explication heureuse derrière tout ça. Nous sommes impatients de la connaitre et d'être témoins de ce que tu vas découvrir. Nous avons la sensation que cela va être extraordinaire et vraiment excitant !

Et tout à coup, le bonheur avec lequel Mystic s'était réveillé était de retour, et il souriait comme un fou.

— Waouh ! murmura-t-il alors que l'espoir l'envahissait.

MYSTIC À LA DÉCOUVERTE DU BONHEUR

Les chats sauvages éclatèrent de rire et vinrent à lui, un par un, lui tapotant amicalement la tête comme s'ils l'accueillaient dans sa nouvelle manière de voir les choses. Mystic était abasourdi par cette soudaine vague d'attention positive. Hier encore il pensait qu'il devait souffrir pour que les autres s'intéressent à lui, et qu'il perdrait leur attention s'il était heureux. Mais il n'avait jamais été aussi heureux de se tromper. Il était comblé, Il n'avait jamais reçu une telle attention et il s'avait que cela n'était pas le fruit du hasard.

– 3 –

Une fois que le dernier chat fut parti, Mystic se rendit compte qu'il était affamé. Il restait encore beaucoup de nourriture éparpillée sur les assiettes et sous les buissons. La femme qui apportait leur repas était toujours très généreuse, veillant à ce qu'il y en ait en abondance pour tous. Après s'être rassasié, le rituel de la sieste d'après-dîner pouvait commencer.

Mystic choisit un érable à proximité, l'escalada, et s'installa dans la fourche de la branche la plus large. Il se recroquevilla de telle façon qu'il pouvait voir Tiny dormir dans l'arbre voisin juste devant lui.

Il était débordant d'enthousiasme pour sa nouvelle manière de voir la vie, tout lui semblait soudain plus clair. Il ne percevait que le meilleur chez les autres, une perspective qui lui aurait semblé impensable auparavant. Jusqu'à aujourd'hui, il se concentrait souvent sur leurs aspects négatifs ou sur ce qu'ils ne faisaient pas pour lui, pensant qu'ils auraient dû agir différemment. Maintenant, il appréciait la possibilité d'écouter leurs histoires avec une curiosité sincère et un intérêt authentique. L'histoire de Tiny était particulièrement captivante ! Mystic était choqué de ne jamais l'avoir entendue auparavant. Ou peut-être n'avait-il jamais vraiment voulu l'entendre, car son attention était autrefois uniquement focalisée sur ses propres petits soucis.

Il avait passé beaucoup de temps avec les chats sauvages, mais c'était la première fois qu'il leur montrait de l'intérêt et cela lui avait procuré une sensation merveilleuse.

Mystic était stupéfait de réaliser qu'en se concentrant uniquement sur les aspects négatifs et sur les événements qui ne se déroulaient pas comme il le souhaitait, il avait manqué toutes ces choses merveilleuses qui se passaient autour de lui. Un sourire spontané illumina sa frimousse; il était rempli d'espoir pour un avenir qu'il imaginait encore plus extraordinaire que tout ce qu'il pouvait anticiper.

– 4 –

Le lendemain matin, Mystic vit Tiny en train d'observer des enfants jouer sous l'arbre où il avait dormi. Les enfants pouvaient parfois être effrayants car la plupart d'entre eux n'avaient joué qu'avec leurs peluches et ne comprenaient pas que les vrais chats, en particulier les petits, étaient beaucoup plus fragiles. Mais Mystic connaissait également la récompense de partager sa vie avec un enfant.

Tiny adorerait Sarah, pensa-t-il. Ils se ressemblent tellement, plein de vie et de spontanéité, tout en étant doux à la fois.

Penser à Sarah le rendit nostalgique, et il réalisa à quel point il avait eu de la chance de grandir au sein d'une famille aimante. Lorsque Sarah était encore un bébé, elle était très câline, et Jane avait appris à Mystic comment jouer avec des pattes douces en raison de sa peau délicate. Il avait assimilé cette compétence très rapidement.

J'ai vraiment eu de la chance, se répéta-t-il. Alors qu'il observait Tiny en train de regarder les enfants, une idée germa dans son esprit. Il y réfléchit un instant, puis un peu plus longtemps, et à mesure que ses pensées s'intensifiaient, son excitation grandissait. Jamais encore une idée ne l'avait saisi avec une telle intensité et une telle énergie. Il atteignit bientôt un point où il ne pouvait plus la contenir. Il devait agir sans plus attendre.

Il descendit en trombe le tronc de l'arbre et se précipita vers Dusty, qui étirait ses pattes arrière sous le grand orme où elle avait passé la nuit.

— Dusty ! Dusty ! cria Mystic en courant.

— Ouah ! Que se passe-t-il ? dit Dusty, les yeux encore à demi clos.

— Je viens d'avoir la meilleure idée de toute ma vie !

— Je vois.

— Oh, je suis tellement excité ! Mystic, trépignait dans l'herbe.

L'énergie de cette idée bouillonnait en lui et il sentait que, s'il devait rester assis, il exploserait. Il voulait la partager, l'exprimer haut et fort, mais il savait qu'il ne devait pas le faire. Pas encore en tout cas.

— Y a-t-il un endroit plus discret où nous pouvons en parler ?

— Oh, c'est un secret ? dit Dusty avec un sourire malicieux.

— Eh bien oui, pour l'instant. Je veux te le dire et puis tu en parleras aux autres si tu penses que c'est une bonne idée.

— D'accord ! Allons vers le parc. Je connais un endroit calme.

Mystic suivit Dusty jusqu'à un petit coin d'herbe isolé. Les enfants ne l'utilisaient pas, car il était trop exigu pour leurs jeux, et à cette heure matinale, aucun autre chat ni oiseau n'était présent. Ils s'installèrent à l'ombre du muret qui séparait le parc de la rue.— D'accord, nous sommes seuls, alors ? demanda Dusty.

— Ça ne prendra pas longtemps, dit Mystic en riant, savourant le moment.

Son idée allait changer sa vie, et celle de Tiny.

— Eh bien, ne garde pas le suspense plus longtemps ! Dusty riait aussi. C'est quoi ?

— Je vais emmener Tiny chez moi pour que Jane et Pete l'adoptent ! Tiny prendra ma place à la maison et deviendra l'ami de Sarah !

Mystic souriait comme il ne l'avait jamais fait, pleinement satisfait, et resta ainsi, attendant que Dusty réagisse.

Finalement, elle eut un regard perplexe.

— Et toi, Mystic ? Pourquoi donnerais-tu à Tiny ta maison et ton confort ?

— Parce que je serai trop occupé à chercher Bumpa, dit Mystic sérieusement. J'ai besoin de le trouver. J'ai besoin de voir ce qu'il vit et s'il va bien. Après ça, je pourrai retourner à la maison et laisser toute cette incertitude derrière moi.

— Comment sais-tu que Jane et Pete adopteront Tiny ?

— Si c'est moi qui l'amène à eux, ils ne seront pas en mesure de refuser.

Dusty se tut un instant et s'éclaircit la gorge. Mystic ne pouvait pas le croire, mais elle était émue.

— Je suis vraiment touchée, Mystic. Je souhaite le bonheur de Tiny, et je pense que cela le rendrait heureux. Même s'il fait de son mieux pour être comme nous, au fond, il n'est pas un chat sauvage. Il ressemble davantage à toi et à Ulysse. Il s'épanouirait dans une maison comme la tienne, avec une petite fille comme Sarah.

Mystic se leva d'un bond et tournoya en cercle, très excité.

— Tu vois, je te l'avais dit que c'était ma meilleure idée !

— Tu ne veux pas prendre au moins un jour pour y penser avant de le raconter à tout le monde ? Que se passerai-t-il si tu changes d'avis ?

— Je préfère ne pas m'encombrer de pensées négatives concernant l'avenir, déclara Mystic. Je suis sûr que c'est la bonne chose à faire, je n'ai pas le moindre doute. Je veux juste pouvoir me réjouir à l'idée que Sarah et Tiny soient ensemble. Ils en ont besoin, et c'est maintenant que cela doit arriver !

Dusty regarda longuement le visage de Mystic puis se mit à sourire.

— D'accord alors, dit-elle. Si tu es sûr, alors allons leur annoncer la nouvelle.

Dusty se leva et posa sa patte sur l'épaule de Mystic qui sentit sa gratitude et sa reconnaissance par ce geste.

— Je suis vraiment content de le faire, dit Mystic avec un clin d'œil. Ils retournèrent retrouver les autres pour partager son idée.

- 5 –

En tant que leader du groupe, Dusty présenta l'idée. Elle insista beaucoup sur la générosité et le courage de Mystic qui rougit un peu et réalisa combien il était merveilleux d'obtenir de l'attention en retour d'un geste généreux.

Les autres saluèrent cette nouvelle par de grands cris de joie. Leur positivité rayonnait de toute part et le rendait encore plus heureux de sa décision d'emmener Tiny à la maison.

Tiny était resté silencieux, mais dès que Dusty eut fini de parler, il bondit à côté de Mystic, l'enlaça et le serra très fort.

— Hé, hé, Tiny, dit Mystic essoufflé. Je ne peux plus respirer.

Tiny relâcha sa prise, et ils éclatèrent de rire.

Une fois l'euphorie passée, Mystic décrivit à Tiny le genre de vie qu'il était sur le point d'expérimenter avec sa nouvelle famille et sa maison.

Aussi, pour l'aider à être accepté plus rapidement, Mystic lui expliqua toutes les règles de la maison et lui apprit même à jouer avec les pattes douces. Ils pratiquèrent ensemble, et au troisième essai, Tiny arrivait beaucoup mieux à contrôler ses griffes, qui avaient tendance à s'exposer d'elle-même.

Les autres chats observaient en fronçant les sourcils. Mystic se disait que cela devait leur sembler étrange – de ne pas pouvoir utiliser intentionnellement leurs griffes ou de ne pas être autorisé à errer là où ils voulaient hors de la maison. Beaucoup d'entre eux devaient considérer que vivre avec Jane et Pete serait comme une punition, eux qui n'avaient jamais connu autre chose que la liberté absolue.

Alors que le soleil plongeait vers l'horizon, Mystic se tourna vers Tiny, qui pratiquait le jeu des pattes douces avec un autre chat sauvage (qui ne comprenait pas vraiment le concept), et lui dit qu'il était temps de partir.

— Déjà ? demanda Tiny, sa voix pleine d'appréhension.

Pourtant Mystic aperçut l'excitation briller dans ses yeux.

— Tout va bien, dit-il. Tu seras très vite de retour pour partager de nouvelles histoires avec tes amis et tu te demanderas pourquoi tu étais si inquiet.

Rassuré, Tiny se dirigea vers tous les chats rassemblés devant lui et leur fit ses adieux chargés d'émotions.

Peu de temps après, Mystic et Tiny marchaient côte à côte en direction de la sortie du parc. Tiny se retourna une dernière fois pour regarder les chats qui lui souriaient les yeux embués de larmes, et il leur adressa un ultime signe empli de tendresse.

— Je reviens bientôt ! cria Tiny. Avec plein de choses à vous raconter !

Mystic sourit. *Si seulement tu savais toutes les belles histoires qui t'attendent,* pensa-t-il.

– 6 –

Le trajet jusqu'à la maison de Mystic fut rapide. Après avoir atteint la lisière du parc, ils franchirent le muret et traversèrent la rue. C'était une rue tranquille, bordée de charmantes maisons bien entretenues, où les habitants conduisaient toujours prudemment. Cependant, Mystic prit un moment pour expliquer à Tiny comment traverser en toute sécurité.

Ils entrèrent dans un jardin joliment décoré. Mystic conduisit Tiny au fond de celui-ci et ils sautèrent la clôture en bois. Ils atterrirent à l'arrière d'un autre jardin dans lequel se trouvait une maison peinte d'une couleur beige clair.

— On dirait un gâteau à la crème ! dit Tiny joyeusement.

— C'est ma maison et bientôt la tienne aussi, dit Mystic. Allez, viens, on y va.

Mais Tiny ne bougea pas. Il semblait figé sur place. Son enthousiasme avait fait place à un regard apeuré.

Mystic le poussa doucement de la tête.

— Hé tout va bien, ne t'inquiète pas ce sont vraiment des gens accueillants. Ils sont doux et gentils, alors n'aie pas peur...

Mais avant qu'il ne puisse terminer sa phrase, la porte arrière de la maison s'ouvrit et le visage de Sarah apparut.

— Mystic !

Elle traversa la pelouse en courant pour les rejoindre. Tiny, figé sur place, ressemblait plus à une sculpture de chaton qu'à un être vivant. Son pelage ne bougea même pas lorsque Sarah s'approcha.

— Maman ! Maman, Mystic est de retour !

Mystic observa que Sarah était totalement absorbée par sa présence et n'avait pas encore remarqué Tiny à ses côtés. Il se glissa derrière le chaton et tenta de le faire avancer en le poussant doucement de la tête. Son intention était de le faire atterrir directement dans les bras de Sarah.

Cependant, cela s'avéra plus difficile que prévu. Tiny était raide et immobile comme une pierre. Après un moment d'effort, Mystic réussit enfin à le déplacer légèrement, provoquant un petit déséquilibre qui fit trébucher Tiny quelques centimètres en avant.

Sarah s'arrêta à mi-course et les regarda fixement.

— Oooooh ! Sa voix se transforma de forte et turbulente à douce comme de la soie. Un chaton !

Elle marcha à nouveau, mais très lentement cette fois, et comme elle se rapprochait, elle se pencha et son visage fut presque au même niveau que celui de Tiny.

— Approche-toi d'elle, Tiny, chuchota Mystic depuis l'arrière. Vas-y.

Tiny prit trois profondes inspirations et finit par avancer.

— C'est ça, tu te débrouilles très bien ! dis-lui bonjour !

Sarah s'était assise dans l'herbe et avait croisé les jambes. Mystic comprit tout de suite pourquoi. *Elle doit sentir sa peur.* Elle savait que Tiny était inquiet et le laissait venir à elle à son propre rythme. Mystic fut une fois de plus frappé par sa sensibilité et son intelligence.

Il entendit une porte grincer et leva les yeux. Jane était debout dans l'encadrement de la porte, elle regardait la scène. Il faisait trop sombre pour voir son visage et Mystic espérait que tout irait comme il l'avait prévu. C'était le moment crucial.

Tiny s'était arrêté et assis dans l'herbe à quelques pas de Sarah. Il la regardait sans bouger.

Sarah appela dans un murmure :

— Mystic ! Mystic, viens me voir !

Mystic était tellement heureux de la revoir, de retrouver ce lieu qu'il considérait comme chez lui, qu'il ne put résister à l'envie de s'approcher d'elle et de se laisser prendre dans ses bras. La sensation d'être là, d'être entouré de chaleur et d'affection, était tout simplement merveilleuse. Il jeta un clin d'œil à Tiny. *C'est le moyen parfait de le rassurer et de lui montrer qu'il n'y a rien à craindre*, pensa-t-il et il fut surpris de voir Tiny progresser à nouveau.

Tiny rampa prudemment jusqu'à Sarah et se frotta la tête contre ses genoux. Sarah rayonna, mais elle ne bougea pas. Alors Tiny essaya très maladroitement de bondir sur ses jambes. Mystic le vit sauter sans utiliser ses griffes, mais il glissa tout droit, tomba en arrière dans l'herbe et atterrit à l'envers, les quatre fers en l'air.

Sarah éclata de rire. Tiny se releva brusquement et sursauta.

— Je suis désolée, mon petit chaton, dit-elle tendrement. Je ne voulais pas te faire peur, mais tu étais tellement drôle.

Elle rit à nouveau, doucement cette fois.

Mais avant que Mystic ne puisse vérifier si Tiny allait bien (et le rassurer s'il ne l'était pas), il entendit des pas. Il tendit le cou pour regarder par-dessus l'épaule de Sarah.

Jane s'approchait.

Mystic ferma les yeux et pensa encore et encore : *espérons que ça marche, espérons que ça marche !*

– 7 –

La voix de Jane le surprit, et il ouvrit les yeux.

— Bon, bon, qu'est-ce qui se passe ici ? dit-elle.

Tiny laissa échapper un petit miaulement de peur et se cacha derrière le genou gauche de Sarah qui sourit et gloussa. Elle semblait ravie que, dans un moment de danger, Tiny lui ait fait confiance pour le protéger. C'était un bon signe pour leur relation.

— Maman, regarde ! Sarah Tendit Mystic à Jane. Mystic est revenu !

— Et pas seul, il semblerait. Jane hocha la tête vers Tiny, qui était encore accroupi derrière le genou de Sarah.

— Est-ce qu'il n'est pas mignon ?

Dans sa voix Mystic entendit qu'elle s'apprêtait à supplier Jane pour que le chaton puisse rester.

— Bien sûr, Sarah, il est très mignon – tous les chatons du monde entier sont très mignons –, mais cela ne veut pas dire que nous pouvons tous les adopter.

— Oh, s'il te plaît ! dit Sarah, posant Mystic dans l'herbe et en se levant d'un bond. Elle joignit ses mains comme si elle s'apprêtait à prier.

—Allez, allez, est-ce qu'il peut rester avec nous ? Mon amie Mary a deux chats, et elle a dit que ce n'était pas beaucoup plus de travail que d'en avoir un seul ! S'il te plaît ?

— Grand-mère n'acceptera jamais de s'occuper de deux chats pendant nos vacances, Sarah. Pour elle, ce sera trop de travail.

— On peut demander à quelqu'un d'autre de nous les garder alors ?

— Sarah...

Pendant que Sarah et Jane discutaient en mode ping-pong, Mystic évaluait leur langage corporel et le ton de Jane. Il sentait qu'elle n'était pas vraiment enchantée à l'idée d'adopter un autre chat.

Les supplications de Sarah s'intensifièrent. Elle trépigna et gémit encore plus. Tiny lança un regard inquiet et plein de crainte à Mystic.

Soudain, Mystic eut une autre idée. Il était persuadé que cela fonctionnerait. Mais ils devaient agir sans tarder.

— Je vais partir, chuchota-t-il à Tiny, dont la frimousse passa de l'inquiétude à la panique.

— Non ! Ne me laisse pas seul, pas encore !

Mystic regarda Sarah, qui essayait toujours de convaincre sa mère. Tiny et Sarah pleurnichaient de la même façon, ce qui le fit rire.

— Qu'est-ce qui est si drôle ? demanda Tiny.

— Tu n'as pas idée comme cet endroit est ta maison et comment toi et Sarah êtes faits l'un pour l'autre.

Tiny soupira. Mystic le laissa rassembler son courage.

— D'accord, Mystic, dit-il finalement, la voix pleine de résolution. Je te fais confiance. Tu m'as dit tant de choses extraordinaires au sujet de cette famille, et je te crois quand tu me dis que ce sera merveilleux. Je suis toujours un peu inquiet de vivre tout ça sans toi, mais je suis prêt à essayer.

— J'aimerais bien rester ici pour t'aider, dit Mystic, la gorge serrée.

Mais la seule façon pour toi d'être adopté, c'est que je parte maintenant.

Sarah et Jane venaient juste de s'arrêter de parler, et Mystic remarqua le visage triste de Sarah. Il savait qu'il était temps.

Il vit Tiny lui faire signe qu'il était prêt, il s'éloigna alors un peu et miaula fortement. Il savait que c'était la meilleure façon d'attirer l'attention de la famille chaque fois qu'il avait besoin de nourriture ou d'affection.

Jane et Sarah le regardèrent.

— Tu vois, maman ? gémit Sarah. Mystic pleure parce qu'il veut que nous gardions le chaton.

— Chérie, les chats ne comprennent pas ce que nous disons, dit Jane. Tout comme nous ne pouvons pas les comprendre pleinement. Mystic n'a aucune idée que nous discutons de ne pas garder le chaton...

— Ou de le garder ! coupa Sarah.

Mais les deux furent soudainement sans voix lorsque Mystic alla derrière Tiny et le poussa vers l'avant avec sa tête.

— Tu vois, maman ! Mystic comprend !

Jane ne répondit pas, Mystic poussait Tiny à travers le petit carré d'herbe qui les séparait et elle les regardait, fascinée. C'était ce qu'il avait espéré.

Mystic le poussa encore un peu, jusqu'à ce qu'il soit juste devant Jane et s'arrêta.

— Voilà, Tiny, murmura-t-il, j'ai fait tout ce que j'ai pu. C'est à toi de jouer maintenant. Et ne t'inquiète pas, je te promets que ça marchera. Je peux le lire sur le visage de Jane.

Sans attendre que Tiny réponde, Mystic se retourna, marcha trois pas déterminés vers la clôture en bois et s'arrêta. Il regarda Jane et Sarah.

— Maman ? Qu'est-ce qu'il fait ?

— Je ne sais pas, ma chérie. Mais pour sûr il nous dit qu'il veut que nous gardions ce chaton.

Mystic se retourna de nouveau vers la clôture en bois, avança trois pas et s'arrêta encore pour les regarder.

— Mystic ! appela Sarah, de sa voix tremblante.

Même à cette distance, Mystic pouvait ressentir sa tristesse.

— Tu pars encore ? dit-elle.

Mystic savait qu'elle avait besoin d'être réconfortée. Il miaula dans sa direction et elle courut pour essayer de le saisir, mais il évita habilement ses mains. Le visage de Sarah se figea et se crispa, pensant qu'il la repoussait, mais il sauta sur ses pieds et se frotta doucement contre ses jambes. Il ne voulait pas lui faire de mal.

Sarah s'agenouilla près de lui dans l'herbe, les larmes roulant sur ses joues alors qu'elle commençait à le caresser.

— Pourquoi Mystic ? sanglota-t-elle. Pourquoi veux-tu me quitter ?

Mystic ressentit toute sa peine. Il miaula à nouveau et se frotta contre ses jambes. C'était tout ce qu'il pouvait faire pour la réconforter.

Jane, suivie de près par Tiny, s'était approchée de Sarah pendant qu'elle et Mystic se faisaient leurs adieux.

— Je ne pense pas qu'il veuille te quitter, Sarah, dit-elle. J'ai plutôt l'impression qu'il a quelque chose d'important à accomplir. Il est venu te dire combien il t'aime et t'a même apporté un ami pour te tenir compagnie pendant son absence.

Jane regarda Tiny, s'agenouilla et lui caressa la tête. Tiny se raidit d'abord, mais après un instant, il se mit à ronronner. Mystic savait par expérience à quel point les mains de Jane étaient douces et bienveillantes. C'était une expérience totalement nouvelle et unique pour Tiny. Le chaton regarda Mystic avec de grands yeux incrédules. Il aurait presque pu l'entendre lui demander de sa petite voix aiguë : *est-ce que c'est bien réel ?*

Mystic hocha la tête pour confirmer que c'était réel. *Profites-en bien, mon ami*, pensa-t-il.

Sarah continuait de sangloter tout en embrassant et caressant Mystic.

— Reviendra-t-il ?

— Je suis sûre que lorsqu'il aura fini ce qu'il doit faire, il reviendra, dit Jane. Il est toujours revenu, n'est-ce pas ?

Il y avait quelque chose dans sa voix que Mystic ne pouvait pas déchiffrer, mais il lui semblait que Jane essayait de se convaincre elle-même autant que Sarah.

Sarah se pencha et posa ses lèvres contre l'oreille de Mystic.

— Reviens, reviens, reviens, lui chuchota-t-elle.

Il miaula encore.

— Je t'aime aussi, Mystic. Elle le prit dans ses bras et le serra très fort. Cette fois-ci, Mystic la laissa faire.

— On dirait que tu as gagné un autre ami à fourrure, cadeau de Mystic, dit Jane portant Tiny qui ronronnait dans ses bras avant de l'offrir à Sarah.

Sarah embrassa alors Mystic une dernière fois sur le front, le reposa dans l'herbe et prit Tiny ses bras.

— Je suis impressionnée, Mystic, dit Jane. Tu es un chat très intelligent. C'est presque comme si tu avais tout planifié.

Elle lui fit un sourire complice.

Mystic ressentit sa bonté et il miaula vers elle, la faisant sourire encore plus largement.

— Je vais le chérir, dit Sarah entre deux larmes, tenant Tiny devant Mystic.

Mystic savait que tout irait bien.

— Ne m'oublie pas et reviens me voir, dit-elle une fois dans les bras de Jane avec Tiny dans les siens.

— Oui, reviens quand tu veux, dit Jane.

Il se retourna et bondit sur la clôture en bois. Il regarda une dernière fois sa famille et sa maison, puis sauta de l'autre côté.

- 8 -

Mystic atterrit dans l'herbe au pied de la clôture et s'arrêta pour faire le point avant de retourner au parc. Il ne pouvait pas croire qu'il l'avait réellement fait. Il avait eu l'idée seulement ce matin d'installer Tiny chez lui pendant son absence, et cela s'était concrétisé rapidement et facilement. C'était surréaliste. Il avait donné sa maison. C'était terrifiant, mais en même temps, il se disait que ce n'était que temporaire. Il devait retrouver Bumpa et le voir dans sa nouvelle vie. Non seulement cela, mais il offrait à un chaton la vie dont il avait toujours rêvé, et cette pensée comblait Mystic de joie.

Après ce qu'il avait découvert et mis en place au cours des trois derniers jours, quelque chose l'incitait à pousser cette aventure encore plus loin.

Cela valait la peine de laisser sa vie confortable derrière lui pendant quelque temps.

En réfléchissant à son expérience et à la perspective enthousiasmante de retrouver Bumpa, Mystic ne ressentait plus de peur. Au contraire, il commençait à se sentir de plus en plus confiant.

Afin de garder sa bonne humeur, il décida de retourner au parc pour décrire aux autres chats la nouvelle maison de Tiny.

Lorsqu'il revint dans le parc, il constata qu'ils étaient toujours assis là, à l'attendre, presque aux mêmes endroits. Ils ne l'avaient pas encore vu arrivé que la plupart d'entre eux affichaient une expression d'appréhension. Cependant, dès qu'il fit son entrée seul dans la clairière, cette expression disparut instantanément, laissant place à des cris joyeux qui s'élevèrent.

Dusty, qui était assise au-devant du groupe, courut vers Mystic :

— Alors ? Comment ça s'est passé ? Dis-nous ce qui est arrivé ! Dis-nous tout !

Les autres s'écrièrent de concert.

Mystic était amusé qu'ils soient tous restés assis là, sans bouger, en attente des nouvelles de ce qui était arrivé à Tiny, et il fut une fois de plus touché par leur gentillesse.

Il se dirigea vers le centre du cercle de chats, s'assit sur l'herbe et leur raconta l'histoire du début à la fin. Ils semblaient tous pendus à ses lèvres, et certains rigolèrent quand il leur avoua avoir poussé Tiny en avant pour convaincre Jane de le garder.

Une fois son histoire terminée et après un moment de silence, Tiger fit un pas en avant et demanda :

— Alors, comment te sens-tu maintenant que tu as laissé Tiny et ta famille ?

Mystic réfléchit un instant.

— Au début, j'étais profondément triste. Laisser Sarah derrière moi était si difficile, puis j'ai ressenti de la peur. C'était comme si quelque chose manquait à l'intérieur de moi, laissant un vide qui m'empêchait presque de respirer. C'était un sentiment écrasant, et je craignais de ne pas pouvoir le surmonter.

— Et maintenant ? demanda Tiger. Peux-tu encore sentir ce vide et cette douleur ?

Tout le monde autour de lui sembla se crisper, et une atmosphère tendue s'installa. Mystic remarqua que les autres le regardaient comme s'il était en porcelaine fine, prête à se briser au moindre contact, ce qui le fit sourire.

— Eh bien, si tu m'y fais trop penser, elle reviendra sans doute ! ricana Mystic.

Et comme par magie, la tension retomba. Les autres chats se

mirent même à rire, et Dusty, qui se tenait derrière Tiger, lui fit un signe d'approbation.

— Tu as donc vraiment fait le lien entre ce que tu penses et ce que tu ressens ? demanda Tiger, surpris.

— Oui ! dit Mystic avec fierté. Ce que je pense influence ce que je ressens.

— Alors tu réalises que, si tu penses toujours à des choses agréables, tu te sentiras toujours bien ? demanda Tiger.

— Non, dit Mystic après avoir réfléchi. Au début, la situation a provoqué un déferlement d'émotions négatives. Laisser Tiny derrière moi avec ma famille a déclenché cette douleur et un sentiment de panique. Je n'avais pas prévu ça au départ.

Il marqua une pause. L'atmosphère s'était tendue à nouveau, comme si les chats attendaient une fin heureuse à l'histoire. Cela le comblait et lui donnait l'impression de pouvoir capter toute leur attention.

— Ce n'est qu'une fois la situation résolue que mes émotions ont pu être influencées par mes pensées, ajouta-t-il.

Les autres se détendirent à nouveau, et il décida de conclure l'histoire sur une note positive.

— Si j'avais continué à me concentrer sur la douleur et la peur que je ressentais à l'idée de laisser ma vie confortable derrière moi, j'aurais été emprisonné par ces émotions négatives, comme si j'avais marché dans de la colle. Mais en commençant à penser à retrouver Bumpa, la peur a disparu pour laisser place à l'excitation.

— Je pense que t'y es, petit ! dit Tiger avec enthousiasme. Alors, dis-nous, comment tu vas retrouver Bumpa ?

Mystic ressentit comme un coup de poing dans l'estomac ! Il n'avait pas encore réfléchi à la manière de retrouver Bumpa, il n'y avait même pas encore pensé, et la question de Tiger l'avait déstabilisé.

— Eh bien... bien, je... balbutia-t-il alors que les autres chats le regardaient.

Il sentit sa bonne humeur fondre.

— Je ne sais pas encore, dit-il, je ne sais pas.

— Ah, ne t'inquiète pas, dit Tiger rapidement. Tu trouveras la solution, petit. Ça viendra à toi en un rien de temps.

— Mais comment ? Mystic ressentait sa colère refaire surface pour la première fois depuis hier. Il commençait à détester Tiger avec toutes ses questions indiscrètes, il étaient en train de lui gâcher son plaisir.

Tiger fit un sourire,

— Si tu continues à voir le bon côté des choses, tout viendra à toi rapidement et facilement, dit-il.

Mystic ne voulait plus l'écouter. Il devint vraiment frustré et en colère.

— Comme si me forcer à croire que tout va bien, pouvait me dire où aller et quoi faire pour trouver Bumpa !

— Ne sous-estime jamais la puissance de ton bonheur, Mystic, dit Tiger avec sévérité.

Mystic fut surpris par le sérieux dans sa voix et n'osa pas dire autre chose. Une partie de lui voulait mieux saisir ce que Tiger disait, mais une plus grande partie avait faim et était fatiguée. En fait il n'avait plus du tout envie de parler.

Dusty fit un bruit de gorge exagéré et tenta de changer la conversation.

— Que diriez-vous d'un dîner suivi d'une bonne nuit de sommeil ?

Tout le monde se leva et Mystic fut soulagé de ne plus être le centre d'attention.

Même s'il avait faim, il n'imaginait pas pouvoir manger quoi que ce soit. Alors que les autres allaient manger, il prit une autre direction, avec l'intention de se promener dans le parc pour se détendre.

Pendant qu'il errait en traînant les pieds, il se remémorait tout ce qui s'était passé depuis son départ de la maison. Lorsqu'il avait rêvé de retrouver Bumpa, il avait omis d'être réaliste quant à la situation. Il s'était simplement représenté le résultat final : leur réunion et leur bonheur retrouvé.

Mais ce n'était qu'une illusion. En réalité, il ne pouvait pas retrouver Bumpa. *Comment puis-je y arriver ?* pensa-t-il. *Comment un chat peut-il retrouver un éléphant emmené, "Dieu sait où", il y a trois jours ? Et pas seulement déplacé d'un endroit à un autre dans le parc, mais chargé dans un camion et emporté loin d'ici ?*

Il ressentait une douleur de plus en plus intense à chaque seconde qui s'écoulait, et à mesure qu'il avançait, Bumpa semblait s'éloigner davantage. Il savait qu'il devrait essayer de penser à autre chose pour changer son état émotionnel, mais il était trop épuisé pour même essayer.

J'ai abandonné ma maison et ma famille. Et maintenant, je ne reverrai plus jamais Bumpa. Mais qu'est-ce que j'ai fait ?

Perdre confiance et affronter la peur

- 1 -

Mystic errait dans une zone du parc qu'il n'avait jamais explorée auparavant. Il se sentait profondément déprimé, ses pensées au sujet de sa maison et de Tiny tourbillonnait dans son esprit comme une tornade. Soudain, un chat roux surgit de derrière un vieux tronc creux et noueux.

Le chat était imposant. Son large front était marqué par une longue balafre et il lui manquait un morceau de son oreille gauche. L'un de ses yeux était d'un gris profond, tandis que l'autre brillait d'une émeraude vibrante, créant un contraste inhabituel. Mystic ne se rappelait pas l'avoir déjà croisé au parc, s'il l'avait déjà rencontré, il en aurait certainement gardé le souvenir.

— Ces chats disent tous la même chose, siffla le chat roux.
— Pardon ?

Mystic n'avait aucune idée de ce dont ce chat parlait et n'était pas d'humeur à jouer aux devinettes.

— Ils disent que tout ce que tu as à faire, c'est de te sentir bien, et ta vie sera comme un rêve, lança le chat roux en éclatant d'un rire désagréable, rappelant le son de quelqu'un pataugeant dans la boue.

— Hé, je ne sais pas qui tu es ou ce que tu veux, mais je ne suis pas d'humeur à parler pour l'instant.

Le chat roux montra toutes ses dents et dit,
— Je m'appelle Trembly.
— Très heureux et bonne journée ! Mystic commença à s'éloigner, mais Trembly le suivit comme s'il n'avait rien entendu.
— N'as-tu pas peur de ne plus jamais avoir de maison maintenant que tu as donné la tienne avec une telle désinvolture ? dit-il d'un ton moqueur, puis il ricana à nouveau.
— Non, pas du tout, répondit Mystic sans réel enthousiasme. Il en avait assez d'y penser et encore moins d'en parler pour le moment. Cependant, alors qu'il se préparait à prendre un autre chemin, les paroles de Trembly le frappèrent. Il s'arrêta brusquement et fit demi-tour.
— Attends, tu viens de dire quoi ?
La voix de Mystic devint soudainement grave et ses yeux brûlaient. Trembly n'avait aucun moyen de savoir que Mystic avait offert un refuge à Tiny dans sa maison, pourtant, il était au courant.
— Je dis juste que c'est une façon assez simpliste de voir la vie, dit Trembly avec un sourire tordu.
— Qui es-tu vraiment ? Et à quel genre de jeu joues-tu ?
Trembly montra toutes ses dents.
— Comme je te l'ai dit, je m'appelle Trembly. Et je ne joue à aucun jeu. Au contraire, je suis là pour te protéger. Les autres qui se contentent de parler de bien-être t'éloignent de la réalité, et c'est dangereux. Tu pourrais te perdre.
Mystic observa attentivement le chat devant lui sans dire un mot. Il y avait quelque chose d'inhabituel chez lui. Ce n'était pas ses yeux de couleurs différentes ni les cicatrices qui le marquaient. Beaucoup de chats sauvages avaient des cicatrices de bataille et des yeux multicolores, ce n'était pas vraiment si inhabituel. Il y avait quelque chose chez ce chat qui semblait simplement… étrange. Mystic n'était pas sûr de pouvoir lui faire confiance ; cependant, il avait l'impression de le connaître depuis toujours.
— Et n'est-ce pas ce que tu ressentais juste à l'instant ? dit Trembly. La sensation d'être perdu ?
— Eh bien… je veux dire, oui, mais…
Mystic ne put terminer sa phrase. S'était-il senti perdu ou non… Il n'était plus sûr.
— Fais attention de ne pas perdre de vue les dangers qui t'entourent, dit tranquillement Trembly.

Le chat semblait suffisamment sincère à Mystic, mais tout de même c'était curieux. Pourquoi devrait-il se soucier de Mystic ou de ce qui lui était arrivé ? Ils venaient juste de se rencontrer. C'était troublant.

— Te sentir bien ne te protégera pas du danger.

Trembly fit un pas de plus, leurs museaux se touchèrent presque, et Mystic vit une lueur singulière dans son œil vert.

— Cela t'a même conduit à prendre des décisions qui t'ont exposé à un danger plus grand qu'auparavant. Regarde où tu en es maintenant. Tu n'as ni famille ni maison...

— Je peux y revenir quand je veux ! dit Mystic. C'est toujours ma maison ! J'ai toujours été le bienvenu là-bas, et je sais que je peux y revenir à tout moment !

— Tu n'as pas peur qu'ils changent d'avis ? Trembly regarda Mystic du coin de l'œil. Cela donnait l'impression qu'il avait quelque chose à cacher et Mystic n'aima pas du tout ça.

— Après tout, Tiny est un petit gars *trèèèès* mignon, n'est-ce pas ? Il serait facile pour eux de décider de garder un petit chaton comme lui et de te laisser dehors. Je l'ai déjà vu, tu sais. Et puis, tu as quatre ans, c'est presque vieux...

— Ils ne feraient jamais ça ! s'écria Mystic subitement avec toute son énergie. Sarah ne laisserait jamais cela se produire ! Trembly exprimait juste ce que Mystic osait à peine penser, et chaque mot était comme une épine dans sa fourrure.

— Sarah, Sarah, Sarah, répéta Trembly en secouant la tête de gauche à droite. Elle n'est qu'une enfant après tout et très impressionnable. Il est possible qu'elle pense que Tiny, si petit, ait besoin de soins et d'attention supplémentaires, et alors elle n'aurait plus de temps pour toi. De plus, ce n'est pas elle qui prend les décisions, n'est-ce pas ? Ce sont de ses parents que tu devrais te soucier.

— Va-t'en ! Sa voix résonnait dans l'atmosphère paisible de la nuit. Allez pars et laisse-moi tranquille !

— Bien sûr, Trembly continua à sourire de toutes ses dents. Sache juste que, quand tu auras besoin de moi, je serai là. Et crois-moi, ça arrivera plus tôt que tu ne le penses.

Sur ces mots, il sauta avec agilité derrière l'arbre où il était apparu et s'évanouit, laissant Mystic seul avec ses pensées, plus ébranlé que jamais.

– 2 –

Mystic se tapit dans l'herbe et trembla comme une feuille.

Qu'est-ce que j'ai fait ? Oh, qu'est-ce que j'ai fait ? Je voulais juste retrouver Bumpa et être heureux à nouveau ! Mais ils ont tous essayé de me convaincre que je n'avais pas besoin de le trouver pour être heureux.

Mystic soupira, exaspéré.

Et puis, ces chats sauvages ont profité de moi et m'ont manipulé parce qu'ils voulaient un foyer pour Tiny ! Trembly a raison ! Et maintenant, ils ont tout gâché !

Le parc qui l'entourait lui semblait soudainement plus sombre et étrange qu'auparavant. Imaginer devoir vivre ici au lieu de sa confortable maison et de sa famille lui était insupportable.

Alors qu'il réfléchissait à sa situation, un claquement sec, semblable à une branche morte qui se brise, résonna soudainement des buissons à sa gauche. Sans chercher à en découvrir la source, Mystic prit immédiatement la fuite, submergé par l'agitation, la terreur et la colère, sans même avoir le temps de réfléchir. Ce n'est que quelques instants plus tard qu'il réalisa qu'il se dirigeait vers l'endroit où les chats sauvages s'étaient rassemblés.

En un rien de temps, il parcourut la distance qui les séparait et les aperçut. Ils étaient toujours en train de discuter et déambuler là où il les avait laissés. Dès que le premier chat fut à portée de voix, Mystic ne put plus contenir sa colère. Sa rage à leur égard explosa alors qu'ils n'étaient encore que de vagues silhouettes grises dans l'obscurité.

— Comment avez-vous pu me faire ça ? Hurla-t-il.

Tous les chats cessèrent ce qu'ils faisaient et se tournèrent vers Mystic, leurs oreilles couchées en arrière.

— Que vais-je faire maintenant ? rugit-il. Que vais-je faire maintenant ?

Il était à bout de souffle, mais réussit quand même à continuer.

— As-tu fait ça pour que je reste ici et que je vive avec vous ?

Il s'arrêta brusquement devant Dusty et lui lança de la poussière avec sa patte.

— J'avais une vie, et tu l'as détruite ! Il la défia du regard. Tu m'as utilisé pour ton propre intérêt et pour trouver un foyer à Tiny ! Comment as-tu pu ? Comment as-tu pu me faire ça ?

Sa rage s'apaisait rapidement, il était épuisé. Lorsqu'il avait pénétré dans la clairière, il était plein d'énergie et de colère, mais maintenant, après avoir laissé éclater sa rage, il se sentait vidé et incapable de porter son propre poids. Il s'effondra sur l'herbe et couvrit sa tête avec ses pattes.

— Je ne serai plus jamais heureux, murmura-t-il d'une voix faible, très éloigné des rugissements qu'il venait de pousser. Il ne put retenir ses larmes.

— Hé, hé, hé, qu'est-ce qui se passe mon ami ? dit Dusty.

Les yeux de Mystic se levèrent vers elle, remplis de larmes, sa tête semblait peser une tonne.

— Comment peux-tu m'appeler "mon ami" après tout ce que tu m'as fait ?

— De quoi parles-tu ? Prends ton temps et raconte-moi tout ce qui s'est passé depuis que tu es parti, d'accord ?

Mystic acquiesça du mieux qu'il put.

— J'ai rencontré ce chat, dit-il en sanglotant encore, mais ses larmes commençaient à se calmer. Il m'a expliqué que toute cette histoire de 'bien-être' était un moyen pour toi de me manipuler. Tu voulais me faire croire que j'étais invincible pour que je donne ma maison à Tiny.

— Je vois, dit Dusty en hochant la tête. Et il semblerait, vu ta réaction, que tu l'aies cru, n'est-ce pas ?

— Bien sûr que oui ! La voix de Mystic était enrouée, et il n'avait plus la force de s'exprimer de façon normale. Tout ce que l'autre chat m'a dit est vrai. Tu m'as fait me sentir invincible, et à cause de cela j'ai donné mon foyer. J'ai sacrifié le seul lieu de bonheur qu'il me restait depuis le départ de Bumpa. Tu m'as fait croire que je pourrais le retrouver et que je n'aurais pas besoin de ma maison tout de suite, tu m'as même laissé penser que je pourrais y revenir lorsque tout serait terminé...

Mystic fit une pause pour reprendre son souffle, tant il était bouleversé. Dusty attendait patiemment.

— Ce chat, Trembly, m'a dit que ma famille choisirait Tiny plutôt que moi si j'essayais de retourner auprès d'eux, dit Mystic quand il en fut capable. Le dire à voix haute rendait la situation encore plus réelle, et il sentit des larmes chaudes imprégner sa fourrure.

Dusty s'avança avec un regard de compassion, mais Mystic l'arrêta avant qu'elle ne puisse faire un pas de plus.

— Reste où tu es. Je ne te fais plus confiance.

— Tout cela se passe dans ta tête, dit-elle gentiment. Ce chat, Trembly, n'existe que parce que tu doutes. Tu permets à tes peurs de prendre le dessus et te dominer.

— Je ne te crois plus, dit Mystic. Rien de ce que tu dis n'a de sens. Mais ce que Trembly m'a dit est réel, c'est la vérité. Je peux la voir et la toucher. Tiny est chez moi avec ma famille, alors que je suis ici, seul et n'ayant nulle part où aller. C'est la réalité. C'est la vérité.

— La confiance et le bien-être que tu éprouvais étaient tout aussi réels, Mystic. C'est parce que c'était authentique et que tu le vivais intensément que tu te sentais invincible et que tu as choisi d'agir de cette manière.

— Parce que tu m'as manipulé.

— Il n'y avait pas de manipulation. Tiny aurait trouvé une maison au bon moment. Nous n'aurions pas eu besoin de forcer les choses pour que ça se produise. Et d'ailleurs, je t'ai même proposé d'attendre pour emmener Tiny chez toi, tu ne te souviens pas ? Tu m'as répondu que tu ne voulais pas. C'était ta décision, Mystic.

— Tu aurais dû insister plus fort, dit Mystic d'un ton boudeur. Il savait que Dusty avait raison, elle lui avait demandé s'il était sûr de sa décision, et Mystic avait répondu "oui", mais il était toujours trop en colère et effrayé pour l'admettre. Il voulait que Dusty soit responsable de toute la situation.

Elle souriait, d'un calme déconcertant.

— J'aurais pu insister à en perdre le souffle, tu n'aurais pas changé d'avis. Tu avais une telle détermination que tu aurais pu déplacer des montagnes, et rien ni personne n'aurait pu t'en empêcher.

— Ce pouvoir était une illusion ! cria Mystic. Tu m'as manipulé et menti !

— Non, Mystic, tu possédais en toi cette puissance, et si tu décides de retrouver cet état d'esprit positif, tu la ressentiras à nouveau. Elle sera de nouveau en toi.

— Bien sûr ! Et cette fois, peut-être que je donnerais non seulement ma maison, mais aussi ma peau, mes yeux et mes organes, ajouta Mystic avec sarcasme.

— Et cela serait également ton choix, déclara Dusty. La seule chose qui peut te détruire, c'est ta peur, et tu es en train de te laisser manipuler par elle en ce moment. Tu perds ton pouvoir à cause de tes peurs. Ne laisse pas tes actions être dictées par ce qui te cause de la douleur, mais plutôt par ce qui te procure de l'apaisement, de l'espoir et de l'enthousiasme.

Mystic secoua la tête.

— Tu es folle !

— Elle ne l'est pas, intervint Tiger depuis derrière Mystic, le faisant sursauter. Mais le vieux chat ne sembla pas le remarquer. Dusty dit la vérité. Si tu pratiques la recherche du bien-être, tu commenceras à te sentir vraiment en vie. C'est une sensation puissante. Mais si tu cèdes à tes peurs et les autorises à te contrôler, tu plongeras dans un abîme de douleur et de misère infinies. Si tu vas trop loin dans cette spirale, personne ne pourra t'aider à revenir en arrière.

— Je ne veux plus vous écouter, dit Mystic qui trouva la force de se relever. C'est vous qui me faites peur, à parler de choses totalement incompréhensibles... Je ne veux plus en entendre davantage.

Il se tourna et s'éloigna d'un pas rapide, ne sachant pas où il allait, mais c'était toujours mieux que de rester ici.

— Mystic, le chemin que tu choisis est difficile, dit Dusty derrière lui, mais Mystic continua de marcher. Si tu continues, sache que tu auras besoin de beaucoup de courage.

J'ai fait le bon choix, pensa Mystic. Je dois m'éloigner d'eux autant que possible. Il tenta de se résigner à être seul, sans maison, sans famille, sans amis... Ce ne serait pas facile, mais il n'avait pas d'autre choix. Il ne pouvait pas rester ici avec ces chats, quelque chose ne tournait pas rond chez eux, et Mystic savait que s'il restait son esprit serait bientôt empoisonné comme le leur... Après tout, il ne les avait écoutés qu'une fois, et maintenant sa vie était un gigantesque chaos.

— Fais ce que tu dois faire, Mystic ! cria Tiger d'un ton amical derrière lui. Et quand tu auras assez vécu dans la douleur et la terreur, sache que tu es le bienvenu ici avec nous, quand tu veux !

Une partie de lui avait désespérément envie de se retourner et de rester avec eux, car ils étaient capables de se nourrir et de se protéger, ce qu'il ignorait complètement. Mais malgré tout, il savait qu'il devait continuer seul.

— Une dernière chose... cria Tiger de loin. Ne te préoccupe pas trop de ce que te dit Trembly !

Mystic s'arrêta. L'idée du grand chat roux était effrayante. *Pourquoi dit-il que je reverrai Trembly ?* se demanda-t-il. S'imaginer rencontrer Trembly là-bas, quelque part dans l'obscurité le fit reconsidérer un instant son départ.

Non, pensa-t-il enfin. *Non, il est préférable de partir et d'y faire face si ça doit arriver. Ces chats sont fous, et j'ai besoin de comprendre ce qui se passe, sans leur influence.*

Mystic repartit de l'avant, allant à l'encontre de tous ses instincts qui l'incitaient à faire demi-tour. Sa gorge était serrée et son estomac noué par l'anxiété.

- 3 -

Peu de temps après, Mystic se trouva aux limites de son territoire habituel, au milieu d'une dense foret d'arbre qui poussait dans le parc. L'obscurité était presque totale. Peu de temps avant, il pouvait encore voir les lampadaires au loin et des lumières près de certain enclos, mais maintenant, il était dans la nature sauvage, il n'y avait rien d'autre que les étoiles au-dessus de lui.

Alors qu'il avançait et que sa colère s'apaisait, il commença à ressentir une petite faim qu'il n'avait pas remarquée auparavant.

D'habitude, il adorait cette période de la nuit. Si tout avait été comme avant, il se réveillerait simplement sur le lit de Sarah pour aller retrouver Bumpa. Mais maintenant, il était dans une partie inconnue de la forêt, seul, affamé et certainement en danger. Il réfléchit à la manière dont sa vie avait été complètement bouleversée en si peu de temps.

Il passa devant une grande poubelle verte près du sentier, bondit sur le rebord et regarda à l'intérieur. Les chats sauvages trouvaient parfois de la nourriture dans ces bacs verts, et il estima que ça pourrait être un bon endroit pour commencer à chercher. Après un moment passé à fouiller à travers une multitude d'odeurs, il en ressortit avec un sandwich au jambon partiellement mangé qui semblait appétissant. Il engloutit la viande, laissant le pain détrempé sur l'herbe, et chercha un grand arbre où il serait en sécurité pour passer la nuit.

Une fois niché au cœur de l'arbre, des images de Sarah et de Bumpa flottèrent à nouveau dans son esprit. Il les repoussa brusquement. Ce dont il avait le plus besoin maintenant, c'était du sommeil, et la douleur de penser à son ami et à sa famille l'empêcherai de dormir. Mais rien à faire, les images revenaient. Parfois, il réussissait à s'en débarrasser, mais d'autres pensées effrayantes arrivaient alors –

comme, ce qui pourrait arriver à un chat comme lui, seul dans les bois. Entre ces deux flots de pensée concurrents, Mystic ne savait pas s'il trouverait le sommeil.

Alors qu'il était aux prises avec ses pensées et anticipait une longue nuit blanche, il perçut le son distinctif de griffes raclant l'écorce de l'arbre en contrebas. Mystic se leva d'un bond, le dos rond, prêt à se défendre contre tout intrus potentiel.

— Tu aimes ta nouvelle maison ? se moqua Trembly.

Il était couché sur la branche du dessous, sa longue queue rousse flottait paresseusement au rythme de ses paroles.

Le cœur de Mystic battait à toute vitesse. Pendant un moment, il envisagea de descendre de l'arbre pour rejoindre les chats sauvages. *Ils peuvent être fous, mais au moins ils sont en sécurité.* Mais cela signifierait passer tout près du chat roux, et Mystic ne pensait pas pouvoir le faire. Pas encore en tout cas.

— Tu peux fuir loin de moi, mais le danger te suivra toujours, dit Trembly comme s'il avait pu lire dans ses pensées. Tu n'as pas besoin d'avoir peur de moi. Je ne suis pas dangereux.

Mystic s'apprêta à protester, mais Trembly l'interrompit.

— Cependant, il y a beaucoup de choses dangereuses ici, dit-il avec un autre coup de queue. Les lynx par exemple. Ou les grands hiboux qui pourraient attraper un chat et partir avec avant même que tu ne puisses réagir.

Mystic frissonna, et Trembly parut s'en délecter, car il continua.

— Et n'oublie pas les chiens sauvages, et tant de choses que je ne pourrais même pas nommer. Tu ne voudrais pas les rencontrer dans l'obscurité. C'est sûr. Ah ! Tous ces dangers pour un petit chat comme toi.

Mystic ne connaissait pas tous ces animaux effrayants dont Trembly parlait, mais son esprit compensait par la création d'horribles images monstrueuses.

Il prit une grande inspiration et plongea son regard dans les yeux de Trembly. Ce geste, aussi petit soit-il, lui demanda presque tout son courage. Il était reconnaissant d'être assis sur une branche solide car ses jambes tremblaient, et une branche moins stable l'aurait fait vaciller dangereusement.

— Dusty a dit que tu étais une illusion, dit-il calmement.

Trembly le regarda avec un léger sourire sans rien dire.

Mystic commençait à se sentir un peu plus fort maintenant.

— Elle a également dit que si je trouvais un moyen de me sentir mieux, alors tu disparaitrais.

Le sourire glacial de Trembly était figé sur ses lèvres.

— Bonne chance avec ta première nuit en solitaire, Mystic, dit-il enfin en riant, sa queue angora ondulant gracieusement derrière lui. Puis il se leva et murmura, Tu en auras besoin, avant de bondir de l'arbre et disparaître.

Mystic resta anxieux, scrutant le sol à la recherche de la silhouette rouge de Trembly, mais il avait disparu. Finalement, son cœur commença à ralentir.

Cependant, avant qu'il n'atteigne son rythme normal, un cri perçant éclata au-dessus de lui, réactivant les images de monstres dont Trembly lui avait parlé. Mystic se tordit le cou pour scruter l'espace au-dessus de sa tête, mais il perdit l'équilibre. Heureusement, ses réflexes agirent immédiatement. Ses griffes s'ancrèrent dans l'écorce, sa patte droite s'accrocha à la branche, sa gauche au tronc alors que ses muscles endoloris par l'effort le maintenait accroché à l'arbre.

À peine avait-il réalisé qu'il venait d'éviter une méchante chute qu'un cri strident retentit une fois de plus, mais cette fois beaucoup plus proche.

Je dois partir d'ici !

Sans perdre de temps, il commença à descendre prudemment le tronc, mais après avoir parcouru à peine quelques mètres, il perçut le bruissement menaçant des ailes dans la brise nocturne. Son cœur fut saisi d'une terreur glacée. Quelle sorte d'oiseau était-ce ? Il s'approchait vite et le visait. Sans réfléchir à ce qu'il faisait, Mystic rétracta ses griffes et, après une fraction de seconde, tomba comme une pierre dans l'obscurité.

L'oiseau percuta l'arbre juste à l'endroit où Mystic se trouvait avant de se laisser tomber. Il entendit les serres sur l'écorce et sentit de gros morceaux pleuvoir autour de lui. L'oiseau lâcha un cri frustré et s'en alla dans un bruissement sinistre d'ailes.

Le sol s'approchant à grande vitesse, Mystic se retourna de sorte que ses pattes soient pointées vers le bas. Il atterrit avec un bruit sourd et une douleur lancinante – mais cela passa au second plan compte tenu de la peur déclenchée par la créature volante. Il ne prit pas le temps de réfléchir et se mit à courir aveuglément à travers les bois. Peu lui importait où il allait, s'éloigner aussi vite que possible de l'oiseau était son seul objectif.

MYSTIC À LA DÉCOUVERTE DU BONHEUR

L'oiseau hurla à nouveau, et il semblait à Mystic qu'il venait directement derrière lui. Il devait trouver un endroit pour se cacher – et vite. Il bondit de toutes ses forces sur un tronc pourri, et plongea dans un buisson touffu qu'il aperçut à sa droite.

À peine était-il caché qu'il entendit le déchirement des feuilles et le claquement des griffes de l'oiseau sur la branche derrière lui. Il n'osa plus bouger ni même respirer. Quelques secondes plus tard, le hurlement retentit à nouveau, mais cette fois, c'était au-dessus et plus lointain.

Il n'arrive pas à pénétrer dans le buisson, pensa-t-il, espérant qu'il avait raison.

L'oiseau continua à crier sa colère, et Mystic entendit de nouveau le déchirement des feuilles quelque part au-dessus de lui, mais l'animal ne put s'approcher davantage.

Il vola sur une branche à proximité et cria de frustration plusieurs fois. Finalement, Mystic entendit le bruissement lourd de ses ailes et les cris s'éloignèrent jusqu'à ce qu'il ne puisse plus les percevoir du tout.

Mystic attendit afin de s'assurer que l'oiseau était vraiment parti. Les minutes passèrent et les bruits familiers de la forêt revinrent : le chant des grillons et le son des petites créatures des sous-bois. C'est alors que Mystic sût qu'il était en sécurité et sortit des broussailles.

Il fut soulagé un instant puis les mêmes vieilles questions l'envahir de nouveau. Ça semblait fou si peu de temps après avoir été attaqué comme ça, mais ces questions étaient importantes et avaient besoin de réponses. *Et maintenant?* pensa-t-il. *Où puis-je aller pour être en sécurité? Qu'est-ce que je suis supposé faire?*

— Trouve quelque chose que tu aimes, dit la voix que Mystic n'avait pas entendue depuis qu'il lui avait demandé de partir. Son apparition était si proche de l'attaque de l'oiseau que Mystic fut effrayé et songea même à replonger sous le buisson. Mais sa peur s'estompa.

— Concentre-toi sur quelque chose qui t'amène à te sentir mieux, continua la voix avec sa gaité habituelle. Quelque chose que...

— Arrête! Mystic plaqua ses pattes sur ses oreilles. Assez, s'il te plaît! S'il te plaît, arrête de parler!

Il resta immobile. La voix s'était arrêtée. Il respira, soulagé, et alors qu'il s'apprêtait à ôter ses pattes, la voix parla de nouveau, le faisant sursauter.

— Chaque fois que tu atteins un état de soulagement, je peux t'aider.

Je deviens complètement fou, pensa Mystic. Cette fois-ci, il avait entendu la voix alors que ses oreilles étaient couvertes par ses pattes, il ne pouvait donc y avoir aucun doute que la voix venait de l'intérieur de sa propre tête. *Si j'entends des voix dans ma tête, je dois vraiment devenir fou !* Il retira ses pattes, craignant d'entendre à nouveau la voix, et fit de larges cercles dans la clairière. *Et non seulement je l'ai entendue, mais j'ai aussi parlé avec elle ! Oh là là, je suis dans de beaux draps.*

Il continua de faire les cent pas tout en se parlant à lui-même, devenant de plus en plus effrayé par ce que cela pourrait signifier. Puis, il remarqua que la forêt était à nouveau plongée dans le silence. Il s'immobilisa soudainement et scruta son environnement.

Le vent bruissait dans les feuilles d'automne éparpillées sur le sol et les grillons avaient cessé de chanter. Soudain, une branche d'arbre craqua. Il releva brusquement la tête pour scruter la canopée obscure au-dessus de lui, mais il ne put rien distinguer dans cette nuit noire.

Et si l'oiseau était encore là en train de m'observer ? Cette pensée suffit à le faire détaler sans attendre de découvrir ce qui avait provoqué le bruit. Tout ce qu'il désirait à présent, c'était sortir de la forêt et retourner là où la vie était plus accueillante, une vie qui ne cherchait pas à le tuer.

Alors qu'il courait, il entendit le craquement des branches, comme si quelque chose dans la cime des arbres suivait sa progression. La terreur l'envahit alors qu'il trébuchait le long d'un sentier sombre, se prenant les pieds dans les rochers et les racines d'arbres saillantes. Paniqué et haletant il manquait d'oxygène. Sa vision périphérique devenait floue à mesure qu'il courait, et ce qui se trouvait dans les arbres au-dessus continuait à le poursuivre.

Finalement, il trébucha sur un gros rocher qui sortait du sol et fit une culbute à travers les herbes avant de retomber sur son flanc. Il fixa les arbres, incapable de bouger ou même de crier.

Il lui semblait que les arbres eux-mêmes se déplaçaient.

Comme il était couché sur le côté, les branches s'étiraient jusqu'à lui, se mouvant comme les bras de géants avec de longs doigts saisissants et des griffes aiguisées. Plus il les observait, plus elles semblaient se rapprocher, jusqu'à ce qu'il ait la sensation qu'il allait s'évanouir de terreur. Il n'avait jamais ressenti une telle peur de toute sa vie, et rien, pas même la crainte de perdre sa famille ou de mourir de faim, ne pouvait être comparé à ce qu'il ressentait. Son cœur palpitait de manière chaotique. Il était convaincu que c'était la fin. Il n'y a rien que je puisse faire pour arrêter ça. Mystic ferma les yeux. Le monde était sombre derrière ses paupières, et il s'abandonna à cette obscurité aussi profondément qu'il le put, certain que la mort serait là pour le saluer.

5

MYSTIC
À LA DÉCOUVERTE DU
BONHEUR

Intuition

- 1 -

Lorsque Mystic ouvrit les yeux, le soleil émergeait à peine à l'horizon. Pendant un bref moment, il avait complètement perdu ses repères. Les événements de la nuit demeuraient encore flous dans son esprit.

Peut-être que tout cela n'était qu'un rêve, songea-t-il. Cependant, lorsque ses muscles endoloris dans le cou, le dos et les jambes lui rappelèrent la réalité, il comprit que ce n'était pas le cas. Pourtant, les arbres qui l'entouraient ne semblaient pas du tout menaçants. En fait, il n'avait jamais vu les arbres aussi magnifiques au petit matin.

Je me suis évanoui, il rit un peu de lui-même. Il ne s'était jamais évanoui de peur et n'avait même jamais imaginé qu'il était possible d'être effrayé à ce point. Il n'y avait certainement rien de terrifiant dans les bois aux alentours.

Il admira la couleur bleue du ciel entre les troncs robustes des arbres. Puis il entendit le caquetage des canards et les contempla nageant de long en large, contents de barboter sous la lumière chaude du matin.

Mystic était profondément détendu, son esprit était paisible et calme comme cela ne lui était encore jamais arrivé. Comme si le choc de la nuit avait fait taire toute pensée et toute émotion. Il lui était difficile de savoir ce qu'il ressentait. Il était juste là, dans l'instant présent, conscient de la beauté qui l'entourait, satisfait. Il découvrit qu'il aimait se sentir ainsi – comme si plus rien n'avait d'importance. Après tout, il s'était vu mort et rien ne pouvait être pire que ça. Il sourit.

Eh bien ! J'en ai vécu des choses depuis que Bumpa est parti.

En effet, il avait éprouvé de la tristesse lorsqu'il avait perdu Bumpa, une joie intense lors de sa rencontre avec Freedom et découvert qu'il y avait une autre manière de vivre. Il avait ensuite cédé sa maison à Tiny, provoquant en lui de la colère, alimentée par un sentiment de trahison. Cette colère avait provoqué une peur intense ressentie dans les bois cette nuit-là, suivie d'un état de conscience complètement fermé. Et maintenant, voilà qu'il éprouvait une paix totale et profonde.

Mystic, dans cet état de paix retrouvait la sensation d'invulnérabilité qu'il avait ressentie auparavant. *Mais cette fois, je ne ferai rien de stupide,* pensa-t-il.

Il se tenait là, appréciant le calme, quand il se souvint qu'il avait pensé avoir perdu la tête cette nuit. Il dit alors à voix haute :

— C'est vrai, j'entendais constamment cette voix dans ma tête. Mais était-ce vraiment moi ?

Dès qu'il eut prononcé ces mots, il se recroquevilla, s'attendant à ce que la voix reprenne la parole. Ne lui avait-elle pas dit que dès qu'il se sentait mieux elle pouvait l'aider ? En effet, à chaque fois qu'il s'était senti mieux et avait posé une question, la voix avait surgi pour lui répondre. Et c'était exactement ce qu'il venait de faire.

Ses pattes se dirigeaient déjà vers ses oreilles pour les couvrir quand il entendit la voix claire et limpide.

— Eh bien, dit-elle avec suffisance. Tu devrais savoir maintenant que te boucher les oreilles ne change rien.

Mystic soupira.

— Je suppose que ma pause bonheur est terminée, n'est-ce pas ?

— Si tu le décides, dit la voix en riant.

Une nouvelle vague de frustration dissipa rapidement le sentiment de paix de Mystic.

— Non, répondit-il aussi tranquillement que possible, craignant de perdre son calme. Je ne décide rien ici. C'est toi qui es responsable de ma misère.

Il fit une pause et prit une profonde inspiration. Il voulait vraiment être seul et apprécier ce qu'il avait ressenti avant que cette voix ne vienne le déranger.

— Chaque fois que je passe par des émotions horribles et que je parviens à les dépasser, à trouver un moyen de me sentir mieux, paf! tu arrives et tu gâches tout. Exactement comme tu es en train de le faire maintenant.

— Je suis ici parce que tu veux de l'aide, dit la voix brusquement.

— Non, ce n'est pas la raison de ta présence ici, pensa Mystic, en luttant contre la colère qui montait envers la voix et contre lui-même pour avoir à nouveau engagé la conversation. Tu es ici pour me provoquer, m'effrayer et débiter toutes sortes de bêtises.

Qu'est-ce que je fais ? Je parle encore à cette voix dans ma tête.

— Oui, je suis en toi, interrompit la voix. Et tu me parles non pas parce que tu es fou, mais parce que tu sais que je suis la partie de toi qui sait comment t'aider à retrouver Bumpa, à profiter de ta vie, et à trouver un moyen de rentrer à la maison. Je suis la réponse à toutes tes interrogations.

Mystic se sentait désemparé, ses propres pensées avaient été entendues par la voix !

— Tu ne perds pas la tête Mystic, mais tu es en train de me perdre.

La voix était moins audible maintenant, s'éloignant de plus en plus.

— Tu me perds parce que tu perds ton calme et ta sérénité… (C'était à peine un murmure.) Tu as peur et je ne peux plus t'aider…

Mystic attendit quelques instants, écoutant le silence. Il redoutait que la voix ne revienne le déstabiliser, mais elle semblait avoir vraiment disparu. Il aurait tant aimé pouvoir partager tout cela et tout ce qui venait de lui arriver, avec quelqu'un. De pouvoir parler avec Bumpa lui manquait.

Une profonde tristesse l'envahit. Il fut ému aux larmes en pensant à la possibilité d'échanger toute cette folie avec Bumpa. Maintenant il n'avait plus personne avec qui le partager.

Qui d'autre ? Ulysse est tellement occupé avec sa famille qu'il n'aurait pas vraiment le temps, et les chats sauvages… eh bien, ils sont tous aussi fous que la voix, et ils me diraient juste de l'écouter ! Cette pensée le fit rire.

— Tu vois ? dit la voix, le faisant sursauter une fois de plus. N'est-ce pas mieux de rire au lieu d'être triste ou en colère ?

— Arrête de faire ça! cria Mystic. Je déteste quand tu me surprends comme ça!

— D'accord, d'accord, dit la voix, amusée. Mais avant que tu ne te fâches trop et que tu ne me renvoies de nouveau, laisse-moi faire une suggestion : peut-être que tu devrais aller voir Lili et Lulu ?

Mystic avait le souffle coupé et ne put répondre.

Cette voix va finir par me tuer, pensa-t-il grognon.

- 2 -

Après s'être calmé à nouveau, Mystic réfléchit au conseil qu'elle lui avait donné. Il avait déjà rendu visite à Lili et Lulu une fois, et ils ne savaient rien de l'endroit où Bumpa avait été emmené, si ce n'est qu'il était monté joyeusement à l'arrière du camion, le même qui avait emmené les ours polaires.

Alors qu'il réfléchissait, son estomac se mit à gronder et il lui devint plus difficile de se concentrer.

Peut-être que je devrais faire une petite visite à Lili et Lulu après tout et peut-être qu'ils sauront comment je peux obtenir de la nourriture. Je ne peux certainement pas rester dans ces bois dangereux et mourir de faim.

La nourriture et la perspective d'être en bonne compagnie commencèrent à l ui booster le moral. Il en ressentit un profond soulagement. Mystic détestait admettre que les chats sauvages, Freedom et la voix puissent avoir raison, mais il devait le concéder. C'était vraiment merveilleux de se sentir mieux. Toute la tension de sa mâchoire et de son dos se relâchait.

C'est comme cet état de paix que je ressentais ce matin, c'était fantastique ! Au moins jusqu'à ce que la voix ne revienne m'embêter.

Mais Mystic ne voulait pas y accorder trop d'importance, parce que chaque fois qu'il le faisait, il commençait à perdre le contrôle de lui-même. La sensation de bonheur (ou du moins de se sentir mieux) s'était montrée délicieuse d'un côté et dangereuse de l'autre.

Et de toute façon, tout ce bien-être ne dure jamais. Dès que je me sens mieux, cette voix finit toujours par se manifester et tout gâcher.

Le bonheur commençait à se révéler décevant.

Quand je suis heureux, je fais des choses folles qui finissent par me causer du tort, comme donner ma maison. Et puis, quand le bonheur s'en va... c'est encore pire ! C'est comme si le bonheur n'était qu'une illusion. Il est fugace et cela ressemble à...

— Tu as raison !

Mystic se retourna brusquement pour faire face à la voix qui venait de s'exprimer. C'était Trembly, s'approchant avec un sourire satisfait.

— Le bonheur est une illusion, Mystic.

Trembly s'approcha et s'assit à côté de Mystic.

— Il ne dure jamais. Et fait toujours très mal quand il s'en va.

Mystic garda le silence. Il avait l'impression que Trembly pouvait presque entendre ses pensées, et il n'était pas en désaccord avec ce qu'il disait.

— Ces chats sauvages et cette voix intérieure veulent te faire croire que tout va bien, qu'il n'y a aucun problème, et que tu devrais simplement te concentrer sur ce qui te fait du bien.

Trembly rit de son rire terreux.

— Et regarde ce que tu as fait de ton état d'euphorie ! Cela t'a causé plus de douleur qu'avant et...

Mystic coupa Trembly :

— J'ai vraiment adoré offrir une maison à Tiny et un chaton à Sarah. Tiny avait besoin d'un foyer, et Sarah avait besoin d'un ami parce que je partais à la recherche de Bumpa. La joie que je ressentais en les réunissant... c'était tout simplement incroyable. Si je pouvais, je referais absolument la même chose, sans rien changer, afin de la revivre !

Mystic se tut brusquement, et fixa Trembly d'un air stupéfait. Il ne pouvait pas croire les mots qu'il venait de prononcer. Jusqu'à ce qu'il les ait exprimés, il n'avait même pas conscience de ce sentiment, et maintenant, il était prêt à revivre les quelques jours les plus douloureux de sa vie simplement pour retrouver cette sensation de bonheur.

Alors, est-ce que cela signifie que le bonheur est réel ? Et si c'est le cas, est-il vraiment aussi dangereux que je le pensais, ou est-ce quelque chose que je devrais rechercher ?

Il était profondément troublé. Il ne savait même plus ce qu'il voulait. Il pensait qu'il aurait donné n'importe quoi pour récupérer sa maison confortable et sa famille, mais finalement, peut-être que non. Rien n'avait plus de sens. Ce qu'il pensait savoir avec certitude avait changé radicalement.

J'ai besoin d'aide.

— C'est peut-être ce que tu penses faire...

Mais Trembly fut interrompu par un bruissement provenant de sa gauche. Surpris, Mystic regarda et vit Freedom apparaître de derrière le buisson. Avec un saut élégant, elle atterrit juste à côté de Trembly, et posa délicatement sa patte sur ses lèvres.

— Chut, Trembly, murmura-t-elle avec un grand sourire.

Mystic sentit son cœur battre la chamade. Et quand il vit ce qu'elle faisait à Trembly, il fut littéralement impressionné. Elle était beaucoup plus petite et plus mince que Trembly, et cependant le grand chat roux lui obéissait comme si elle faisait trois fois sa taille. Elle l'avait fait taire d'un simple geste de la patte. C'était époustouflant à voir.

— Tu en as assez fait, Trembly, dit-elle. Plus qu'assez. Alors, tais-toi pour l'instant.

Elle ôta sa patte des lèvres de Trembly qui resta immobile et sans voix, comme un rocher roux et velu. Il y avait une expression dans ses yeux que Mystic pensa être de l'irritation, mais c'était passager, et avant qu'il puisse en être certain, elle avait disparu. *Elle est tellement forte,* Mystic ressentit soudain le désir d'en apprendre davantage sur Freedom et sur son pouvoir. Plus que tout, il aspirait à le posséder lui aussi.

Et puis, il comprit. La dernière fois qu'ils s'étaient rencontrés, Freedom avait bien parlé de pouvoir.

Est-ce ce à quoi elle faisait allusion ? Si je continue à me sentir mieux, serai-je capable d'exercer ce pouvoir aussi ?

Freedom parlait toujours à Trembly, qui était assis et l'écoutait de la façon dont Sarah s'asseyait parfois pour écouter Jane et Pete quand ils expliquaient quelque chose de sérieux.

— Pourquoi tu n'irais pas en haut de cette colline là-bas pour voir si j'y suis ? Si je n'y suis pas, tu n'as qu'à m'attendre dit-elle en le chassant d'un geste nonchalant de sa patte.

— Essaies-tu de me jouer un tour, es-tu en train d'envoyer quelqu'un d'autre dans une mission perdue d'avance ? répliqua Trembly en se tournant vers Mystic. Au moins moi, je sais que c'est une mission inutile !

Mystic pouvait entendre l'irritation dans la voix de Trembly, même s'il était sûr que Freedom l'avait également remarquée, elle ne laissait rien paraître.

Il était certain que Freedom l'avait aussi entendu, mais si c'était le cas, elle ne le montra pas.

— Va chercher ailleurs d'autres proies, Trembly, dit-elle alors qu'il commençait à s'éloigner. L'opinion de Mystic commence déjà à changer. Il est trop tard pour toi.

Trembly lui adressa un grand sourire sarcastique.

— C'est ton point de vue, dit-il.

Puis il disparut dans les buissons, laissant Freedom et Mystic seuls dans la clairière.

- 3 –

À peine Trembly s'était-il éloigné que Mystic posa à Freedom les questions qui l'avaient envahi lorsqu'il l'avait vue interagir avec le chat roux. Il parlait à toute vitesse.

— Comment as-tu fait cela – le faire se sentir si faible ? Il n'a même pas essayé de se battre ! Qu'est-il arrivé ? Et pourquoi lui as-tu dit que mon opinion avais changé et que je n'étais plus une proie ? Et pourquoi en serais-je une ?

— Oh là là, ça fait beaucoup de questions, Freedom se mit à rire. Détends-toi et respire un bon coup. Elle posa ses pattes avant sur les épaules de Mystic. Tu sais, tu es plutôt mignon quand tu es tout énervé.

À son contact il ressentit un calme soudain se répandre dans son corps.

— Comment fais-tu cela ? murmura-t-il.

— Je ne fais rien de spécial dit-elle en retombant à quatre pattes. Je me sens tout simplement aussi bien que possible, et je ressens avec certitude que ce que je veux se réalise. Je fais confiance à la vie d'une manière que d'autres jugeraient probablement folle ou même inconsciente.

— Arrête de me parler en langage écureuil, dit Mystic en riant doucement.

Freedom éclata de rire.

— Ma technique consiste à parler uniquement de sujets qui me font me sentir bien. Ou du moins, à éviter ceux qui provoquent des émotions négatives. Ça peut être n'importe quel sujet, il n'y a aucune limite. M'entraîner à cela m'a permis de percevoir uniquement ce qui m'apporte de la joie... et laisse-moi te dire, Mystic, c'est incroyablement efficace et puissant ! Freedom avait de nouveau l'air de revivre un souvenir agréable que seule elle pouvait voir.

— Je suppose que je comprends l'idée de base, dit Mystic lentement.
— Très bien ! C'est un premier pas !
Il secoua la tête. Mais je ne sais toujours pas comment tout cela fonctionne.
— Ne t'en préoccupe pas pour le moment. Concentre-toi simplement sur l'idée. Entraîne-toi. Et avec le temps, tu la comprendras parfaitement... mais seulement si tu la pratiques.
— Donc, il suffit de se concentrer sur ce qui nous fait du bien et d'en parler ? demanda Mystic. Il n'était pas encore convaincu que cela fonctionnerait réellement.
— Exactement !
— Mais je ne veux pas pratiquer quoi que ce soit ! La dernière fois que j'ai essayé, j'ai commis une terrible erreur et...
— Ton action n'est devenue une erreur à tes yeux que lorsque tu as commencé à écouter tes peurs, déclara Freedom. Repenses-y et tu verras que c'est vrai.
Mystic revit la scène dans sa tête et réalisa que Freedom avait raison. Tout s'était déroulé à merveille jusqu'à ce qu'il ait focalisé son attention sur une pensée négative ; celle de ne pas savoir comment trouver Bumpa. Alors tout s'était effondré.
— À partir de ce moment, tu as cessé de faire confiance à tout et à tout le monde, n'est-ce pas ? Même à toi-même et à tes décisions ?
Mystic hocha la tête.
— Quand tu te focalisais sur ton bien-être, tout devenait simple. Te souviens-tu de la joie immense que tu as ressentie en emmenant Tiny chez toi et en le présentant à Sarah ? Ce que tu considères maintenant comme une erreur t'a apporté une immense satisfaction sur le moment.
Mystic y repensa et en fut ému.
— J'étais très ému, et oui, le sentiment le plus fort était la joie. J'étais heureux pour Tiny et Sarah.
— Et dès que tu as laissé la peur envahir tes pensées, cette émotion merveilleuse a changé, dit Freedom d'une voix plus douce.
Mystic se souvint de la terreur qu'il avait ressentie juste après avoir réalisé qu'il ne savait pas du tout comment retrouver Bumpa.
— Mais j'avais des raisons d'avoir peur.
— Je suis d'accord, dit Freedom doucement. Cependant, par la suite, ta peur t'a entraîné dans une spirale interminable, jusqu'à ce que

tu te perdes dans un profond désespoir. Même à présent, tu n'en es pas tout à fait libéré.

Mystic avait ressenti un moment de satisfaction lorsque Freedom avait partagé son avis, mais cette sensation fut de courte durée. Cependant, sa curiosité était éveillée, et il désirait en apprendre davantage.

— Il est normal d'avoir peur ou d'être blessé, continua-t-elle. C'est normal d'éprouver ces émotions. Moi-même, je les ressens; tout le monde les ressent à un moment donné.

Pour Mystic, il était difficile d'imaginer Freedom blessée ou effrayée. Elle rayonnait d'une telle force qu'il trouvait cela presque impossible. Il brulait de curiosité et se demandait bien ce qui pouvait effrayer un chat aussi courageux. Mais il sentait que ce n'était pas le moment de poser ce genre de questions.

Freedom s'approcha de l'endroit où Mystic était assis et le poussa doucement de la tête.

— Le secret pour réussir, c'est de ne pas laisser les émotions négatives te submerger. Car si tu les laisses prendre le dessus, elles t'agripperont et te tourmenteront comme un loup tourmente un agneau, refusant de le relâcher. La seule manière de leur échapper, c'est de changer ce sur quoi tu concentres tes pensées. Tu dois être plus fort, Mystic, et tu dois être celui qui abandonne les pensées négatives.

Soudain, tout devint clair dans l'esprit de Mystic.

— Trembly, balbutia-t-il. Trembly est la peur, et je suis sa proie.

— Oui, c'est exact, dit Freedom. Ou du moins tu as été sa proie, mais plus maintenant. Ton esprit commence à changer. Tu as admis que se sentir mieux était merveilleux. Tu as même dit que tu voulais bien repasser par tout ce que tu as traversé ces derniers jours pour éprouver de nouveau la joie que tu avais ressentie, n'est-ce pas ?

— Oui, je l'ai dit, répondit Mystic. Mais je déteste admettre que toi et tous les chats sauvages aient raison.

Freedom se contenta de rire doucement.

— Donc, si Trembly est la peur, tu es son contraire ?

— Freedom sourit. Non, Mystic, je suis juste un chat comme toi et tous les autres. J'aime aider, c'est ce qui me procure de la joie.

—Alors, qui est l'opposé de Trembly ? C'est un des chats du parc ?

— Non, ce n'est pas un chat dans le parc, déclara Freedom. En fait, il n'existe pas du tout en dehors de toi. Il y a un opposé à Trembly – à cette émotion de peur que tu éprouves – mais il existe en toi.

À ces mots, Mystic se rappela que la voix avait dit qu'elle venait de l'intérieur.

Non, non, non, pensa-t-il. *Cette chose est ennuyeuse et désagréable. Tout ce qu'elle veut, c'est gâcher mes moments de bonheur. Elle ne peut pas être ça...*

— L'opposé de Trembly, le contraire de ta peur, dit Freedom. C'est la voix qui se fait entendre quand tu lui en donnes l'occasion.

— Non! grommela Mystic. Ce n'est pas possible! Et je ne veux pas que ce soit elle!

Freedom éclata de rire.

— Cette voix est méchante! Elle vient de nulle part et me fait peur à chaque fois! Elle ruine ma bonne humeur quand je commence à me sentir un peu mieux, et elle rit de moi! Elle n'a aucune compassion!

— Elle ne peut venir que lorsque tu le permets. Quand ton état émotionnel la laisse venir.

— Non, non, non! cria Mystic. Je ne l'ai jamais laissé venir! Elle se montre juste quand elle veut! Crois-moi, si je pouvais la contrôler, je ferais en sorte de ne plus jamais l'entendre!

— Pour l'instant, tu le fais inconsciemment, expliqua Freedom. Chaque fois que tu ressens un soulagement par rapport à tes émotions négatives, tu lui donnes la permission. elle ne peut pas apparaître lorsque tu es en colère ou déprimé.

— Bien, je la déteste.

Mystic n'était pas prêt à céder sur ce point pour le moment et en avait assez de parler de ce sujet en général.

— Tu ne la détestes pas, Mystic. Tu n'en as simplement pas l'habitude, voilà tout. Mais crois-moi, c'est vraiment une part de toi qui t'apportera de la joie car elle sait tout ce dont tu as besoin pour avoir une vie incroyable.

— Eh bien, pourquoi ne peut-elle pas être toi au lieu de cette voix dans ma tête? Pourquoi ne peut-elle pas être un chat agréable comme toi?

— Parce que le «bien-être» fait partie de qui nous sommes, et il est unique pour chacun d'entre nous, répondit-elle. Il ne peut pas venir de l'extérieur. Il doit venir de toi. C'est ton intuition, et ce n'est pas toujours une voix. Parfois, c'est un intense désir ou l'idée que tu devrais faire quelque chose. Parfois, il s'agit d'images et tu te vois faire quelque chose qui t'apportera une grande joie. La tienne est une voix parce que c'est ce dont tu as besoin pour l'instant. La peur en revanche, tout comme les émotions négatives, ne font pas partie de toi. C'est plutôt quelque chose que tu absorbes de l'extérieur. Ça provient souvent des expériences du passé et des croyances des autres, mais ce n'est pas qui tu es.

Mystic se sentait plus confus que jamais. Il soupira. Il était fatigué et avait faim, mais avant de pouvoir faire quoi que ce soit d'autre, il devait obtenir une réponse à une autre question.

— Pourquoi es-tu si gentille avec Trembly ?

— Parce que la gentillesse, la joie... n'importe quel sentiment positif... voilà ce qui est puissant, Mystic.

— Mais pourquoi doit-il exister ? À quoi sert-il ?

— Parfois, un chat comme toi doit faire l'expérience de la douleur et de la peur pour grandir et changer sa façon de penser, dit-elle. Le rôle de Trembly est de veiller à ce que tu le fasses, mais il n'y a aucune malveillance dans son action. Il fait partie intégrante du processus pour certains, et donc, il est essentiel. Il les aide.

— Je refuse de croire cela !

— C'est comme tu veux, Mystic, il n'y a aucune obligation. Ce que je viens de te dire n'est que de l'information, que tu décides de l'écouter ou non. Ensuite, ce que tu choisis de croire deviendra ta vérité.

Mystic s'apprêtait à protester, mais Freedom parla avant qu'il ne le puisse.

— Ne te soucie pas de comprendre ou même de te souvenir de tout à la fois. Tu comprendras au fur et à mesure des expériences de la vie, tu seras surpris. Pour l'instant, fais simplement confiance et tout ira bien.

— Et si ça fait mal ? s'inquiéta Mystic. Donner ma maison m'a blessé autant que ça m'a donné de la joie !

— Tu peux choisir de croire en ta peur et en son pouvoir à te blesser. Ou tu peux choisir de croire en ton bonheur et combien il te comblera de satisfaction.

Mystic la regarda dans le vague. Son cerveau était en ébullition et il était surpris de se tenir encore debout.

— Freedom éclata de rire. Tu as l'air fatigué. Tu devrais aller voir Lili et Lulu maintenant. Ils devraient pouvoir t'aider à trouver de la nourriture.

Mystic fixa les arbres et les sentiers inconnus qui l'entouraient.

— Je ne sais même plus où je suis.

— Va juste par-là, indiqua-t-elle d'un signe de la tête.

Puis elle se tourna vers la gauche et commença à descendre un chemin qui passait entre deux arbres. Alors qu'elle partait, Mystic sentit une douleur aiguë dans sa poitrine.

— Attends ! Hé, attends ! l'appela-t-il.

Elle s'arrêta et se retourna avec un sourire.

— Oui, Mystic ?

— tu ne peux pas rester plus longtemps ? Ou venir avec moi pour voir Lili et Lulu ? Quand tu me quittes, ça fait mal.

— Je t'aime vraiment beaucoup, Mystic, dit Freedom, et Mystic rayonna. Mais ce n'est pas mon absence qui te blesse. Ce qui te manque c'est le bonheur que tu ressens quand nous sommes ensemble. Et c'est la même chose avec Bumpa. Trouve le moyen de capturer cette sensation afin de le ressentir même quand tu es seul.

Elle s'était approchée de lui pendant qu'elle parlait, se tenant désormais à proximité.

— C'est ce que je fais, dit-elle en s'inclinant pour l'embrasser doucement sur la joue. Tu verras ça te libérera, murmura-t-elle avec un sourire, puis elle continua son chemin, laissant Mystic la fixer du regard.

Sa joue picotait encore là où elle l'avait embrassé, et toute la confusion qui avait été si lourde quelques instants auparavant était maintenant beaucoup plus légère. *Je vais m'exercer,* pensa-t-il. *Je vais la rendre fière de moi, et puis elle reviendra.*

Même s'il ne savait pas vraiment par où commencer, cela n'avait pas d'importance. Ce qui importait maintenant, c'était d'avoir de la nourriture. Mystic jeta un dernier regard vers le chemin que Freedom avait pris et se tourna vers celui qu'elle lui avait indiqué. Il marcha rapidement, et avant qu'il ne s'en rende compte, il se mit à courir.

6

Lulu

Lili

Changement de perception

– 1 –

Mystic se retrouva très vite en terrain connu. Il n'était pas si loin des enclos après tout.

C'est parce que j'ai paniqué que tout me semblait si étranger, pensa-t-il. *La prochaine fois, j'essayerai de rester plus calme.*

Le parc était tranquille, et Mystic se réjouissait de pouvoir s'y déplacer facilement. Ce qui n'aurait pas été le cas s'il avait été bondé.

Freedom doit m'avoir porté chance, pensa-t-il en souriant. Alors qu'il descendait le chemin pavé vers l'enclos des girafes, il entendit quelqu'un l'appeler. Il fut surpris de voir la tête de Lulu se dresser au-dessus d'un mur voisin.

— Tu as l'air plutôt heureux aujourd'hui, dit Lulu.

— Vous avez été déplacés ?

— Oui ! dit Lulu avec enthousiasme, agitant son long cou. N'est-ce pas fantastique ? Il y a plus d'arbres, plus de place pour bouger, et encore plus de visiteurs. Nous sommes presque au centre du parc ici, et tout le monde passe par là.

Lili arriva derrière lui le sourire aux lèvres.

— Tu ne m'as même pas vue ! dit-elle. Cet enclos est si grand que de l'endroit où tu es tu ne peux pas tout voir !

— Nous aimons jouer avec les visiteurs, gloussa Lulu. Quand ils s'approchent, nous nous cachons derrière les arbres de l'autre côté, et ils marchent sans même nous voir! C'est hilarant!

Mystic se réjouissait de leur bonne humeur. Elles avaient toujours été optimistes, mais maintenant les girafes étaient carrément euphoriques.

— C'est extraordinaire de vous voir comme ça. Vraiment!

Après ce qu'il avait traversé la nuit dernière, et encore ce matin avec la voix et Trembly, c'était merveilleux de voir Lulu pliée de rire. Mais même si leur bonheur était contagieux, cela ne l'empêchait pas d'être affamé.

— J'ai rencontré Freedom, elle m'a dit que vous pourriez sans doute m'aider à trouver de la nourriture.

— Eh bien, tu as de la chance, dit Lili hochant la tête en direction du coin. Cet enclos est l'endroit où ils gardaient les lions, et il y a encore de la viande sur le côté là-bas.

Elle sortit sa langue et fit un bruit d'étranglement exagéré.

— C'est dégoûtant. Mais s'il te plaît, régale-toi.

Mystic était tellement excité d'avoir de la nourriture à proximité qu'il ne dit pas un mot, se précipita dans l'enceinte et courut jusqu'au coin où il trouva les morceaux de viande. Ce n'était pas vraiment frais, et plutôt difficile à mâcher, mais la saveur était au-delà de tout ce qu'il avait mangé depuis son départ. Il se régala.

Une fois repu, il se dirigea vers Lili et Lulu qui le regardaient avec dégoût.

— Absolument délicieux!

Il les taquina, léchant les restes de viande collés à ses moustaches.

— Beurk!

Lulu frissonna avec un air de dégoût.

— Eh bien, nous sommes ravies que Freedom t'en ait parlé, dit Lili. Plus vite cette viande sera parti, mieux ce sera.

— Je suis content qu'elle me l'ait dit aussi. Je mourais de faim.

Il se lavait les pattes et le museau, Lili et Lulu s'étaient remis à brouter lorsqu'une pensée lui vint à l'esprit.

— Connaissez-vous bien Freedom?

— Oui, elle vient souvent nous voir, dit Lulu.

— Nous sommes amis, ajouta Lili.

— Moi aussi j'aimerais qu'elle vienne souvent me voir.

— Oh oh! dit Lulu d'une voix taquine. Qu'est-ce qui se passe ici?

— Non, ce n'est pas ce que tu penses, Mystic sentait ses joues brûlantes et rouges sous sa fourrure. J'aime vraiment sa compagnie. Avec elle je me sens... je ne sais pas, important, je suppose. Comme si j'étais fort, digne et...

— Et vivant ! ajouta Lili.

— Oui, c'est ça ! dit Mystic. En vie... C'est exactement ce que je ressens !

Les trois restèrent silencieux un instant, les yeux rêveurs et perdus, comme s'ils revivaient un merveilleux souvenir. Jusqu'à ce que l'instant soit interrompu par le cri rauque d'un corbeau perché dans un arbre voisin.

— Freedom vous a-t-elle dit d'essayer de ressentir cette sensation de bien-être quand elle n'était pas là ? demanda Mystic.

— Oui, répondirent Lili et Lulu en même temps.

— Et nous venons de le faire, n'est-ce pas ? ajouta Lulu avec un air de satisfaction.

— Oui, je suppose que nous l'avons fait, dit Mystic, alors que la sensation se dissipait rapidement. Mais comment avons-nous fait ?

Il ne se souvenait déjà plus comment ils en étaient arrivés là.

— Nous avons fait appel à notre mémoire, dit Lili. C'est évident, non ?

— Ce n'est pas évident pour moi, soupira Mystic en s'effondrant de tout son poids dans la poussière. Rien n'est aussi simple pour moi que ça ne l'est pour toi. J'ai comme l'impression que je suis né avec une case en moins. À l'évidence, il y a beaucoup de choses que j'ignore et que je ne comprends pas.

— Ce n'est rien, Mystic, dit doucement Lulu. Tu sais, Freedom était comme toi quand elle était un chaton, et regarde-la maintenant.

Mystic se leva et regarda les girafes avec surprise.

— Vraiment ? Elle était comme moi ?

Lulu hocha la tête et sourit.

— Tout le monde le sait, ajouta Lili. Elle ne l'a jamais dit ouvertement, mais on ne lui a jamais demandé non plus. Mais tout le monde le dit, et nous le croyons.

Mystic sentit une soudaine vague d'espoir. Quand Freedom lui avait dit qu'il pouvait atteindre son pouvoir, elle savait de quoi elle parlait. Elle avait suivi le même parcours.

— Ouah, souffla-t-il, stupéfait par cette nouvelle information. Les girafes le regardaient avec un sourire amusé.

— Alors, qu'est-ce que Freedom t'a dit ? demanda Lulu avec empressement.

— Je pense... Je pense qu'elle a dit que si je m'entraînais à trouver des moyens de me sentir bien, je pourrais atteindre le pouvoir qu'elle a pour contrôler la peur, réfléchit Mystic en se rappelant comment Freedom avait fait taire puis chasser Trembly. Est-ce que vous avez ce pouvoir, vous aussi ?

— Oui, dit Lili. Mais nous ne serions pas capables de te l'expliquer, car c'est quelque chose qui se produit naturellement en nous. Nous n'avons même pas à y penser, ça se produit, c'est tout.

— Alors, comment savez-vous que vous l'avez ?

— Parce que quand nous avons peur, ça ne nous consume pas, dit Lulu.

— Et contrairement à Freedom, nous n'avons pas à faire un effort conscient pour aller mieux, déclara Lili. Cela arrive sans que nous en ayons conscience. C'est juste un instant de peur, parfois de panique, ou d'agressivité, et puis ça part comme si rien ne s'était passé.

— Ce n'est pas juste ! Pourquoi as-tu reçu ce don sans avoir à travailler, tandis que moi je dois lutter tellement fort pour y parvenir ? Est-ce parce que je suis inférieur à toi ou que je ne le mérite pas ?

— Qui a dit que tu étais moins bien que nous ou indigne juste parce que tu es différent ? demanda Lulu. Il n'y a rien de mal à être différent.

— C'est comme ça que je le ressens ! S'écria Mystic plus vivement qu'il ne l'avait prévu.

C'était tellement frustrant d'être incapable d'exprimer ce qu'il ressentait au fond de lui et de voir les autres vivre tranquilles et insouciants.

— Tu peux le ressentir comme ça, Mystic, mais ça ne veut pas dire que c'est la vérité, dit Lulu.

Lili hocha la tête,

— D'ailleurs, avec toute ta négativité, tu es en train de rater le meilleur.

— Et c'est quoi ?

Mystic ne pouvait pas imaginer quelque chose de bien dans cette situation.

— Tu as déjà oublié ce que nous avons dit de toi et de Freedom, que vous étiez semblables répondit Lili, tu es tellement attaché à ta négativité que tu ne vois même plus les aspects positifs.

— Je ne vois rien de positif dans le fait que je doive apprendre tout ce que j'aurais pu savoir dès ma naissance.

— Eh bien, ne penses-tu pas que, comme Freedom a dû apprendre à contrôler la peur, peut-être sera-t-elle capable de t'enseigner comment la dominer d'une façon encore plus incroyable ? demanda Lili.

— Et que son pouvoir est peut-être encore plus fort que le nôtre parce qu'elle a dû travailler très dur pour l'atteindre, ajouta Lulu.

— Et que peut-être *ton* pouvoir pourrait devenir aussi fort que le sien parce que toi aussi tu dois l'apprendre ? dit Lili.

Mystic resta silencieux pendant un instant, considérant cela. Si ce que les girafes disaient était vrai – et pourquoi lui mentiraient-elles ? – alors il pourrait un jour avoir un pouvoir égal à celui de Freedom. C'était une pensée séduisante.

— Tu serais sage de l'écouter, Mystic, dit Lulu, prenant une bouchée de feuilles et les mâchant lentement. Elle a un pouvoir bien supérieur au nôtre. Ne me dis pas que tu ne l'as pas déjà remarqué.

Mystic repensa à la façon dont Freedom avait fait taire Trembly. Il se rappela le calme intense qui l'avait inondé à son contact. Il frissonna. Si les girafes disaient vrai, ce qu'il avait vu comme un défaut en lui-même pourrait en fait être un énorme avantage. C'était difficile à croire, mais il le voulait désespérément.

— Elle te pousse peut-être au-delà de tes retranchements, Mystic, mais c'est parce qu'elle voit un potentiel extraordinaire en toi, dit Lili, rejoignant Lulu dans une collation de feuilles d'acacia.

Mystic se dirigea de nouveau vers la viande, mais il n'avait plus vraiment faim. Il essayait d'intégrer tout ce que Lili et Lulu venaient de lui dire.

Alors qu'il était assis, une image lui apparut claire comme de l'eau de roche. C'était l'image de Bumpa assis sur sa plate-forme en bois, regardant un ciel plein d'étoiles filantes. Mystic se leva et retourna vers les girafes.

Comme elles ne le voyaient pas, il toussota et elles se tournèrent vers lui, toujours mâchonnant leurs feuilles.

— Vous... vous croyez que je peux retrouver Bumpa ? demanda-t-il, un peu embarrassé.

— Pourquoi ne pourrais-tu pas le faire ? demanda Lili.

— Parce que quand j'essaie d'imaginer où il est maintenant, à quoi pourrait ressembler son nouvel enclos, ce qu'il pourrait être en train de faire, je ne vois rien, répondit Mystic d'une voix triste. Je suis totalement désemparé et je ne sais ni quoi faire ni même par où commencer à chercher.

— As-tu écouté ton intuition ? demanda Lili.

Mystic se renfrogna.

— Oh, Freedom m'a parlé de mon intuition, dit-il. Je ne supporte pas cette voix.

Lili rit doucement.

— Je me souviens que Freedom disait que c'était difficile à écouter au début, mais plus elle le faisait, plus c'était facile. Tu sais comment l'appeler, n'est-ce pas ?

— Apparemment, quand je me sens mieux ou soulagé, je lui donne la permission de venir. Mais je ne saurais même pas comment je pourrais me sentir mieux en ce moment, tout va de travers.

— Es-tu malade ? demanda Lulu.

— Quoi ? Non, je ne suis pas malade.

— Et n'as-tu pas eu un déjeuner agréable en charmante compagnie ici avec nous aujourd'hui ? demanda Lili.

— Oui, je suppose, Mystic se remémora le goût de la viande et la plénitude qu'il avait ressentie immédiatement après l'avoir mangée.

— Eh bien, ce sont de bonnes choses, non ? dit Lulu. Des choses positives sur lesquelles tu devrais te concentrer au lieu de penser que tout va mal.

— Je suppose que oui.

— Qu'est-ce qui t'a fait venir ici en premier lieu ? demanda Lili soudainement.

Mystic réfléchit un instant.

— Eh bien, Freedom m'a dit que vous sauriez où je pourrais trouver de la nourriture en venant ici.

Mais à peine avait-il dit ces mots, qu'il se rendit compte qu'il se trompait.

— En fait, Freedom m'a dit de venir ici seulement après que la voix me l'ait suggéré. Elle m'a dit de venir ici et de vous parler mais j'ai oublié ce détail important.

— Tu vois, dit Lili. C'était ton intuition. Elle est là pour t'aider ! Écoute-la, et je parie que tu trouveras Bumpa en un rien de temps !

Lili aurait-elle raison ? se demanda-t-il. *Est-ce que cette voix ennuyeuse dans ma tête m'aiderait vraiment à trouver Bumpa ?* Elle lui avait donné de bons conseils, après tout, et elle n'était apparue que lorsqu'il s'était senti mieux. *Et si cette voix avait su que Lili et Lulu me raconteraient comment Freedom était comme moi avant d'être si puissante?* Il était de plus en plus excité. Peut-être – juste peut-être – la prochaine fois qu'elle parlerait, il écouterait ce qu'elle avait à dire avant d'essayer de la renvoyer.

- 2 -

Il y eut un cliquetis à la porte et Lili et Lulu se tournèrent aussitôt en direction du son.

— Nous devons partir, dit Lili.

Et sans un mot, les deux girafes trottèrent vers la porte où se tenait une jeune femme aux cheveux roux et bouclés, tenant un seau blanc à la main rempli de carottes et de petits biscuits bruns. Elle paraissait très gentille, et pendant une minute, Mystic put presque voir Sarah dans son visage.

La femme semblait heureuse de les voir s'approcher et sourit en disant quelque chose qu'il ne put entendre. Lorsque Lili et Lulu furent plus proches, elle renversa le seau et en dispersa le contenu sur le sol. Lili alla la saluer tandis que Lulu plongea la tête pour manger. la femme lui gratta le nez affectueusement.

Mystic se détourna des girafes, les laissant à leurs occupations et s'étendit au soleil, son ventre gonflé de nourriture. Alors qu'il se relaxait, il pensa aux découvertes d'aujourd'hui et à ce qu'elles pouvaient signifier.

Est-ce que je peux vraiment croire en tout ça? Je ne me sens pas plus puissant maintenant que je ne l'étais avant, et quand cette voix-intuition se manifeste, je ne sais même pas quoi en faire.

L'espoir qu'il avait ressenti jusqu'alors fut nuancé par le doute, et même étendu agréablement au soleil, Mystic recommençait à se crisper. *Cela semble trop beau pour être vrai.*

— N'est-ce pas! Trop beau pour être vrai! dit soudainement Trembly devant lui.

Mystic ne l'avait pas vu approcher. Il était juste là, souriant malicieusement et balançant sa queue.

— Pas encore toi! gémit Mystic.

— Et pourquoi pas encore moi? gloussa Trembly.

— N'essaie pas de m'intimider, monsieur Trembly, dit Mystic ironiquement. Je t'ai vu avec Freedom ce matin, et tu peux descendre de ton piédestal. J'ai vu la manière dont elle t'a remis à ta place.

Incroyablement, Trembly se mit à rire, et le visage de Mystic s'assombrit un peu.

— Ne crois pas que tu m'impressionnes, Mystic. Loin de là. Freedom peut m'avoir renvoyé ce matin, mais je me sens beaucoup, beaucoup plus fort maintenant, et toi il semblerait que tu sois toujours le même petit chat effrayé. Il esquissa un sourire détestable qui rappelait à Mystic la forme d'un serpent. C'est alors que Mystic remarqua que son œil, le vert, était beaucoup plus sombre qu'il ne l'était auparavant.

Peut-être que c'est juste un jeu de lumière.

Mais plus il le regardait, plus il pensait que non, l'œil vert de Trembly était presque noir.

Un frisson lui parcourut la colonne vertébrale. Il essaya de le réprimer, mais ne réussit pas, et Trembly rit de nouveau quand il le vit.

Mystic perdit soudain toute sa confiance. Il se sentait de nouveau vulnérable et en danger. Il ne pouvait pas résister. La discussion avec Lili et Lulu semblait désormais lointaine, et il avait l'impression de s'enfoncer dans un abîme de terreur et d'agonie.

Si je ne peux même pas surmonter cela, je ne parviendrais jamais à atteindre un quelconque pouvoir.

Le vertige l'envahissait et sa poitrine était lourde de désespoir. La douleur qu'il ressentait était pire que tout ce qu'il avait éprouvé jusqu'ici. La crainte d'être indigne, de ne jamais vivre une belle vie, ni de trouver le bonheur le submergea. Mais c'était surtout la peur de perdre Freedom qui lui donna l'impression qu'on venait de lui tirer une flèche en plein cœur. Tout l'espoir qu'il avait d'être quelqu'un de spécial et puissant avait disparu.

Mystic chercha une issue – il ne pouvait plus rester assis ici à écouter ce que disait cet horrible chat roux –, mais leurs yeux se croisèrent et Mystic se figea. Trembly avait comme gonflé et semblait plus imposant que jamais. Son visage terrifiant était défiguré par un sourire malveillant. Mystic se sentait humilié d'avoir pu même penser qu'il pourrait être aussi fort que Freedom. Quelle plaisanterie !

Je suis un faible, je suis un perdant, pensa-t-il misérablement. Il tomba à terre, la tête entre ses pattes et il ferma les yeux.

— S'il te plaît, va-t'en ! supplia-t-il.

Trembly se remit à rire, mais maintenant il riait seulement à quelques centimètres de sa tête et quand il parla, sa voix était basse et terrifiante.

— Tu vois où les faux espoirs et les illusions t'ont mené ? Ils ne font qu'engendrer davantage de souffrance.

— S'il te plaît, supplia de nouveau Mystic, la voix étouffée par ses pattes avant. Arrête. Laisse-moi seul.

— As-tu vraiment cru que tu étais spécial ? demanda Trembly avec un rire méchant. Que ton intuition t'aiderait dans cette vie ? Eh bien, où est-elle ? Pourquoi tu ne l'appelles pas ?

— Je ne peux pas, murmura Mystic humilié.

— Bien sûr, tu ne peux pas, dit Trembly, la voix pleine de mépris. Tout ce qu'ils t'ont dit est mensonge. Tu es seul dans ce monde hostile, Mystic. Tu es seul.

Son souffle fit bouger les poils des oreilles de Mystic, et il faillit crier de terreur.

— Et même si c'était vrai, siffla Trembly, tu ne trouverais jamais le moyen d'y parvenir. Tu ne pourrais jamais devenir comme eux, encore moins comme Freedom. Tu ne le mérites pas, et tu ne l'as jamais mérité.

Ses paroles étaient comme des couteaux transperçant le cœur de Mystic, chacun lui retirant un peu plus de vie. Il se noyait dans la douleur.

Trembly avait raison. Il se sentait moins méritant que les autres. Il ne possédait pas la force de Freedom pour atteindre sa puissance et sa joie. Le bonheur n'était pas pour lui.

– 3 –

Mystic fut submergé par un puissant désir de s'enfuir.

Pourquoi Lili et Lulu ne font-elles rien pour m'aider ?

Elles étaient juste derrière lui il y a à peine un moment, en train de manger avec leur soigneuse. Elles avaient dû voir Trembly. Mais il ne pouvait même plus les entendre ; tout était silencieux, à l'exception de sa propre respiration saccadée. *Elles m'ont abandonné,* pensa-t-il misérablement. *Elles m'ont laissé, je suis vraiment tout seul.*

Sachant que les girafes étaient parties, il désirait encore plus leur présence, il avait besoin de leur amour, du réconfort et de la sécurité qu'elles lui apportaient. Malgré sa peur, il décida de prendre le risque de les retrouver. Il retira lentement une patte de son visage, attendant un moment pour voir si Trembly allait reprendre la parole. Puisqu'il resta silencieux, Mystic retira l'autre patte. Les yeux toujours clos, il prit une profonde inspiration, se préparant à les ouvrir, horrifié à l'idée que le visage terrifiant de Trembly ne soit qu'à quelques centimètres du sien.

Lorsqu'il eut rassemblé tout le courage qu'il pouvait, il jeta un coup d'œil au travers de ses paupières mi-closes.

Trembly n'était plus là. Cela ne signifiait pas qu'il soit parti, du coup, Mystic risqua de tourner la tête à gauche et à droite pour apercevoir le roux vif de sa fourrure. Mais il était réellement parti. Alors Mystic ouvrit complètement les yeux et cligna des paupières plusieurs fois, incrédule.

Il se retourna, espérant voir Lili et Lulu derrière lui, mâchonnant encore avec contentement leur déjeuner, mais il se figea. L'enceinte était vide.

Une vague de terreur déferla en lui. *Trembly avait raison. Il m'a dit que j'étais seul, et je le suis. Je suis seul! Je suis seul!* Son cœur battait frénétiquement, sa gorge était si serrée qu'il ne pouvait pas respirer.

NON! Non, non, non! Elles ne peuvent pas être parties! Elles doivent être ici quelque part! Il tourna en rond et les chercha, sûr qu'il verrait leurs têtes se dresser au-dessus des arbustes d'un moment à l'autre, mais en un clin d'œil il fut de retour à la porte sans les avoir trouvées. *Est-ce que quelqu'un est venu les emmener comme ils ont emmené Bumpa?* pensa-t-il paniqué. *Ont-elles été déplacées?* Ça n'avait aucun sens. Il n'avait ni entendu de camion arriver ni de gens parler. Mais étant donné que Trembly avait monopolisé toute son attention, il pouvait aisément imaginer n'avoir rien entendu. *Je dois les rattraper avant qu'elles ne se soient trop loin.* Sans hésitation, il escalada le mur et sortit de l'enceinte.

Il n'y avait pas beaucoup de monde dans le parc, et Mystic courait le long du chemin sans être dérangé. Les cages défilaient à toute vitesse, et il les ignorait. De toute façon, elles étaient bien trop petites pour les girafes. Puis, un peu plus loin, il en aperçut une qui semblait être suffisamment grande. C'était là que vivaient les autruches avant de déménager dans un enclos plus grand avec un pâturage plus spacieux. Il se dirigea vers cette cage en courant, mais avant d'y parvenir, un grand oiseau coloré vola vers lui. Mystic fut immédiatement transporté dans le souvenir de la nuit précédente dans les bois, quand le grand oiseau aux cris perçants l'avait attaqué. Il cria comme s'il craignait pour ses yeux. L'oiseau atterrit sur le chemin à quelques mètres de distance et pencha la tête d'un air perplexe sur le côté. Il émit un petit hululement et sauta dans les buissons de l'autre côté du chemin.

Mystic sursauta, fit trois pas en arrière, trébucha dans les fleurs qui bordaient le sentier, avant de dévaler une petite colline et de franchir les barreaux d'une autre cage. Il atterrit sur le dos, reprenant péniblement son souffle, sa fourrure couverte de feuilles mortes et de mottes de terre.

Est-ce que cette journée pourrait être pire encore ? Il fixait le sommet de la cage, observant le ciel bleu au-delà, lorsqu'une silhouette sombre s'élança soudainement depuis l'un des buissons rabougris sur sa droite. Elle était accompagnée d'un cri aigu strident.

— QUE FAIS-TU ICI ?

Mais avant que Mystic puisse répondre, la forme sombre atterrit sur lui, lui coupant momentanément la respiration. Des mains avaient saisi ses pattes avant, les retenant et les pressant contre le sol.

Mystic leva les yeux et se trouva face à un singe blond et musclé assis sur sa poitrine. Le singe avait l'air mal en point ; sa fourrure était clairsemée, laissant apparaître des zones de peau rose. Sa tête était couverte de cicatrices rondes et profondes. Il avait un aspect terrifiant.

Le singe découvrit ses dents devant Mystic, émettant un sifflement sourd dans sa gorge.

— Pourquoi te moques-tu de ceux d'entre nous qui ne sont pas libres ? grogna-t-il. Tu ne sais pas ce que c'est d'être enfermé ici, autrement tu ne ferais jamais ce que tu es en train de faire.

— Je ne peux pas respirer, gémit Mystic, ressentant un étourdissement tandis que son champ de vision se réduisait. Il y eut un instant de pression supplémentaire, puis elle disparut, lui permettant de reprendre sa respiration.

Le singe était toujours à ses côtés, mais calmé à présent. Il tenait toujours les pattes de Mystic, mais sans montrer ses dents ni siffler.

Mystic parvint à dire :

— Je suis désolé.

Il n'avait jamais songé au parc comme un endroit ou la liberté était restreinte, mais il supposa que certains animaux devaient le percevoir de cette façon. Il pouvait aller et venir à sa guise, mais ce n'était pas le cas pour beaucoup d'entre eux. Il ressentit une gêne passagère.

— Je suis désolé. murmura-t-il à nouveau.

Le singe le regarda avec frustration, puis, avec un grognement de mécontentement, lui libera les pattes. Mystic pouvait à peine bouger ses orteils tellement le singe les avait serrés fort, mais au fur et à mesure qu'il les fléchissait, la sensation revenait lentement. Tout comme la honte qu'il ressentait.

— Je suis vraiment désolé. Il se trouvait stupide, mais c'était tout ce qu'il pouvait dire.

— Ça va, ce n'est pas ta faute, dit le singe dont les yeux vitreux révélaient une grande lassitude. Tu ne savais pas ce que tu faisais.

Il commençait à se calmer, et la peur de Mystic s'apaisa lentement.

— J'aurais dû, cependant. Je suis... juste stupide, juste un cas désespéré. Toutes les émotions de son altercation avec Trembly revenaient, combinées à son nouveau sentiment de honte causé par son ignorance. Il soupira avec dégoût.

— Allez va petit, rentre chez toi.

Le singe se retourna et s'éloigna de Mystic, traînant les pieds sur le sol comme s'ils pesaient une tonne, les épaules affaissées et la tête baissée.

Il a l'air aussi déprimé que moi.

— Pourquoi êtes-vous tout seul ici ? lâcha Mystic avant même qu'il réalise qu'il parlait.

Immédiatement, il le regretta. Il était certain que le singe se retournerait et recommencerait à crier et à hurler (et peut-être même à sauter sur sa poitrine), mais il ne le fit pas. Il continua à trainer les pieds, ses épaules toujours affaissées.

— J'avais une compagne, mais elle est morte, dit-il.

Mystic sentit sa peau rougir plus que jamais. Il était sûr que sa fourrure devait être rose pâle d'embarras.

— Je... je suis...

— Ne t'inquiète pas pour moi, petit, je vais bien. Le singe disparut dans les buissons sans même un regard en arrière.

Mystic était en état de choc après tout ce qui s'était passé, et il resta un moment couché dans la poussière. La terreur qu'il avait ressentie avec Trembly, puis à la vue du singe, n'était rien comparée à la tristesse qu'il éprouvait maintenant. Mais ce n'était pas le moment de s'attarder là-dessus. Il voulait être parti avant que le singe ne revienne et ne se fâche encore.

Il se leva et retourna vers l'enceinte où il avait vu Lili et Lulu la dernière fois. Dans sa panique, il avait négligé de bien chercher. Peut-être s'il revenait, trouverait-il quelques indices sur l'endroit où les girafes étaient parties ?

- 4 -

Avant même que l'enclos de Lili et Lulu ne soit encore en vue, Mystic entendit une chose à laquelle il ne s'attendait pas. C'était la voix de Lulu.

Il commença à courir avant de sauter et de se hisser sur le mur. Lulu fredonnait tout en toilettant le dos de Lili avec sa longue langue.

— Enfin te voilà ! dit Lulu, remarquant Mystic au-dessus de lui. Je t'ai vu fuir, je t'ai appeler, mais...

— Où étiez-vous ? cria Mystic. J'étais juste là et je vous ai cherché, mais vous étiez partis !

— Baisse la voix, Mystic, dit Lili.

Mystic fut un peu déconcerté par son reproche. Il ne l'avait jamais entendue parler ainsi à personne.

— De quoi parles-tu ? ajouta-t-elle.

— J'étais en difficulté ! En danger ! Et vous n'avez rien fait pour m'aider ! Vous avez simplement disparu !

— Nous étions ici tout le temps, Mystic, et nous n'avons rien vu de dangereux, dit Lulu.

— Nous ne savons pas de quoi tu parles, ajouta Lili.

Mystic s'effondra sur le sol, sa queue pendante et inerte, ses oreilles tombantes. Il se sentait profondément incompris et trahi, accablé par le poids de toute cette négativité.

— Hé, hé, hé, tout va bien.

Les oreilles de Mystic se réveillèrent au son de la voix.

Il la reconnut instantanément. C'était Freedom. Elle était sur le mur en face de lui, derrière Lili et Lulu.

— Ils étaient là, Mystic. Personne ne t'a trahi.

— Ah, Freedom, dit Lili avec soulagement. Tu arrives toujours au bon moment.

Mystic l'observa en silence. Il avait laissé sa frustration prendre le dessus encore une fois et avait perdu son sang-froid. Au moins, à présent, il commençait à reconnaître ces moments-là. Si Freedom était là, ça voulait dire qu'elle allait expliquer quelque chose, alors il décida d'attendre.

Elle sauta du muret sur un rocher dans l'enclos de Lili et de Lulu et choisit ensuite son chemin soigneusement de rocher en rocher jusqu'à ce qu'elle soit près des girafes. Mystic était absorbé par l'image de son corps léger se déplaçant si élégamment d'un rocher à l'autre. La plupart des chats bougeaient avec grâce, mais elle était d'une grâce exceptionnelle.

Elle s'arrêta sur un grand rocher plat se tenant à la même hauteur que les têtes des girafes.

— Qu'est-ce qui se passe ? demanda Lulu à Freedom.

— Je crois que c'est notre cher ami Trembly, répondit Freedom en regardant Mystic pour approbation.

Il acquiesça.

— Oh non ! s'exclamèrent Lili et Lulu en même temps, regardant Mystic avec compassion.

— Mon pauvre, dit Lili.

— Vous ne l'avez pas vu ?

— Non, nous ne l'avons pas vu.

— Mais il était là ! Juste là-bas ! insista Mystic indiquant l'endroit où il avait été terrassé par Trembly.

— Peut-être que nous étions à l'intérieur en train de boire, suggéra Lulu en haussant les épaules.

— Au moment exact où Trembly est apparu ? C'est un peu difficile à croire, non ?

— C'est juste de la malchance, Mystic, dit Lulu. Quand je suis sorti après avoir bu, je t'ai vu fuir et je t'ai appelé, mais tu ne m'as pas entendu et tu as continué à courir.

Mystic secoua la tête incrédule.

— Mais je vous avais cherché avant ! Et vous n'étiez pas là ! Alors j'ai pensé qu'on vous avait conduits à un autre enclos – c'est là que j'allais ! Je ne t'ai jamais entendu m'appeler !

Il était essoufflé. Toute cette situation était incompréhensible.

— Et nous as-tu trouvées ailleurs ? demanda Lili.

— Non, bien sûr que non, dit Mystic, en se calmant un peu.

Il savait que les girafes devaient avoir raison, qu'elles étaient là depuis le début. Il ne les avait simplement pas vues. Mais il ne comprenait pas vraiment comment il avait pu être aveugle à ce point. Il se tourna vers Freedom et lui demanda de lui expliquer ce qui s'était passé.

Lili et Lulu se tournèrent en tandem vers elle qui éclata de rire.

— Je ne dirai rien, dit-elle. Je n'ai pas à le faire, parce que je l'ai déjà dit. Réfléchis, Mystic.

Mystic savait qu'il ne la ferait pas fléchir et qu'il devrait comprendre par lui-même. C'était le processus d'apprentissage dont lui avaient parlé Lili et Lulu.

Et cette fois, plutôt que de laisser la frustration prendre le dessus, il décida de se calmer et de réfléchir. *Je dois trouver la réponse pendant que Freedom est encore ici. Je ne veux pas perdre cette occasion.*

Il prit quelques respirations profondes, organisa ses pensées et parla lentement.

— Tu m'as dit qu'elles étaient dans leur enclos tout le temps, mais je ne pouvais pas les voir.

Freedom souriait et hochait la tête.

— Mais pourquoi? Pourquoi ne pouvais-je pas les voir quand elles étaient juste en face de moi comme le dit Lulu?

— Pourquoi ne viens-tu pas ici nous rejoindre, Mystic? dit Freedom. Faire partie d'un groupe au lieu de rester tout seul pourrait peut-être t'aider à comprendre.

Mystic descendit du mur sans hésitation. Il y avait quelque chose de merveilleux à être invité à faire partie d'un groupe, surtout celui de Freedom. Comme il ne se sentait plus exclu, il s'installa confortablement sur un grand rocher chauffé par le soleil.

Elle va venir, pensa-t-il avec certitude. *Cette voix, mon intuition, elle va venir. Je me sens mieux, et si j'en ai besoin, c'est bien maintenant. Je suis certain qu'elle viendra.*

— Est-ce que je t'ai manqué? demanda la voix, et cette fois, préparé, Mystic ne sursauta pas.

Il remarqua que Freedom, Lili et Lulu le regardaient d'en bas, souriant patiemment.

Il essayait de ne pas être trop contrarié par la voix, mais c'était difficile. Il pensait que si elle restait seulement un court moment, il serait moins susceptible de s'énerver contre elle et de perdre complètement sa bonne humeur, alors il dit :

— J'ai besoin de ton aide. Et une fois que tu m'auras aidé, tu pourras t'en aller.

— Je sais ce dont tu as besoin, dit la voix. Et voilà ce que je peux te dire. Quoi que tu penses, tu le ressentiras, tu l'entendras et tu le verras.

— C'est tout?

Mais la voix ne répondit pas. Elle avait donné son avis et puis s'était éclipsée comme il lui avait demandé.

— Descends, Mystic, dit Freedom. Viens nous dire ce que ton intuition t'a dit.

Mystic, plus du tout étonné de voir à quel point Freedom était en phase avec ce qui se passait en lui, sauta des derniers rochers jusqu'à être à ses côtés sur le grand rocher plat.

— C'était quelque chose comme : « Ce que je pense, c'est ce que je ressens, j'entends et je vois », répondit-il.

— Et comprends-tu ce que cela signifie ?

— Je crois, mais je n'en suis pas sûr, dit-il. Toutes ces nouvelles émotions et sentiments juste après la terreur vécue avec Trembly... C'est beaucoup.

— Dis-moi simplement ce que tu penses que cela pourrait signifier.

— Je pense que c'est lié à Trembly, reprit-il en essayant de rassembler ses pensées. Lorsqu'il m'a dit que j'étais tout seul, je suppose que je l'ai cru, et c'est pourquoi je n'ai pas pu voir Lulu alors qu'il était juste en face de moi.

Freedom hocha la tête, mais ne dit rien. Rassuré, Mystic continua.

— Et puis je me suis senti en grand danger. L'apparence de Trembly avait changé, et il était beaucoup plus menaçant cette fois-ci... et c'est pourquoi je n'ai pu que rencontrer l'oiseau et puis le singe... des situations effrayantes plutôt qu'agréables.

Freedom hocha la tête encore plus vigoureusement, mais ne dit toujours rien.

— C'est pourquoi toi et les chats sauvages me dites toujours de trouver des façons de penser positivement et de me sentir bien, n'est-ce pas ?

Il espérait que Freedom crierait « Oui ! » et dirait « Tu l'as fait ! », mais elle ne hochait même plus la tête. Elle arborait un large sourire sans bouger le moindre muscle.

Mystic n'avait d'autre choix que de continuer et de terminer sa pensée sans aide. C'était à la fois effrayant et exaltant.

— Parce que si je trouve des moyens de penser de manière positive et de faire confiance au fait que tout va bien, je vais effectivement commencer à me sentir bien et à percevoir tout ce qui va bien dans ma vie. Comme par exemple, je n'aurais pas été effrayé par cet oiseau plus tôt... ou par le singe. En fait, si j'apprends à penser positivement, peut-être que le singe ne me fera plus peur du tout. C'est ça, n'est-ce pas ?

Il espérait que Freedom réagirait cette fois parce qu'il ne savait pas quoi ajouter. Et elle le fit. Elle se leva et se jeta à son cou affectueusement.

— Quel bond extraordinaire dans cette nouvelle vie plus heureuse ! dit-elle. Je te vois comme un tout autre chat ! Je sens ton pouvoir grandir en toi !

Mystic entendit à peine ce qu'elle lui disait. À son contact son cœur se mit à battre la chamade, et sa peau rougit sous sa fourrure. Freedom était heureuse, elle l'admirait, et c'était tout ce qu'il voulait. Il décida qu'il travaillerait encore plus fort pour s'améliorer et l'impressionner davantage. Cette idée, couplée à cette soudaine proximité, était enivrante, et il souhaitait pouvoir rester entrelacé avec elle pour toujours.

Freedom finit par relâcher son étreinte et recula pour le regarder.

— Je suis vraiment fière de toi.

Ses yeux brillaient d'enthousiasme, et Mystic ravi était hypnotisé.

— Mais je dois partir maintenant. Comme tu le sais, d'autres étudiants du bonheur ont besoin de moi.

Une fois qu'elle fut partie, Mystic fut troublé, non pas par son départ, mais par ce qu'elle avait dit.

Je veux être plus pour elle qu'un simple « étudiant » ou un simple « projet », pensa-t-il. *Et la seule façon d'être plus que cela, c'est de devenir semblable à Freedom et de me montrer digne de son attention.*

Il regarda les girafes :

— Je retournerai dans les bois ce soir.

— Quoi ? Pourquoi ? Dit Lulu.

— Pour montrer à Freedom que maintenant je peux surmonter mes peurs, comme elle le fait.

Mystic était impatient de partir et piétinait sur place.

— Tu devrais attendre, dit Lili doucement, comme pour essayer de le calmer. Tu devrais pratiquer dans des situations moins effrayantes d'abord.

— Oui, dit Lulu. Et seulement augmenter le degré de peur très progressivement.

— Merci de vous inquiéter pour moi, dit Mystic. Mais je vais y aller ce soir.

Il voulait tellement impressionner Freedom. Ça l'excitait et rien ni personne ne pourrait l'arrêter.

Plongée profonde dans l'obscurité

- 1 -

L a journée se déroula tranquillement. Mystic termina son repas, discuta agréablement avec Lili et Lulu (qui avaient abandonné l'idée de le dissuader de son plan courageux mais malavisé), puis somnola au soleil jusqu'à ce que le crépuscule approche enfin. Il quitta l'enclos des girafes et se dirigea déterminé vers la forêt.

Tout en marchant, il décida de pratiquer de profondes inspirations afin d'écarter toute pensée négative. Il était convaincu qu'une fois l'obscurité tombée, il serait capable de faire face avec succès à tout ce qui pourrait lui faire peur. Il ressentait toujours, juste sous sa peau, le pouvoir dont Freedom lui avait parlé. Il avait juste besoin de respirer, de rester calme, et tout irait bien.

Mais une fois le soleil tombé plus bas derrière les arbres, les ombres se glissèrent hors du sous-bois et Mystic découvrit que ce n'était pas aussi facile qu'il l'avait prévu. Les souvenirs de la nuit dernière lui revinrent à l'esprit : l'oiseau qui avait essayé d'en faire son diner, les arbres qui s'étaient transformés en créatures effrayantes essayant de le saisir et bien sûr, Trembly... Avant de pouvoir aller plus loin, Mystic se mit à frissonner.

Il s'arrêta et prit de grandes respirations. Il inspira beaucoup d'air par le nez et l'expira très fort par la bouche. Ce qu'il répéta plusieurs fois. Il faisait trop de bruit, il le savait, mais il ne semblait pas pouvoir s'arrêter. Ses respirations venaient toutes seules maintenant, et il ne pouvait même pas les ralentir. Il respirait trop vite et sa tête commença à tourner. *Je vais tomber dans les pommes*, pensa-t-il. *Pourquoi cela ne fonctionne pas ? Ça avait marché jusque-là !*

Les bois tournoyaient autour de lui. Il leva les yeux vers les branches qui le surplombaient, essayant de se forcer à les trouver magnifiques, comme il le faisait d'habitude, mais elles aussi avaient été transformées par sa peur. Elles n'étaient pas aussi effrayantes qu'elles l'avaient été la nuit dernière (aucune d'elles n'avait encore essayé de le saisir), mais elles paraissaient hautes, sombres et imposantes, comme si elles pouvaient l'attraper à tout moment. Peu importe où il regardait, tout lui paraissait sombre et sinistre.

Il entendit un bruissement sur le chemin, et avant même qu'il puisse penser faire demi-tour et s'enfuir, il se trouva face à Trembly arborant son sourire repoussant. La gorge de Mystic se serra, étouffant sa respiration.

— N'oublie pas de respirer, Mystic, ou tu vas gâcher mon plaisir, dit Trembly avec un rire perçant.

Le choc initial et la peur qui l'avaient envahi à l'apparition de Trembly diminuèrent. La gorge de Mystic se détendit et il put prendre quelques respirations saccadées. Une fois qu'il put respirer à nouveau, il remarqua que ses pensées devenaient plus claires, et sa conversation avec Freedom lui revint. Elle lui avait montré qu'il pouvait déjouer le pouvoir de Trembly. C'était son propre manque de confiance à son arrivée dans les bois qui lui avait permis de revenir dans sa vie si facilement.

Cette compréhension de ce qui se passait lui donna encore plus d'espoir, et sa terreur s'atténua. Il savait que s'il continuait à exercer le contrôle de ses émotions, il gagnerait encore plus de pouvoir sur Trembly. *Comme Freedom !* pensa-t-il. L'image de Freedom, cool et en contrôle, lui donna plus de force.

— Je peux le faire, murmura-t-il.

— Tu peux faire quoi ? demanda Trembly.

Mystic crut apercevoir une légère lueur d'irritation sur le visage du chat roux. *Il sent sa force diminuer. Ma compréhension et ma soudaine absence de peur sont en train de l'affaiblir !*

— Oui ! dit Mystic. Je peux le faire !

Il s'imaginait que sa soudaine clairvoyance et sa confiance croissante renverraient Trembly d'où il était venu, mais le chat roux ne bougea pas d'un pouce. Il s'assit sur le sentier, droit et imposant, fixant Mystic d'un regard horrible et satisfait. Mystic ne savait pas quoi en faire. Il voulut répéter son mantra (je peux le faire!) lorsque Trembly se mit à sourire.

Ce sourire était une petite chose au début, mais il s'agrandissait de plus en plus jusqu'à sembler presque flotter d'un côté à l'autre de son visage. Toutes ses dents étaient là, aiguisées et luisantes dans la faible lumière. Mystic n'avait jamais vu un sourire aussi terrifiant de toute sa vie.

Et puis les yeux de Trembly commencèrent à changer. Ils s'assombrirent, comme noyés d'encre noire. Eux aussi devinrent énormes, ils atteignirent deux fois leur taille initiale, puis trois. Le chat roux se mit à rire.

Mystic était presque hypnotisé par l'horreur qui se déroulait devant lui. Les yeux de Trembly étaient de sombres tunnels creux dans son visage, et à l'intérieur d'eux, Mystic entrevoyait un univers de cauchemars terrifiants et menaçants.

Il savait que rester à cet endroit plus longtemps l'engloutirait dans ces abysses ténébreux et qu'il n'y aurait aucune échappatoire. Faisant appel à tous ses instincts de survie, il pivota sur le côté et se précipita dans la forêt. Mais cette fois-ci, il ne courut pas à l'aveugle. Il suivit le même chemin qu'à l'aller, conscient que Lili et Lulu se trouvaient de l'autre côté. Il n'osa pas jeter un regard en arrière pour vérifier si Trembly le suivait. L'idée de voir cette masse compacte de fourrure rouge et de chair le pourchasser à travers les bois, ses yeux creux déversant des horreurs, était trop terrifiante.

Quel désastre! Mais quel désastre! pensa Mystic en courant. Il avait fait tout ce que Freedom lui avait dit de faire. Il avait respiré profondément, même réussi à retrouver sa confiance et sa pensée positive, mais cela n'avait pas suffi! Il n'avait eu aucun pouvoir sur Trembly.

Et maintenant, il est encore plus terrifiant et déterminé que jamais à me détruire!

Il était en colère contre Freedom. Tout ce qu'elle lui disait ne lui donnait que de faux espoirs et le mettait encore plus en danger. *C'est à cause d'elle que je suis dans cette situation.* Cette pensée en amena une autre, si terrifiante qu'il s'arrêta net.

Et si c'était Freedom qui essayait de me faire du mal? Et puis à la suite de ça, vint une autre pensée. *Et si Trembly essayait de me faire peur pour me ramener à la raison ?*

Il entendit un bruit sourd juste derrière lui, à travers le sous-bois. Il se retourna pour y faire face, transi de peur, mais son désir de comprendre était plus fort.

– 2 –

Trembly entra dans la clairière où Mystic l'attendait. Il ressemblait de nouveau à lui-même. Ses yeux étaient redevenus normaux – un gris, un vert – tout comme sa bouche. Il ne souriait pas, tout en paraissant très satisfait de lui-même.

— Comment est-ce que je peux savoir à qui je dois faire confiance ? demanda Mystic alors que Trembly s'était assis, balançant sa queue. Je me sens juste comme un objet pour toi et Freedom, un objet que vous utilisez l'un contre l'autre, et aucun de vous ne se soucie de moi.

— Bien sûr que je me soucie de toi, Mystic, dit Trembly avec sa voix profonde.

— Et comment je peux en être sûr ? Tout ce que tu fais, c'est m'épouvanter.

Trembly se mit à rire.

— Je ne fais pas ça par plaisir, Mystic. Je le fais pour te ramener à la réalité et au plus vite. Avant qu'il ne soit trop tard.

— Pourquoi ne pas utiliser la gentillesse plutôt que la peur ? Je t'aurais cru dès le début si tu l'avais fait.

— Ce n'est pas ma méthode. Et ce serait te mentir, comme Freedom te ment.

Mystic sentit une violente colère monter en lui. Il fut sur le point de crier après Trembly pour défendre Freedom, mais il resta de marbre.

Mais pourquoi voudrais-je la défendre si je mets en doute tout ce qu'elle m'a dit ? Ce n'était pas logique. Alors il se remémora ses rencontres avec Freedom et revécut les sensations incroyables qu'il avait ressenties en sa présence. Il n'avait jamais senti quelque chose d'aussi extraordinaire avec Trembly. Mystic regretta de s'être arrêté pour lui parler.

Pourquoi est-ce que j'ai douté à ce point ? se demanda-t-il. *Freedom ne m'a jamais donné aucune raison de douter d'elle, et pourtant je l'ai fait. Je crois que j'ai fait une erreur. Peut-être que si j'avais juste continué à courir, je serais avec elle en ce moment.*

— Je t'avais dit que le monde était un endroit dangereux, Mystic, dit Trembly. Et tu viens d'en faire l'expérience. Ton objectif dans cette vie n'est pas de chercher du plaisir, mais de te préparer à toutes ces choses dangereuses et mauvaises que tu vas rencontrer.

Mystic fixait les yeux de Trembly, certain qu'ils allaient de nouveau devenir d'énormes trous noirs, mais cela ne s'était pas produit. Néanmoins, ils avaient quelque chose d'hypnotique, et il écoutait, malgré lui, captivé par sa présence.

— Regarde la façon dont les chats sauvages ont profité de ton ignorance et de ta faiblesse pour te faire abandonner ta maison en faveur de Tiny. Maintenant, tu es confus, désorienté et en plus de tout cela, tu es sans abri.

Quoi qu'il en soit, même si Mystic n'avait aucune envie de l'admettre, Trembly avait raison. Il n'était pas préparé à affronter la méchanceté des autres, et les chats sauvages avaient profité de lui. Il était également vrai que le monde pouvait parfois être un endroit sombre. Il était tout à fait possible de voir les événements comme le décrivait Trembly. Cela rendait tout encore plus confus, comme essayer de discerner des objets dans une pièce à travers une fenêtre sale.

— La vie, ce n'est pas jouer et chercher un paradis de plaisir et de bien-être, déclara Trembly. Il s'agit de se battre, et tu dois t'y préparer. Tu vas rencontrer toutes sortes de dangers, et tu dois savoir comment lutter contre eux quand ils viendront.

Ce que Trembly disait était horrible et triste, mais Mystic se rendait compte que cela pouvait être la vérité.

— Je sais que revenir au monde réel est difficile. Mais pour y survivre, tu dois voir la réalité telle qu'elle est, pas comme tu aimerais qu'elle soit, déclara Trembly en observant Mystic d'un regard froid.

— Mais je ne veux pas seulement survivre, je veux vivre ! Je veux être aussi heureux que je l'étais avant que Bumpa ne m'abandonne !

— Mais le bonheur ne dure jamais, dit Trembly et si tu te concentres uniquement sur ça et ne vis que pour ça, tu finiras encore plus déprimé et blessé que tu ne l'étais avant.

— Alors je devrai juste être malheureux tout le temps ?

— Bien sûr que non. Tu seras peut-être heureux, parfois.

Trembly s'arrêta une seconde pour savourer ce qu'il allait dire. Mystic aurait voulu qu'il cesse de parler, mais il continua.

— Ces moments de bonheur sont rares, Mystic. Tu dois l'accepter maintenant. La vie n'est tout simplement pas synonyme de bonheur.

Mystic aurait préféré ne rien savoir de tout ça et ne jamais avoir entrepris ce voyage de découverte de soi. *Je n'étais peut-être pas vraiment heureux auparavant, pas comme Freedom, mais j'étais cent fois plus heureux que maintenant.*

Perdu dans ses pensées une fois de plus, il ne vit pas Trembly s'approcher de lui et sursauta quand il sentit la patte du chat roux sur son épaule. C'était froid comme de la glace.

— Laisses-moi te montrer le monde réel, Mystic, sa voix était profonde et puissante. Suis-moi sur ce chemin et je te montrerai tout.

Désemparé, Mystic resta muet et se traina derrière lui, comme un zombie. Alors qu'il le suivait, il commença à reconnaître les environs. Mais le paysage n'était plus aussi lumineux et coloré qu'au moment où il s'était aventuré dans la forêt.

Tout semble si terne.

Ils passèrent l'enclos de Lili et Lulu, mais les deux girafes étaient introuvables. Un sentiment de regret l'envahit. *Si je n'étais pas parti dans les bois, je pourrais être avec elles en ce moment, en train de me préparer pour la nuit*, songea-t-il.

— Tu vois à quel point le monde peut être méchant ? dit Trembly. Juste quand tu aurais eu besoin qu'elles soient dehors pour te saluer et te réconforter, elles ont choisi ce moment pour égoïstement s'occuper d'elles. Elles sont à l'intérieur pour se préparer à dormir, sans une seule pensée pour toi ou ton bien-être.

Mystic observa attentivement l'enclos, espérant voir les girafes apparaître et prouver à Trembly qu'il avait tort. Mais il ne vit personne et se sentit encore plus déprimé.

Ils continuèrent à marcher jusqu'à ce qu'ils arrivent à une autre cage familière. C'était la petite cage triste où Mystic avait rencontré le singe plus tôt dans la journée. C'était incroyable pour lui de se dire que c'était aujourd'hui. Dans son esprit, il lui semblait que plus d'une semaine s'était écoulée. Il avait traversé tant d'émotions, de moments de joie et de tristesse, qu'il était complètement épuisé.

— Je ne veux pas y aller. J'ai déjà rencontré le singe, et il ne m'aime pas.

Trembly se tourna vers Mystic avec un sourire énigmatique.

— Il s'appelle Xoxo, et lui et moi sommes de vieux amis. Je suis sûr qu'il ne nous en voudra pas si nous nous arrêtons pour le voir.

Il passa entre les barreaux, et Mystic le suivit.

Xoxo sortit du même buisson, mais cette fois-ci, Mystic nota soulagé, qu'il ne se précipita pas pour essayer de l'écraser.

— Je croyais t'avoir dit de ne pas m'importuner, dit Xoxo d'une voix rude, mais moins puissante que précédemment.

— C'est moi qui l'ai amené ici, dit Trembly, en agitant sa queue de contentement.

— Eh bien, c'est bon alors, marmonna Xoxo. Mais pourquoi me dérangez-vous ?

— Mystic a été trompé et abusé par certains chats qu'il pensait être ses amis, déclara Trembly. Maintenant, il est profondément perdu et confus. Je pensais que tu pourrais lui raconter ton histoire et lui prouver que j'essaie de l'aider. Que je suis un véritable ami.

— Non, ce n'est pas la peine, dit rapidement Mystic. Je comprends, c'est trop personnel pour que vous me la racontiez.

Il se sentait plus déprimé que jamais, pire que lorsque Bumpa avait disparu et ne voulait pas entendre l'histoire de Xoxo. Juste basé sur l'apparence du singe, Mystic se doutait que ce serait très triste, et il n'avait pas besoin de ça.

— En fait, petit, j'aimerais te la raconter, dit Xoxo d'une voix morose. Ça me fait du bien d'en parler. Même si ça fait mal, ça me donne un but et je me sens utile, ça me donne l'impression que je compte encore.

Mystic ne voulait toujours pas entendre l'histoire, mais il ne pouvait pas vexer Xoxo. Il avait l'impression que le singe ne devait pas se confier souvent et il était presque honoré qu'il le fasse pour lui. Il hocha simplement la tête pour l'encourager à démarrer.

Et quelques instants plus tard, Xoxo commença son récit.

– 3 –

Mystic était perdu dans l'obscurité. Une partie de lui était vaguement consciente qu'il rêvait, mais cela ne rendait pas plus facile à supporter ce qu'il voyait. Devant ses yeux, il y avait des flashs d'images si horribles qu'il ne pouvait supporter de les regarder plus de quelques secondes. Xoxo attaché à une table avec des fils sortant de sa tête, des lumières clignotantes et une odeur d'électricité, des humains en blouse blanche s'activant autour de lui. Tout cela et bien d'autres choses. Chaque fois que Mystic essayait de chasser une image, une autre prenait sa place. La partie de lui qui savait qu'il dormait savait aussi que ces visions n'étaient pas le fruit de son imagination, mais plutôt des fragments de l'histoire de Xoxo qui refaisaient surface.

Finalement, les images horribles sombrèrent dans le néant et il sortait rapidement de ce cauchemar traversant l'obscurité jusqu'à ce qu'il ouvre les yeux et retrouve la faible lumière de l'enclos ou Lili et Lulu dormaient.

Lili, qui lui léchait le dos, s'arrêta. Elle et Lulu se dressèrent au-dessus de Mystic, abaissant leurs visages près du sien.

— Tu n'es pas mort! cria presque Lulu, et Lili lui tapota le cou de la tête.

— Chut, Lulu, dit-elle.

— Je suis juste heureux qu'il ne soit pas mort! dit Lulu, et Lili le tapota à nouveau.

Mystic essaya de se lever, son corps était raide et endolori.

— Vas-y doucement Mystic, dit Lili. Tu as fait une sacrée chute. Quand je me suis réveillée, je n'ai pas vu que tu dormais en boule sur ma cuisse, alors quand je me suis levée, tu es tombé. Je ne peux pas croire que ça ne t'ait pas réveillé.

Pourquoi suis-je ici ? se demanda Mystic. La dernière chose qu'il se rappelait était Xoxo racontant son histoire, une histoire horrible, et maintenant il était ici. Il ne se souvenait pas d'être venu ici ni de s'être blotti contre Lili.

Il se sentait vide, totalement dépourvu de toute émotion, satisfaction ou but. Il ne pouvait même pas dire s'il était vivant.

Il parvint à se mettre debout et tituba sous la lumière du soleil qui baignait leur enclos, mais même le soleil ne parvint pas à combler le vide qu'il ressentait à intérieur.

Les girafes le suivirent lentement, échangeant des regards inquiets.

— Tes yeux sont vides, Mystic, dit Lili doucement. Que t'est-il arrivé ?

Une autre série d'images surgit devant les yeux de Mystic. Il cligna des paupières plusieurs fois pour s'en débarrasser.

— Ils m'ont dit la vérité, murmura-t-il.

— Qui t'a dit la vérité ? Et qu'est-ce qu'ils t'ont dit ? demanda Lulu.

— Trembly et Xoxo, dit Mystic. Ils m'ont dit la vérité. Ils m'ont dit...

Mais il n'était pas vraiment sûr de ce qu'il allait dire, et après un moment il perdit complètement le fil de ses pensées. L'énergie qu'il avait utilisée pour se tenir debout et sortir dans la lumière du jour s'était épuisée. Ses jambes tremblaient, et il s'effondra lourdement par terre. Il aurait souhaité ne s'être jamais réveillé.

Les girafes échangèrent un autre regard, et Lulu hocha la tête. Lili se baissa et émit trois petits grognements. Mystic regardait, muet, ne sachant pas pourquoi elle faisait cela. Mais il ne s'en souciait pas. Tout ce qu'il voulait maintenant, c'était se rendormir. Il fit demi-tour et se traîna jusqu'à l'intérieur, sur le tas de foin de Lili où il s'était réveillé, et se recroquevilla aussi fort qu'il le pouvait. La chaleur de son ventre contre sa tête était la seule chose qui lui offrait du réconfort. Il voulait rester pelotonné en rond comme ça, seul, sans avoir à parler à personne.

– 4 –

Mystic, incapable de trouver le sommeil et toujours peu enclin à parler, feignit de somnoler. Un peu plus tard, Lili et Lulu entrèrent sans dire un mot et se blottirent dans le tas de foin de Lulu.

Puis, alors que la respiration de Lili et Lulu s'était apaisée et que Mystic ne pouvait pas dire s'ils étaient endormis ou non, un léger bruit de pas se rapprocha d'eux. Au début, il redouta le retour de Trembly, mais à mesure que les pas se rapprochaient, il en conclu qu'ils étaient trop légers pour appartenir à ce dernier. Il osa donc regarder par la fente de ses yeux mi-clos.

— Bonjour tout le monde, dit Freedom avec sa gentillesse habituelle.

— Je suis désolée d'avoir eu à t'appeler, Freedom, dit Lili dans un murmure. C'est encore Mystic. Quelque chose de terrible a dû lui arriver hier soir, car il n'est plus du tout lui-même.

— N'était-il pas avec vous hier soir ?

— Il a voulu passer la nuit dans les bois afin de prouver qu'il avait vaincu sa peur, dit Lili.

— Nous avons essayé de le convaincre de ne pas le faire, mais il était déterminé, ajouta Lulu.

Freedom secoua la tête.

— Et puis ce matin, il semblait tellement... déconnecté, dit Lili. Comme s'il était vide à l'intérieur.

— Tu as bien fait de m'appeler, Lili. Mystic est en état de choc, et il a besoin d'aide. J'espère juste pouvoir la lui apporter.

Les girafes échangèrent un regard inquiet.

— On va vous laisser, déclara Lili, et elle sortit avec Lulu.

Et si elle ne peut pas m'aider ? pensa Mystic. *Si elle n'y arrive pas, alors personne ne le pourra et je resterai comme ça !*

Freedom s'approcha lentement de lui. Il ferma les yeux.

Il sentit le doux toucher de sa patte le long de son dos, suivi immédiatement par une vague de chaleur parcourant tout son corps. C'était comme si elle lui insufflait de nouveau la vie. Des larmes coulèrent sous ses paupières fermées et descendirent sur ses joues.

— C'est bien, Mystic, chuchota Freedom d'une voix apaisante. Tout va bien se passer.

Elle continua à caresser son dos tandis que Mystic pleurait silencieusement. Finalement, elle ralentit sa patte, puis l'arrêta et garda une douce pression rassurante sur sa fourrure.

— S'il te plaît, continue, murmura Mystic.

Il se rappelait les mots de Trembly : « Le bonheur ne dure jamais » et redoutait le moment où Freedom retirerait sa patte, le laissant seul à nouveau.

— Pourquoi cela ne peut-il pas durer ? gémit-il.

Freedom répondit sans lui demander ce qu'il voulait dire :

— Le bonheur qui vient de l'extérieur ne dure jamais.

— Pourquoi Trembly a-t-il raison et pas toi ?

Mystic leva la tête et fixa les yeux verts de Freedom. Il voulait observer sa réaction et voir si elle montrait des signes d'embarras ou d'inconfort, mais non, elle restait paisible, comme toujours.

— Trembly a raison seulement si tu le crois, Mystic, comme j'ai raison seulement si tu me crois. Ce n'est pas une question de choisir l'un ou l'autre.

— Il ne s'agit pas de croire, dit Mystic tristement en enfouissant son museau dans ses pattes. Mais de ce que je vois et ressens. C'est une question de réalité.

Il laissa échapper un sanglot étouffé. Quand il eut repris son calme, il continua :

— Et ce que je vois, c'est que les moments heureux sont rares et de courte durée tandis que la douleur, quelle qu'elle soit et peu importe où je regarde est toujours là. Elle ne disparaît jamais. Et les rares moments où elle part, elle revient avec encore plus de force.

— Ce que tu dis est vrai, dit Freedom, enlevant sa patte du dos de Mystic.

Ses mots furent comme un coup de poing dans le ventre, et Mystic eut l'impression de basculer en arrière comme s'il chutait d'une falaise vertigineuse. Il ne pouvait pas croire qu'elle lui disait que Trembly avait raison. Il avait espéré qu'elle rejetterait cette idée comme ridicule et lui dirait quelque chose de réconfortant comme elle l'avait fait jusqu'alors. Et en plus de cela elle avait retiré sa patte au même instant.

— Alors pourquoi as-tu cherché à me faire croire le contraire ? demanda-t-il en relevant la tête, les larmes coulant de ses yeux.

Freedom affichait toujours son sourire habituel, empreint de patience.

— Aimes-tu me berner ? demanda-t-il. Cela te fait plaisir de me mentir ?

— Je ne pourrais pas me réjouir de t'avoir dupé, Mystic parce que je ne l'ai jamais fait, répondit-elle.

— Mais tu m'as menti, n'est-ce pas ?

— Non, Mystic, tout ce que je t'ai dit est vrai. Tu confonds simplement ce que je veux dire par bonheur. Tu penses que le bonheur n'est qu'une conséquence de ce qui t'arrive. Mais tu oublies le bonheur résultant de ce que tu décides de penser dans ta tête. Et le bonheur, le vrai bonheur, le bonheur durable ne vient que de l'intérieur.

Mystic était toujours épuisé et perdu, mais les paroles de Freedom avaient éveillé son intérêt, un sentiment qui lui avait échappé depuis son réveil. C'était une sensation agréable comme si quelque chose qui avait disparu en lui était soudain réapparu.

— C'est tellement difficile de ne pas laisser cette peur me submerger et me plonger dans un total désespoir, dit-il. À chaque fois que cela arrive, je me sens mort et vide à l'intérieur. Et cette fois, c'était la pire de toutes.

— Je comprends à quel point c'est difficile, Mystic. Je sais que ce que je vais te dire n'est pas ce que tu veux entendre, mais tu dois te préparer à la possibilité que cela se reproduise. Plus tu tentes de changer, plus tu pratiques le bonheur et la positivité, plus la peur résistera à ces changements.

— Mais pourquoi ? se plaignit Mystic.

La queue de Freedom se balançait paresseusement d'avant en arrière.

— Parce qu'on t'a appris que la peur du changement et de l'inconnu était naturelle, dit-elle. Cela a été si solidement ancré en toi que tes peurs essaient de s'accrocher à ce qu'elles connaissent. Elles essaient de survivre. Tu dois continuer à t'entrainer et changer ta façon de voir les choses. Et ensuite, lentement, ta peur deviendra moins intense, et tu commenceras à considérer les changements comme excitants et encourageants... Cela demande du travail.

Mais Mystic n'était plus concentré sur ce que disait Freedom, parce qu'une image de Xoxo avait surgit dans son esprit, suivie par celle d'un humain portant une longue blouse blanche.

— Et Xoxo, alors ? lui demanda-t-il, tout à coup sûr qu'il allait ébranler sa théorie. Sa tragédie était réelle ! Je ne me souviens pas de tout ce qu'il m'a dit, mais les choses qui me reviennent sont horribles. Tu ne peux pas me dire qu'il peut tout effacer juste en pensant positivement. On ne peut pas simplement penser qu'on va être heureux et ensuite être heureux. Ce n'est pas si simple.

Mystic s'assit, satisfait et pensait avoir finalement pris Freedom au dépourvu. Elle ne pouvait pas dire que Xoxo avait juste besoin de penser « je suis heureux » pour être heureux, car il avait supprimé cette explication. Il ne voyait pas comment elle pouvait justifier sa théorie autrement.

Mais comme d'habitude, Freedom resta calme.

— N'est-il pas drôle que nous ayons tous tendance à nous battre pour justifier ce qui nous fait du mal plutôt que de lutter pour justifier ce qui pourrait nous procurer du bonheur ? déclara-t-elle. Xoxo a souffert comme personne d'autre que je n'aie jamais rencontré. Et lorsque ces choses horribles lui étaient infligées, il lui aurait été impossible de ressentir un quelconque bien-être.

— Alors, j'ai raison ! Tout le monde ne peut pas être heureux tout le temps – et tu le reconnais !

— Tu as raison, Mystic, tout le monde ne peut pas être heureux tout le temps. Ce qui est arrivé à Xoxo était une abomination... mais c'est terminé maintenant. Et aussi mal et douloureuses que ces choses aient été, elles lui ont laissé plus que des cicatrices ; elles lui ont aussi laissé un choix. Ce n'est pas facile, mais il est là. Il peut continuer à entretenir ces souvenirs horribles et à ressentir une douleur sans fin, comme il le fait maintenant... ou bien il peut choisir de les laisser s'éloigner et avancer dans sa vie. Il peut essayer de voir sa réalité sous un jour plus positif. Et s'il le fait, l'espoir et la joie reviendront pour lui.

— Tu ne veux tout simplement pas admettre que ta théorie ne fonctionne pas toujours, dit Mystic. Ne penses-tu pas que parfois la souffrance est si intense qu'elle peut pousser quelqu'un au-delà de sa capacité à retrouver le bonheur ?

— Parfois, la douleur est si profonde que le bonheur ne peut jamais retrouver la même intensité, ou cela pourrait prendre de nombreuses années pour que cela se produise. Mais rien n'est gravé dans le marbre, sourit Freedom. Comme avec Xoxo, c'est toujours un choix. S'il pense qu'il ne pourra jamais être heureux à nouveau, alors il ne le sera jamais.

— Je suppose, répondit Mystic.

— C'est vrai. Regarde-toi par exemple. Tu n'as pas souffert comme Xoxo, mais le bonheur t'échappe tout autant. Tu dis que ce n'est pas possible, et que cette croyance est un piège, car il est plus facile de rester malheureux que de changer, explique-t-elle. Elle vit sans doute la déception sur son visage, car elle leva sa patte et secoua la tête. Je n'ai pas l'intention de te blesser, Mystic, nous faisons tous cela au début. Moi aussi, j'ai agi ainsi. Nous avons tendance à croire que seul ce que nous voyons autour de nous est la vérité, il n'y a rien d'autre, c'est la seule option que nous ayons. Mais quand nous agissons comme ça, nous abandonnons tous nos espoirs, et de ce fait notre pouvoir.

Les paroles de Freedom avaient du sens. À chaque fois que la vie l'avait défié et qu'il avait ressenti de la détresse, il avait utilisé ses échecs comme excuse pour abandonner ses efforts et son pouvoir. Il n'avait jamais pris la responsabilité de ses actes. Au lieu de cela, il avait blâmé la théorie de Freedom, ou de Trembly, et même de Lili et Lulu pour justifier son mal-être. Il était tellement plus facile de jouer le rôle de la victime plutôt que d'assumer la responsabilité du choix de ses pensées.

— C'est seulement moi, soupira-t-il. Je suis responsable de mon propre état de bien-être et de mon bonheur, personne d'autre que moi.

Freedom hocha la tête. — Oui, Mystic.

Il détestait l'idée d'accepter cette vérité. C'est tellement plus facile de penser qu'il n'a aucun contrôle sur son bonheur et qu'il n'en est pas responsable.

— Je regrette le temps où j'ignorais tout cela, gémit-il. Quand tout ce que je faisais, c'était m'amuser avec Sarah et Bumpa. Il n'y avait ni questions ni doutes dans mon esprit. C'était tout simplement parfait.

— Était-ce vraiment parfait ? Freedom releva un sourcil. Parce que quand Bumpa a disparu, tu étais bouleversé, et ta vie entière s'est effondrée.

— Oui, et c'est pourquoi je dois le retrouver ! dit Mystic.

— Et pourquoi veux-tu le retrouver ?

— Parce que ça me fait du bien d'être avec Bumpa.

— Donc la vraie raison c'est ce besoin de te sentir bien, n'est-ce pas ? dit-elle. C'est ce sentiment incroyable que tu ressentais quand tu étais avec lui ?

— Je suppose que oui, dit Mystic. Je sais que tu m'as dit d'essayer de ressentir la même chose que lorsque j'étais avec Bumpa, même sans lui, mais c'est stupide ! Si tout le monde était heureux sans raison, alors personne n'aurait besoin de personne. Tout le monde finirait par être seul. Ce n'est pas ça la vie.

— Tu as parfaitement raison, ce ne serait plus vraiment la vie si cela fonctionnait ainsi, mais fort heureusement, les choses ne se déroulent pas comme ça, répliqua Freedom. Ses yeux étincelaient. Mais si personne ne devait dépendre de quelqu'un d'autre pour son bonheur, tout le monde serait libre. N'est-ce pas merveilleux ?

— Mais je ne veux pas être seul ! J'aime jouer avec Bumpa, Sarah et même Ulysse.

— Je n'ai pas dit qu'être heureux signifiait être seul, Mystic. Tout le monde serait libre ensemble, tu vois ? Si tu es vraiment heureux par toi-même, tu n'es plus le prisonnier des attentes des autres. Ainsi, quand tu es avec tes amis, c'est uniquement pour le plaisir, et rien d'autre. Et ça... c'est une expérience extraordinaire.

Mystic attentif à ce que Freedom disait, réalisait qu'elle avait raison. Il aimait l'idée d'être avec Sarah et Bumpa sans aucune autre attente que le plaisir de profiter de l'instant présent. S'il pouvait écouter Freedom et apprendre ce qu'elle avait à enseigner pour parvenir à cet état de bien-être, il voulait essayer.

Au moment où il commençait à sentir l'espoir revenir et combler le vide en lui, une vision soudaine de Xoxo le submergea.

Nouveau départ

- 1 -

Mystic vit l'action se dérouler devant ses yeux, comme un rêve éveillé. Cette vision le remplit d'enthousiasme et d'excitation, faisant battre son cœur joyeusement dans sa poitrine.

Il aidait Xoxo à s'échapper de sa cage. La porte était grande ouverte, et Mystic le tirait par le bras, le guidant vers l'ouverture. Derrière eux, une silhouette en blouse blanche les poursuivait. Mais Mystic, tel un héros, la distança habilement et mit Xoxo en sécurité.

Quand la vision s'évanouit, Il ressentit un profond sentiment de sérénité. Freedom le regardait, sourire aux lèvres.

— Tu m'as bien dit que l'intuition pouvait communiquer avec nous à travers des images dans notre tête, n'est-ce pas ? demanda-t-il soudainement.

Il ne tenait pas vraiment à évoquer cette voix casse-pieds. Mais il avait le sentiment que ce qu'il venait d'expérimenter en faisait partie et il voulait vraiment savoir.

— Oui, elle le peut.

— Et comment sais-tu que c'est l'intuition ?

— Parce que ça procure une sensation extraordinaire et que ça nous semble juste, déclara Freedom.

Mystic fronça les sourcils.

— Mais pourquoi ne m'est-elle jamais apparue sous forme de vision ? demanda-t-il. Pourquoi s'est-elle toujours manifestée par une voix qui me terrorise ?

Freedom ria

— Ce n'est pas complètement vrai, Mystic. Lorsque tu as eu l'idée de céder ta maison à Tiny, c'était ton intuition qui tentait de communiquer avec toi. Cependant, tu n'as pas toujours su la reconnaître ni lui accorder l'attention nécessaire. C'est pourquoi elle a dû recourir à d'autres moyens pour capter ton focus.

C'était une surprise pour Mystic qui avait imaginé que seule la voix était son intuition. Mais s'il comprenait ce que Freedom lui disait, son intuition était vraiment là tout le temps. Il n'en avait pas conscience simplement.

— Et si une vision te rendait enthousiaste... tu la suivrais ?
— Pourquoi penses-tu que je suis là, avec toi ?

Freedom se mit à rire à nouveau.

Mystic sourit à l'idée que Freedom puisse avoir des visions le concernant.

— N'oublie pas de considérer ce que tu ressens à chaque moment, déclara Freedom. Parce que ton intuition te parle toujours.

Entendre Freedom approuver sa décision de suivre son intuition rendit Mystic euphorique. Il ne pouvait pas y croire. Il y avait seulement quelques heures, tout ce qu'il voulait, c'était se rendormir et mourir. Maintenant, il était excité à l'idée d'aller aider Xoxo.

- 2 -

Mystic expliqua sa vision à Freedom (omettant la partie où il avait agi comme un héros, il ne voulait pas qu'elle pense qu'il était imbu de lui-même) pour obtenir son avis. Il était impatient de se mettre en route, mais en même temps, il hésitait à faire confiance à cette intuition qui, jusqu'à récemment, l'avait beaucoup agacé.

Freedom était enthousiaste au sujet de la vision, mais elle lui dit quelque chose qu'il ne comprit pas tout à fait.

— Ne confonds pas la liberté physique et la liberté mentale, Mystic, lui dit-elle.

Même s'il n'avait pas bien compris ce qu'elle voulait dire, il acquiesça. Il était trop excité pour aborder ce nouveau concept.

Mais une fois de plus, son estomac mit ses projets en attente en grognant et en se tordant. Il venait à peine de se demander où il pourrait trouver de la nourriture quand la voix surgit et le fit sursauter de nouveau. Cette fois, il réussit à ne pas être agacé.

— Les manchots, dit-elle, avant de disparaitre aussi vite qu'elle était apparue.

Les manchots ? Qu'est-ce que ça veut dire ? Je ne peux pas manger un manchot. Pour une fois, Mystic espérait que la voix parlerait à nouveau, mais elle ne le fit pas. Alors, plutôt que de s'énerver, il décida de demander à Freedom son opinion.

— Sais-tu comment les manchots pourraient m'aider à trouver de la nourriture ?

Elle se tourna vers lui les yeux pétillants d'une lueur espiègle, et se mit presque à saliver en parlant.

— Ils ont les poissons les plus délicieux que tu puisses trouver dans tout le parc. Pourquoi ?

— La voix, mon intuition, est venue à moi et a dit : « manchots », mais je ne comprenais pas pourquoi.

— C'est merveilleux, Mystic ! D'abord une vision et maintenant un endroit parfait pour trouver de la nourriture ! Bien joué !

Mystic ressentit la fierté qu'elle éprouvait à son égard. Il avait l'impression de flotter sur un nuage – un nuage qui le rapprochait de Freedom.

Son estomac grogna de nouveau avec plus d'insistance, le ramenant à la réalité.

— Allons chercher de la nourriture, dit-elle en sortant de l'enclos des girafes.

Ils dirent au revoir à Lili et Lulu qui broutaient joyeusement la cime des arbres, et prirent le chemin à travers le parc jusqu'à l'enclos des manchots, à côté de celui où se trouvait l'ours polaire, auparavant.

Freedom descendit un ensemble de marches qui les conduisirent à un tunnel souterrain. Au fond d'un couloir à leur droite se trouvait une grande porte en bois avec un petit trou découpé dans sa partie basse. Plus ils s'approchaient, plus Mystic sentait l'odeur du poisson. Freedom se glissa à travers le trou sans attendre. Mystic la suivit, mais une fois de l'autre côté, il se figea. Les odeurs étaient délicieuses, mais la pièce dans laquelle ils venaient juste d'entrer était froide et peu éclairée. Des caisses de poissons se dressaient partout sur le sol, certaines ouvertes, la plupart fermées. En face d'eux, deux hommes travaillaient sur une des caisses. Ils transvasaient les poissons dans des seaux couleur argent qu'ils emportaient ensuite avec eux en disparaissant par une porte à l'arrière de la pièce.

Mystic s'accroupit au sol, les oreilles en arrière. Il ne s'attendait pas à la présence d'humains. Freedom le regarda, amusée.

— Ça va ?

Mystic la regarda et pris une profonde respiration. *Tu vas bien, tu es ici avec Freedom, et elle n'a pas l'air inquiète. Il ne va rien arriver de mal.*

— Oui, répondit-il en essayant de paraître plus confiant qu'il ne l'était réellement.

Il préférait ne pas parler de sa peur, car cela ne ferait que l'amplifier. *Freedom va bien, donc moi aussi,* décida-t-il.

Les hommes faisaient des allers-retours dans la pièce, parfois seul, parfois ensemble. Chaque fois qu'ils entraient, Freedom se cachait dans un endroit sûr. Mystic la suivait.

— Ils nourrissent les manchots, murmura-t-elle tandis que Mystic observait les hommes avec curiosité. Nous devons juste attendre le bon moment.

Mystic était émerveillé de voir Freedom prendre tout cela comme un jeu. Il prit une autre décision : il voulait apprendre à jouer même dans les situations difficiles et apprécier la vie comme elle le faisait.

Quelques secondes plus tard, c'était le bon moment. Les deux hommes avaient rempli leurs seaux et étaient sortis, laissant la pièce sans surveillance. Freedom sauta de sa cachette derrière l'une des caisses et se précipita vers celle que les hommes venaient d'ouvrir.

— Allez, Mystic, cria-t-elle joyeusement, enfonçant ses dents dans un poisson et l'emportant avec elle.

Mystic en attrapa un, puis sauta derrière elle et ils coururent vers la sortie.

Au fur et à mesure qu'ils s'approchaient, Mystic se demanda s'il pourrait passer par le trou avec un poisson – son esprit insistait sur le fait que le passage avait déjà été très étroit à l'aller. Son inquiétude se transforma en une véritable panique. Il essayait de se calmer avant qu'elle ne puisse grandir et prendre possession de son corps, lorsqu'un bruit soudain le fit sursauter. Les hommes venaient de rentrer par la porte derrière eux. Mystic fut tout à coup certain qu'il serait pris avec Freedom. La panique, qui jusque-là n'était qu'une petite étincelle, explosa alors en lui.

On n'y arrivera jamais ! Son cœur, qui avait battu d'excitation, palpitait maintenant contre ses côtes comme un oiseau affolé dans une cage. *Ils nous ont vus, je sais qu'ils nous ont vus !* Son sang ne fit qu'un tour. Il laissa tomber le poisson, contourna Freedom à toute vitesse et se jeta à travers le trou de la porte. Une fois de l'autre côté, il ne ralentit pas et ne se retourna que lorsqu'il eut atteint le haut des escaliers en béton, essoufflé et bouleversé.

Freedom montait l'escalier tranquillement et riait avec le poisson entre les dents. Mystic commença à avoir honte de la façon dont il venait de s'enfuir sous la panique.

— Je suis désolé, dit-il quand elle atteignit le sommet, et il baissa la tête, se trouvant incroyablement stupide.

Freedom laissa tomber son poisson, lécha ses babines, et se mit à rire de nouveau.

— C'est normal de s'enfuir quand on se sent en danger. C'est même très sain d'avoir ce réflexe. Ça peut te sauver la vie.

— Mais qu'en est-il de ce que nous avons dit plus tôt ?

— C'est normal d'avoir peur, Mystic. L'essentiel est de ne pas laisser cette peur te paralyser et t'empêcher de réessayer. Sa voix avait un ton amusé, et elle haussa légèrement les épaules, se moquant un tout petit peu de lui. Tu aurais peut-être du vérifier que le danger était vraiment réel avant d'abandonner ?

Mystic était embarrassé.

— N'y avait-il donc aucun danger ? Cela semble incroyable qu'il n'y en ait pas eût, même s'il est plus facile de le croire ici, à l'air libre et sous le soleil.

— Non, pas vraiment, répondit-elle en souriant. C'était encore cette peur qui se mettait en travers de ta route. Elle t'a empêché de faire preuve d'imagination et de penser clairement... C'est pour cela que tu n'as pas eu l'idée de vérifier derrière toi pour voir s'il y avait un réel danger.

Mystic se sentit gêné.

— C'est compréhensible, Mystic. La peur peut être une alliée précieuse, comme je l'ai dit, car elle peut sauver des vies, mais seulement si tu restes maître d'elle. Sinon, elle risque de diriger chacune de tes actions, et tu ne peux pas vivre ainsi.

Mystic secoua lentement la tête.

— Je suis tellement stupide, dit-il.

— Oh non ! Non, non, non, tu n'es pas stupide du tout, dit Freedom. Juste parce que tu n'as pas encore réussi ne veut pas dire que tu ne réussiras jamais – Sauf si tu abandonnes complètement. Mais je sais que tu ne feras pas ça. Garde à l'esprit que lorsque tu apprends, tout ce qui t'arrive est une étape dans le processus d'apprentissage. Son regard était empreint de bienveillance. Ne laisse pas une étape te perturber ni devenir une raison de te dévaloriser, d'accord ?

Mystic savait qu'elle avait raison. C'était sa première tentative après tout. Freedom l'avait déjà fait de nombreuses fois. Forcément, elle était plus à l'aise que lui. Et puis, il voulait l'impressionner.

Il hocha la tête avec détermination.

— D'accord je vais essayer à nouveau pour toi

— Pourquoi le fais-tu pour moi et pas pour toi-même ? demanda Freedom. J'ai déjà un poisson, et mon approbation ne remplira pas ton ventre. Si tu veux réussir à trouver de la joie à faire des choses, tu dois le faire pour toi-même. Parce que si tu ne le fais que pour les autres, le bonheur que tu recherches à travers leur approbation t'échappera toujours. Alors que si tu le fais pour toi-même, tu seras heureux. Elle s'approcha de lui et le poussa doucement avec son épaule. Et tu sais quoi ?

Mystic secoua la tête.

Les personnes qui tiennent vraiment à toi seront heureuses simplement parce que tu l'es.

Mystic était surpris de ne pas avoir compris tout cela plus tôt. Les raisons pour lesquelles il adorait la compagnie de Freedom, était sa confiance en elle et son bonheur personnel. Ces qualités le faisaient se sentir mieux, et l'inspiraient à relever des défis encore plus grands dans sa propre vie. Sa façon de le dire avait tellement de sens pour lui.

— Merci, murmura-t-il, rempli d'amour et d'admiration.

— Avec plaisir, Mystic. Maintenant va chercher ta nourriture, avant qu'ils ne finissent de nourrir les manchots. Je t'attends ici.

Malgré son appréhension, Mystic décida d'essayer une fois de plus, et de le faire pour lui. Le goût du poisson était encore présent sur ses lèvres et sa langue, et son estomac grognait de plus en plus. Il se retourna et descendit les escaliers jusqu'au couloir.

- 3 -

À mesure qu'il descendait les marches, son enthousiasme diminuait. L'atmosphère lui paraissait différente que lorsqu'il était descendu avec Freedom. L'obscurité, qu'il n'avait pas du tout remarqué, semblait maintenant omniprésente et il se demandait ce qui pouvait se cacher derrière ces ombres.

De toute façon, ma perception correspond exactement à ce que je ressens, pensa-t-il. *C'est exactement ce que Freedom et tous les chats sauvages me disent depuis le début. Je dois vraiment changer ma façon d'appréhender cette situation : m'inciter à la voir positivement.*

— Eh bien, c'est plus facile à dire qu'à faire, grogna-t-il.

— Veux-tu vraiment continuer à croire en tes limites et à les justifier ? cria Freedom du haut des escaliers.

— Aïe, dit Mystic, se retournant pour la regarder. Tu peux m'entendre ?

La silhouette de Freedom se découpait dans la lumière du soleil derrière elle, mais il ne pouvait pas voir son joli minois. Elle était assise avec élégance. Il voulait imaginer qu'elle souriait, mais d'une manière ou d'une autre, ici dans l'obscurité, c'était impossible à voir.

Plus tôt je me lance, plus tôt ça sera fini, pensa-t-il, en descendant les dernières marches. Il commença à entendre des bruits qu'il n'avait pas remarqués auparavant : des sifflements mécaniques, des grincements, et au loin un bruit sourd. À l'arrivée au bas de l'escalier, tout semblait s'assombrir encore plus.

Il tourna à droite, et même s'il essayait de le percevoir autrement, il devait reconnaître que maintenant il faisait face à la partie la plus sombre de son périple. Le couloir entre lui et la porte percée avec le trou en bas était plus obscur que la nuit où il avait rendu visite à Bumpa. Il y voyait très bien, mais il y avait quelque chose d'inquiétant malgré tout... Il était rassuré de savoir que Freedom était assise quelque part derrière lui. Si elle n'avait pas été là, il lui aurait été très difficile de garder son sang-froid et il aurait probablement tourné les talons et se serait enfui. Sa présence lui insufflait le courage d'aller plus loin et l'aidait à se prouver qu'il pouvait dépasser ses limites.

D'ailleurs, si c'était vraiment dangereux, je ne pense pas qu'elle m'aurait envoyé ici tout seul. Cette pensée l'aida à renforcer sa confiance.

Il était seulement à mi-chemin du couloir sombre lorsqu'une masse imposante atterrit devant lui avec un bruit sourd. Dans l'obscurité, la fourrure rousse de Trembly semblait presque phosphorescente, ses yeux paraissaient comme éclairés de l'intérieur. Soudain, toutes ses rencontres avec le chat roux lui revinrent en mémoire et Mystic sentit ses pattes commencer à trembler de peur.

— C'est un endroit dangereux, Mystic, siffla Trembly tel un serpent venimeux. Sais-tu ce qui va t'arriver quand ces hommes derrière la porte te captureront ? Ils te feront des choses horribles, les mêmes choses qu'ils ont faites à Xoxo, comme...

Mystic sentit qu'il perdait le contrôle de son corps et de son esprit. Il savait qu'il devait réagir avant d'arriver au point de non-retour, où le traumatisme l'anéantirait à jamais.

Tout va bien, pensa-t-il soudainement, coupant court à toutes les autres pensées et effaçant les horribles images que Trembly essayait de lui imposer. *Tout va bien, tout est même parfait. Trembly n'existe pas, il incarne seulement la peur d'un endroit inconnu. Il a besoin de moi pour exister, mais je n'en veux plus. C'est une illusion. Rien de plus qu'une illusion.*

— Ah ! Ça fait vraiment du bien de penser comme ça ! Cria-t-il à la face de Trembly.

Le chat roux sembla surpris un instant, puis continua son sifflement venimeux.

— Ils t'attraperont et te détruiront. Ils t'utiliseront pour les expériences les plus horribles et dégradantes, comme ils l'ont fait à Xoxo, et ils s'assureront que tu souffres tout le temps. Rappelle-toi les cicatrices sur la tête de Xoxo !

Trembly laissa tomber sa mâchoire inférieure et tordit son visage en une expression de douleur.

Mystic essaya de l'ignorer, mais c'était difficile. Le visage horrible n'était qu'une partie du problème. Les yeux de Trembly brillaient dans l'obscurité, deux points d'une sinistre lumière verte flottant côte à côte. Mystic sentit sa peur l'emporter à nouveau. Une fois de plus, ses yeux l'absorbaient, essayant de l'entraîner plus profondément dans leur terreur.

Soudain, un réflexe le poussa à prendre une grande inspiration. Il ne s'était pas rendu compte qu'il avait cessé de respirer et cette explosion soudaine d'oxygène déclencha une légère sensation de soulagement.

Et puis la voix résonna dans son esprit avec une urgence palpable. Elle disait :

— Détourne le regard, arrête de penser à ça, fais-le, c'est facile, crois simplement que c'est facile.

Elle avait parlé rapidement, en enchaînant ses mots si vite et si brusquement que Mystic fut étonné d'avoir pu l'entendre.

Cette fois, la voix ne le troubla pas du tout, et sans même s'arrêter pour réfléchir si oui ou non il devait l'écouter, il ferma ses yeux bien fort.

— Xoxo a été l'un des plus chanceux, déclara Trembly. Il y en a d'autres qui ne l'ont pas été.

Mystic ne pouvait s'empêcher d'imaginer Xoxo dans sa petite cage, dévasté, seul et sans vie.

NON! NON NON NON! pensa Mystic. *Ne parle pas de lui!*

— Rien de mal ne t'arrive en ce moment, dit la voix doucement dans le lointain. Ne laisse pas Trembly contrôler ton imagination.

Oui! pensa Mystic frénétiquement. *Oui, je vais bien, je vais bien, je ne suis pas blessé comme Xoxo!*

— Et tu n'existes pas! finit-il à haute voix, hurlant de nouveau au visage de Trembly.

Trembly fit un pas en arrière, surpris, mais ne recula pas plus loin.

C'est un début, pensa Mystic. Puis il continua, parlant haut et fort pour empêcher Trembly de pouvoir intervenir.

— Je vais bien, tu m'entends? Tu essayes de me faire peur avec des choses qui n'ont pas eu lieu. Pourquoi devrais-je avoir peur maintenant? Pourquoi devrais-je m'empêcher de réussir à cause de quelque chose qui n'est même pas arrivé et qui n'arrivera peut-être jamais? Pourquoi ne pas être plutôt excité à l'idée que je pourrais réussir? Après tout, les hommes ne me verront peut-être pas... As-tu pensé à ça?

Alors que Mystic criait, Trembly gonfla sa fourrure afin de doubler, puis tripler sa taille. Ses yeux s'assombrirent et grandirent comme ils l'avaient fait cette nuit-là dans les bois. Puis il ouvrit la bouche et dévoila ses dents, acéré et en ordre dispersées. Il se mit à siffler et à hurler. Le son traversa le corps de Mystic, transperçant son esprit comme des éclats de verre. Il s'effondra au sol, laissant place à un silence ou des images cauchemardesques se dessinaient en marge de sa vision.

Trembly rit d'un rire terrifiant, pire que tout ce que Mystic avait entendu jusqu'à présent.

Je dois trouver un moyen de m'en sortir rapidement! Mystic savait qu'il serait bientôt perdu, sous le pouvoir de Trembly. La dernière fois Freedom avait été là pour le sauver, mais cette fois il était seul et il savait qu'il avait peu de temps pour réagir.

Afin de trouver un moyen de se venir en aide, il puisa dans sa mémoire et dans les conversations qu'il avait eues avec Freedom. Il se rappela que respirer profondément l'avait aidé à plusieurs reprises. Il essaya quelques secondes, mais cette fois cela ne fit qu'aggraver son état. Puis il se rappela les conseils de Freedom, lui disant qu'il devrait écouter son intuition.

Mais comment retrouver mon intuition? Elle s'était éclipsée dès que Trembly avait commencé à faire ce bruit horrible avec sa gorge.

Je dois l'ignorer. Mon intuition vient à moi quand je me sens mieux, et je dois trouver un moyen de le faire maintenant. Cela signifie ne pas écouter les sons que fait Trembly. Mais comment pouvait-il faire ça? Le bloquer semble presque impossible.

Et puis, comme une belle éclaircie au milieu d'un orage, la voix revint doucement vers lui. Mystic avait été tellement absorbé dans sa tentative de trouver un moyen pour se sentir mieux qu'il avait involontairement ignoré les sifflements de Trembly. Maintenant, Mystic se sentait légèrement mieux.

— Freedom, dit la voix.

Bien sûr, c'était évident! Il avait eu tellement peur qu'il avait négligé la chose la plus évidente qui lui apportait toujours le sourire.

Il se mis à visualiser Freedom et à se concentrer sur tout ce qu'il aimait en elle : sa façon de bouger, son sourire, sa voix, son énergie. Sans même s'en rendre compte, Mystic se laissa complètement absorbé par ces images et par le soulagement agréable qu'elles lui apportaient.

Dans son esprit, Il voyait Freedom – juste une petite chatte comparée à Trembly – posant sa patte sur le museau du terrible chat et lui demandant de se taire; ce qu'il avait fait. Puis elle lui avait dit de partir, et là aussi, il s'était exécuté. Le pouvoir n'était pas dans sa force physique, mais dans son esprit. Elle était restée calme et joyeuse, comme si de rien n'était. Et ainsi, elle avait pu réduire à néant le pouvoir de Trembly.

Mystic se rendit compte que plus il essaierait de lutter contre le chat roux, plus il lui résisterait et se battrait. Une lueur d'espoir grandit dans son esprit, et son intuition parla de nouveau, un peu plus fort cette fois.

— Regarde-le sans crainte et amuse-toi, dit-elle. Tout n'est qu'un jeu.

Mystic se moqua de cette idée, jugeant qu'il était ridicule pour son intuition de dire cela alors qu'il était pris au piège par Trembly.

Néanmoins, il comprit qu'il avait le choix. Il pouvait choisir la terreur et rester soumis à Trembly, ou il pouvait choisir de s'amuser. Après tout, s'il allait mourir, pourquoi ne pas mourir en se sentant heureux ? Quoi qu'il arrive, pourquoi ne pas choisir de s'amuser ?

Il se sentait désormais très bien, il était prêt à trouver de nouvelles idées pour se sentir de mieux en mieux et tout cela lui avait permis de se préparer mentalement à affronter Trembly. Plus que cela, il était presque impatient de cette confrontation. Là où auparavant régnaient la crainte et la terreur, ne subsistait désormais que de la légèreté. Il ouvrit les yeux, prêt à affronter le monstre que Trembly était devenu.

Mais là où Trembly était assis, ne se trouvait plus qu'un vieux chat sans énergie. Sa fourrure était terne et en désordre, ses yeux semblaient éteints et fatigué. Mystic fut momentanément choqué, pensant que Trembly s'était échappé et qu'un autre chat avait pris sa place, mais c'était vraiment lui. Le son effrayant ne sortait plus de sa gorge, et l'expression menaçante avait disparu de ses yeux.

Mystic se leva et fit quelques pas sur sa gauche. Trembly demeura immobile, restant là où il était, plus vieux que jamais, fixant l'endroit où Mystic avait été assis.

Amusé, Mystic se demanda : *Est-ce que j'ai vraiment eu peur de ce chat ?*

Il fut envahi par un sentiment de joie. Ce que Freedom lui avait dit tout au long de leur aventure était vrai – cela fonctionnait vraiment ! Il avait le pouvoir ; celui de laisser sa peur l'envahir ou de l'anéantir complètement. Et lui seul en avait le contrôle.

Avant que ses pensées ne puissent changer, il fit un grand saut, atterrit sur le sol derrière Trembly neutralisé, et se glissa rapidement à travers le trou dans la porte.

Une fois de l'autre côté, Mystic aperçut immédiatement le poisson qu'il avait laissé tomber un peu plus tôt. Il s'en approcha, se sentant un peu bête de la façon dont il avait agi précédemment. Il n'y avait vraiment aucune raison d'avoir eu peur. Les hommes ne pouvaient pas le voir là où il se tenait. Sa peur l'avait précipité dans une réaction irraisonnée. Il n'avait même pas pensé à tourner la tête pour vérifier avant de paniquer. Mais au lieu de se juger, Mystic se rappela les paroles de Freedom... c'était juste une étape. Il éclata de rire tout en saisissant le poisson dans sa bouche.

Même les sons qu'il avait entendus en descendant l'escalier ne provenaient que des hommes qui déplaçaient les caisses, ouvraient et fermaient la porte. Rien de plus.

Il se dirigea de nouveau vers le trou de la porte, lança son poisson à travers et sourit – il n'y avait même pas pensé la première fois ! – avant de passer par là lui aussi.

Trembly n'était plus assis dans le couloir, qui lui paraissait maintenant plus clair qu'auparavant.

Mystic prit son poisson avec un sentiment de fierté qu'il n'avait jamais ressenti auparavant. *J'ai réussi ! Vraiment, j'ai réussi !* Il monta les escaliers en galopant, impatient de partager son succès avec Freedom.

– 4 –

Alors que Mystic remontait les escaliers il se sentait de plus en plus revigoré par son bonheur. Il leva les yeux pour chercher Freedom, mais elle n'était plus assise en haut des marches. Il grimpa les escaliers encore plus vite. Mais une fois arrivé au sommet, il constata qu'il était seul.

Un lourd sentiment de déception l'envahi, lui provoquant une crampe d'estomac, sa joie avait disparu en un instant. Il avait déjà commencé à penser combien cette situation était injuste quand il réalisa ce qu'il était en train de faire.

Une fois de plus, il choisissait de laisser un événement extérieur le blesser au lieu de continuer à profiter de toute l'incroyable énergie qu'il venait de ressentir.

Il se rappela aussi que Freedom lui avait dit que son bonheur ne dépendrait pas de son approbation, mais de lui-même.

J'aurais adoré partager mon succès avec elle, mais peut-être qu'un autre chat avait encore plus besoin de son aide, pensa-t-il, un peu coupable.

Alors, plutôt que de se plaindre, il décida de célébrer son succès.

Je suis mon propre héros ! cria-t-il dans son esprit. *Je suis incroyable et fort ! J'ai anéanti le pouvoir qu'avait Trembly sur moi, et je l'ai fait tout seul !*

Ce genre de pensées lui parut étrange au début, il n'était pas habitué à chanter ses propres louanges, mais comme il continuait, l'exaltation qu'il avait ressentie en montant l'escalier lui revint peu à peu. Très vite revigoré, il se mit sur ses pattes de derrière, cria et sautilla joyeusement.

— Je l'ai fait! cria-t-il. J'ai battu Trembly. Je suis puissant!

Mystic était si occupé à sauter, à célébrer et à crier des affirmations de son pouvoir, qu'il n'avait pas vu Freedom sortir des buissons à proximité et s'asseoir sur le chemin. Il ne la remarqua que lorsqu'il fit volte-face et retomba sur ses quatre pattes, ses joues brûlant sous son pelage.

— Tu m'as bien eu, dit-il avec un sourire maladroit.

— Non, en fait, je t'ai aidé, dit-elle en riant.

Mystic s'apprêtait à lui demander comment, quand il comprit par lui-même.

— Tu n'étais pas ici parce que tu voulais que je trouve le bonheur par moi-même au lieu de dépendre de toi pour l'être.

Freedom hocha la tête.

— Je regrette juste d'avoir fait le fou en dansant et en faisant le pitre devant toi, dit-il avec une grimace.

— Mais j'adore la façon dont tu célèbres ta victoire, Mystic! Freedom s'approcha de lui, et Mystic se sentit encore plus gêné.

— Non vraiment, j'adore ça! continua-t-elle. C'était tellement contagieux que je ne n'ai pas pu rester cachée dans les broussailles plus longtemps, j'ai ressenti un tel désir de venir célébrer avec toi!

— Que veux-tu dire? demanda Mystic, se sentant un peu mieux après les mots gentils de Freedom. Tu n'avais pas l'intention de sortir de ta cachette?

— Non, pas vraiment, répondit-elle. Je n'avais pas l'intention de revenir. J'ai seulement attendu pour m'assurer que tu t'en sortais bien, mais tu m'as doublement surpris! Tu as réussi à vaincre ta peur quand tu as rencontré Trembly en l'ignorant entièrement, et après tu n'as pas laissé ta déception voler ton bonheur quand tu as vu que je n'étais pas là. Tu as interrompu le cycle avant même qu'il ne commence et tu lui as ôté son emprise sur toi. Habituellement, ta manière de faire face à la négativité passe par la colère, mais cette fois, lorsque tes émotions négatives sont revenues et ont commencé à te conduire sur le chemin de l'agacement vers la colère, tu les as arrêtées! Je suis tellement fière de toi!

Mystic se sentait un peu gêné, mais d'une manière agréable. Ses paroles éveillèrent en lui quelque chose de joyeux.

— Merci.

— Tu l'as fait, Mystic. Tu as réalisé quelque chose de vraiment incroyable aujourd'hui. Tu as compris que c'est toi, et non tes émotions, qui contrôles tes réactions, quelles que soient les situations. C'est toi qui décides.

Wouah, pensa Mystic. *Tout est parfait. Même les choses qui me semblaient négatives au départ se sont finalement déroulées d'une manière vraiment incroyable !*

— Il semble que chaque situation soit une opportunité de réaliser quelque chose d'extraordinaire, dit-il. Si on choisit de chercher des moyens pour se sentir mieux et de voir les choses de manière positive.

— Oui, absolument, dit Freedom. Et ta volonté de changer est admirable. Tu vas accomplir des miracles !

— J'ai une question, cependant, dit Mystic, craignant que Freedom ne parte bientôt.

Il appréciait trop cette conversation pour la laisser partir, même si le poisson avait une odeur délicieuse et qu'il devait manger.

— Bien sûr, tu peux me poser toutes les questions que tu souhaites, Mystic.

— Quand je suis descendu dans le tunnel avec Trembly, mon intuition m'est revenue et m'a dit quelque chose.

— Ah bon ? Freedom, souriait comme si elle savait déjà ce que Mystic allait lui dire.

— Oui, elle m'a dit que dans la vie tout était un jeu, et que c'est comme ça que je dois la voir. Est-ce que c'est vrai ?

Les yeux de Freedom s'illuminèrent, provoquant un autre frisson de fierté en lui.

— Absolument, Mystic ! Ton intuition est vraiment puissante, et il faut que tu lui fasses confiance. Tout dans la vie est un jeu, c'est juste que parfois on gagne et parfois on perd. Mais ce qui compte, c'est de continuer à jouer et à trouver toutes les raisons pour être heureux et justifier ton bonheur !

Elle se frotta la tête contre le cou de Mystic, le laissant totalement ébahi. Même sa faim et le délicieux poisson furent oubliés un instant alors qu'elle le câlinait et ronronnait.

Il commença aussi à ronronner, heureux et ressentant une grande affection pour elle. *J'adore ça ! J'adore ça !* pensa-t-il, son esprit tourbillonnant de bonheur.

Quelques minutes plus tard, elle s'arrêta et se tourna vers lui sérieusement, mais avec une grande tendresse.

— Tu es extraordinaire, Mystic, toi et tout ce que tu as réalisé aujourd'hui... tu devrais être fier de toi. Je crois que tu commences vraiment à saisir toutes les opportunités que ce chemin peut t'offrir. Si tu continues à le suivre, tu seras étonné de voir à quel point ta perception évoluera et tout ce que tu seras capable d'accomplir.

L'idée d'atteindre un état de bonheur encore plus intense que celui qu'il connaissait était exaltant.

— Mais pour l'instant, il faut que tu manges.

Freedom sourit et puis disparut dans le buisson d'où elle était venue.

- 5 -

Mystic se sentait merveilleusement bien. Le poisson était délicieux et valait bien l'expédition dans le tunnel. Il léchait les dernières gouttes d'huile de ses moustaches quand il pensa à Bumpa. Il était impatient de le serrer dans ses pattes et de lui raconter toute son aventure. Il voulait lui dire combien il l'aimait et combien il lui manquait. Cette pensée l'excitait. Il n'avait jamais dit à Bumpa exactement ce qu'il ressentait pour lui, pas aussi directement qu'il était prêt à le faire maintenant.

Mystic était enthousiaste à l'idée de maîtriser son esprit et ses émotions, et de découvrir tout ce qu'il pourrait ainsi offrir à Bumpa. Ce n'était plus seulement une question de ce que Bumpa pouvait faire pour lui.

Il rêvait de leurs retrouvailles quand il sentit sa voix intérieure, son intuition, s'apprêter à lui parler à nouveau. Cette fois, il prit la décision consciente de l'accueillir joyeusement et de l'écouter au lieu de se fâcher.

Mystic réalisa les conséquences étonnantes de changer de point de vue. Dès qu'il accepta la voix au lieu de la redouter, sa présence commença à être agréable, très réconfortante, et rassurante. Mystic sourit au plaisir de ressentir cette sensation.

La voix, mon intuition, c'est seulement de l'amour. Sa seule raison d'être est de m'aider à être plus heureux. Il se sentait comme entouré par des amis ; qu'importe ce qui pouvait arriver, il ne serait plus jamais seul. Il en avait les larmes aux yeux.

La voix ne parla pas cette fois-ci, elle n'avait pas à le faire. Maintenant que Mystic l'acceptait et qu'il était à son écoute, elle n'avait plus besoin de le pousser dans la bonne direction. Elle lui présenta une image de Xoxo, et il s'y accrocha aussitôt, sa joie fut de courte durée, mais intense.

Je suis encore plus convaincu de ce que je veux accomplir maintenant ! Je veux faire ce qui me donne le plus de joie quand je le visualise ! C'est décidé je vais aider Xoxo !

S'être fixé un but et visualiser comment l'atteindre lui procura un grand bien-être. Alors, plutôt que de gaspiller cette belle sensation en y réfléchissant trop longtemps, il décida de partir sans attendre vers la cage de Xoxo.

Le parc commençait à se remplir rapidement d'enfants courant et jouant avec une grande effervescence. Cette fois, Mystic ne se mit pas à imaginer les dangers possibles qu'ils pouvaient représenter. Au lieu de cela, il prêta une grande attention à son environnement, et quand un enfant se rapprochait trop, il se glissait simplement derrière un arbre ou un gros rocher, selon ce qui était pratique. C'était vraiment simple. Lorsqu'il était contrôlé par sa peur, tout cela lui semblait être une tâche insurmontable mais maintenant ce n'était rien de plus qu'une promenade dans le parc.

Cette démonstration de son pouvoir lui donna un grand sentiment de liberté. Il pouvait choisir la voie qu'il souhaitait, et cela était incroyablement libérateur. Lorsqu'il atteignit enfin la cage de Xoxo, il débordait d'énergie.

Trois petits enfants, un peu plus jeunes que Sarah, se tenaient devant la cage, regardant avec de grands yeux curieux. Mystic pensa à la façon dont il aurait réagi encore hier dans une situation comme celle-ci. Il aurait déploré arriver au mauvais moment, alors que trois enfants bloquaient son chemin, il aurait revécu sa mauvaise fortune encore et encore jusqu'à ce que sa journée soit gâchée. Il se mit à rire de lui-même et se rappela ce que Bumpa disait dans de telles circonstances.

Oh, Bumpa, tu as toujours été si patient avec moi. À essayer de me montrer que tout allait bien, que d'avoir à attendre n'était pas la fin du monde, que nous étions libres de faire autre chose si nous le voulions. Tu as passé tant de temps et d'énergie à essayer de me montrer qu'il n'y avait aucune raison pour moi de me plaindre aussi souvent ou d'être si misérable. Que je pouvais rester heureux et que ce n'était pas la peine de gâcher ma joie à cause d'une chose si banale. Tu avais raison, Bumpa.

Il aurait voulu dire à Bumpa combien il comprenait maintenant, ainsi que tout ce que Bumpa avait essayé de faire pour lui.

Je lui dirai, pensa Mystic, essayant de renforcer sa confiance dans sa capacité à le retrouver. Même s'il n'avait aucune raison de croire qu'il reverrait Bumpa, il n'avait aucune raison de croire que ça n'arriverait pas. Pourquoi devrait-il imaginer que cela ne marcherait pas quand il était libre d'imaginer que tout irait en sa faveur ?

Les trois enfants décidèrent finalement que le singe n'avait plus d'intérêt et s'éloignèrent, lui libérant ainsi la voie.

Mystic sortit furtivement de sa cachette et s'approcha de la cage de Xoxo. Il restait positif, mais ce n'était pas sans émotion. Il lui était impossible de chasser les souvenirs de ce qui était arrivé ici avec Trembly. Il se rappelait l'état de choc et de vide avec lequel il était reparti il n'y a pas si longtemps de ça.

Lorsqu'ils s'étaient rencontrés la première fois, Xoxo l'avait prévenu de ne pas revenir l'importuner ni aucun des autres animaux en cage. Pourtant, Mystic était déterminé à aller le voir.

Nouveau défi

— 1 —

La vision de Xoxo lui avait procuré une telle joie que Mystic ne pouvait se tromper. Quelque chose d'important l'attendait.

Si Trembly revient, il n'y a rien à craindre, se dit-il. *Je l'ai vaincu une fois, je peux le refaire. Et il n'y a rien à craindre de Xoxo non plus. Il est dans une cage et ne peut en sortir. Ils ne peuvent pas me blesser. Je suis en sécurité.*

Mais les dangers qu'il pouvait rencontrer n'étaient pas seulement physiques. Ils résidaient aussi dans son esprit ou ils pouvaient essayer de le tirer vers le bas avec toutes sortes de menaces verbales et d'images horribles d'événements qui s'étaient produits ici. Mais Mystic avait appris à ne plus imaginer ce qui pourrait mal tourner. Il regarda autour de lui et comprit que tout allait très bien. Il était seul et tout était calme.

Alors qu'il s'approchait, il entendit un bruissement de feuilles. Il ne pouvait pas voir Xoxo, mais il savait qu'il était là.

— Est-ce que tu te caches dans ton arbuste préféré? demanda Mystic enjoué, espérant communiquer à Xoxo qu'il venait en ami.

— OUI! cria Xoxo en sortant du buisson du côté opposé à celui d'où il était apparu la dernière fois.

Il atterrit devant les barreaux où se tenait Mystic qui fit semblant d'être effrayé, tomba en arrière et éclata de rire. Il voulait vraiment attirer Xoxo dans une relation amicale (ou au moins une conversation agréable pour commencer), et fut heureux d'apercevoir un léger sourire sur les lèvres du singe. Il prit cela comme un bon signe.

— N'est-ce pas drôle ? dit Xoxo. Même si tu savais que j'allais le faire, tu as eu peur, car je t'ai surpris en venant du côté opposé.

— Oui, dit Mystic rayonnant de plaisir. Mais cette fois j'ai choisi de rire au lieu de m'énerver, et c'était génial !

— Ouais, être libre est un bon remède, n'est-ce pas ?

Le sourire de Xoxo disparut.

— Oui, c'est vrai, répondit Mystic avec un soupçon d'embarras. J'ai de la chance d'être de l'autre côté des barreaux, mais je suis sûr que nous pouvons trouver un moyen pour toi d'être heureux, même dans cette cage.

Son cœur battait contre sa poitrine. Il savait que c'était un jeu dangereux. Il pourrait soit piquer la curiosité du singe, soit déclencher sa colère et stopper net toute conversation.

— Quelle arrogance ! S'exclama Xoxo en montrant les dents. Si tu étais à l'intérieur et coincé comme je le suis, tu n'aurais jamais osé dire une chose aussi stupide !

La colère de Xoxo et son manque de contrôle rappelaient à Mystic son propre passé lorsqu'il se trouvait dans un état semblable. Cela l'aida à comprendre la résistance qu'exprimait le singe. Il connaissait la douleur que cela pouvait engendrer, et il ressentait de la compassion à son égard.

Et c'était plus facile pour moi. J'étais libre. Je n'étais pas derrière des barreaux. Et je n'ai jamais souffert comme lui. Mystic savait qu'il devait agir rapidement avant de perdre l'attention de Xoxo. Mais que faire ?

Alors, sans prendre le temps de la réflexion, Mystic commença à parler, laissant son intuition le guider. Il fut surpris par les mots qui sortirent de sa propre bouche.

— Si tu me laisses entrer, je resterai avec toi et je t'aiderai à retrouver le bonheur.

Xoxo le fixait silencieusement.

Mystic ne détourna pas son regard.

Suis-je fou ! Qu'est-ce que j'ai fait ? Je ne veux pas rentrer là-dedans !

— Tu veux venir ici avec moi ? dit Xoxo, incrédule.

— Oui, je le veux, dit Mystic alors qu'il se criait à lui-même : *Arrête de parler ! Oh ! Arrête de parler !*

Xoxo sourit et montra ses dents, mais plus agréablement qu'avant.
— D'accord, dit-il.
Mystic sourit, mais n'en pensa pas moins : *Il a accepté ! Pourquoi a-t-il accepté ? Oh, je suis grillé !*
— Tu es une petite chose arrogante, mais au moins j'aurai de la compagnie pendant un moment. Et puis tu verras ce que ça fait de vivre en prison comme moi. Peut-être que ça calmera un peu ton enthousiasme.

Mystic se sentait pris au piège. Il pouvait changer d'avis et s'en aller, mais cela risquait de créer des tensions avec Xoxo. Il n'y aurait aucun espoir de bâtir une relation après cela. Donc ce n'était pas le moment de perdre son sang-froid. En fait, pendant tout le temps où il serait en présence de Xoxo, il lui faudrait ne pas le perdre du tout. Il devait développer une attitude mentale encore plus positive.

Xoxo fit un pas de côté, agitant son bras de manière accueillante.
— Eh bien ? Demanda-t-il, Qu'est-ce que tu attends ?
Mystic se demanda lui aussi ce qu'il attendait. Après tout, il n'y avait rien de terrible à être l'ami du singe, à lui tenir compagnie et à lui remonter le moral, n'est-ce pas ?
— Rappelle-toi, tout est un jeu, lui chuchota la voix, ce qui le décida à agir.

Il était très inquiet, mais il avait confiance.
— Je suis prêt pour ce jeu, alors, dit Mystic sur de lui. Jouons à la prison.
— Eh bien, c'est quand tu veux, dit Xoxo, l'air étonné. Il s'éloigna des barreaux pour laisser à Mystic toute la place pour entrer.

Avant qu'il ne puisse remettre en question ce qu'il faisait, ou perdre son peu de confiance, Mystic s'élança. Alors qu'il passait entre les barreaux, son esprit s'emplit de doute. *Qu'est-ce que tu fais ? Et s'il t'attaque ? Ou si Trembly surgit et qu'ils t'attaquent tous les deux ? Et si son soigneur te voit et t'emmène, je ne sais où ?* Mais à présent, il était trop tard pour ces réflexions. C'était la peur qui tentait de prendre le dessus, une tentative qu'il refusait. Ou du moins, il essaya...

Il sauta à l'intérieur de la cage et s'installa sur un rocher noir et froid. La cage de Xoxo était isolée des autres et jouxtait un imposant bâtiment en béton, qui obstruait le soleil, plongeant l'enceinte dans la froideur et l'obscurité. Au lieu d'un parterre moelleux recouvert d'herbe, le sol en terre battue était sale et de petits buissons rabougris remplaçaient les arbres verdoyants.

Et puis il y avait les barreaux. Ni l'enclos de Lili et Lulu ni celui de Bumpa n'en avaient. Mystic comprenait maintenant pourquoi Xoxo se sentait en prison. Quand il regardait à travers, vers les quelques passants, il se sentait loin d'eux, comme s'il ne pouvait être vu, entendu ou touché. Il se sentait isolé du monde qu'il avait connu jusqu'à présent. En dépit d'être avec Xoxo, un sentiment de solitude l'envahit.

Que pourrais-je bien trouver dans cette endroit pour l'aider à ressentir de la joie, se demanda-t-il, un peu effrayé. Il avait été si sûr de lui avant, et maintenant il commençait à douter de lui-même. Comment avait-il pu imaginer pouvoir l'aider, surtout dans un environnement si morose ?

Xoxo bondit sur le rocher à côté de Mystic et atterrit avec un bruit sourd. Il se pencha jusqu'à ce que son museau fût à quelques centimètres du sien. Mystic vit son regard se refléter dans les grands yeux du singe et put y voir sa propre anxiété.

— Alors, content ? demanda Xoxo avec cynisme.

Un frisson lui parcourut la colonne vertébrale. Mystic essaya de le réprimer. Il ne lui fallait pas perdre son sang-froid, pas maintenant.

- 2 -

La compassion de Mystic pour Xoxo avait disparu, laissant place à des pensées horribles quant à ce que le singe pourrait lui infliger s'il le voulait.

Il pourrait me démembrer ! Mystic se sentait pris entre le regard intense de Xoxo et les barreaux qui les entouraient. Ses coussinets commencèrent à transpirer.

Il ferma les yeux et prit une profonde inspiration, comme si son corps agissait par réflexe, se souvenant des moments passés empreints de peur et basculant en mode survie. C'est à ce moment-là qu'il se remémora ce qu'il avait fait lorsque Trembly avait tenté de le coincer dans le tunnel des manchots. Il avait fermé les yeux et réfléchi à un moyen de sortir de cette situation difficile. Et qu'avait-il découvert ?

Tout ce dont j'ai besoin, c'est de faire confiance et de lâcher prise. Ce qui doit arriver arrivera, et ça ne rime à rien de résister ou de lutter. Pour l'instant, rien de mal n'est encore arrivé, mais si je continue à penser négativement, ça pourrait changer ! Je dois lâcher prise. Vas-y. Laisse-toi aller.

Avec cela, il se sentit bien mieux. Cela ne signifiait pas que toutes ses appréhensions avaient disparu, mais il avait confiance que tout se passerait bien, et peu importe comment cela allait se dérouler, il en profiterait. Même si Xoxo essayait de le dévorer tout entier, Mystic irait à sa mort en souriant. Pourquoi gâcherait-il ses derniers moments par la peur s'il en avait le choix ? La sensation de lâcher-prise produisit alors une merveilleuse sensation de calme, et il sourit.

— Tu médites ou quoi ?

Mystic était si détendu que même l'interruption soudaine de Xoxo ne le fit pas sursauter.

— Non, je ne médite pas, dit-il, surpris qu'il n'eût pas peur d'ouvrir les yeux.

Xoxo le regardait, son expression remplie de doute et de questions. Mystic était heureux de constater que Xoxo n'était plus le singe terrifiant qu'il avait imaginé. Ses grands yeux bruns n'étaient pas les yeux effrayants dans lesquels il s'était vu refléter auparavant. Ils étaient ronds et chaleureux, avec de longs cils magnifiques. Même son nez semblait plus doux qu'avant. Ses grandes dents étaient certainement bien réelles, mais elles ne ressemblaient plus à de gigantesques machines à tuer. Ce n'était que des outils que le singe utilisait pour manger et rien de plus.

Mystic sourit à Xoxo qui, par miracle, lui sourit. Ça lui donnait un air un peu bouffon. En réalité il était vraiment mignon, et c'était incroyable de penser qu'il pouvait y avoir une once de méchanceté en lui.

— Alors as-tu découvert un moyen pour nous d'être heureux ? Même dans ce lieu lugubre ? demanda Xoxo.

Mystic regarda autour d'eux. « Lugubre », résumait parfaitement bien la situation.

— J'ai peut-être une idée, dit Mystic lentement, essayant d'organiser ses pensées.

— Eh bien, dis-moi !

— Pendant un instant, j'ai cru que tu voulais me tuer, dit Mystic. Mais tu ne l'as pas fait.

— Comment est-ce censé nous rendre heureux ? Je veux dire... Je vois comment ça peut te faire plaisir...

— Ce n'est pas seulement ça, dit Mystic. C'est quelque chose qui est venu après, quelque chose que j'ai fait à cause de cela.

— Qu'est-ce que c'est ?

— Je m'étais convaincu que j'étais coincé dans une situation horrible. Au début, j'étais juste terrifié, puis...

Mystic s'arrêta, essayant de réfléchir à la manière de dire ce qu'il ressentait pour que Xoxo le comprenne parfaitement.

— Puis ? Puis quoi ? dit Xoxo avec une impatience croissante.

— Puis j'ai cessé de résister à ce qui m'arrivait. Je l'ai pleinement accepté. Même si j'étais convaincu que la mort venait à moi – et je l'étais –, je me suis abandonné à ce qui m'arrivait, sans résister. Je faisais confiance, pensant que ce qui devait arriver arriverait. Et...

Mystic fut momentanément transporté dans la nuit au fond des bois où il avait été certain que les arbres étaient devenus vivants et voulaient le tuer. Il s'était évanoui, et quand il s'était réveillé, il s'était senti totalement en paix avec tout. Quelque chose dans l'acte de se rendre, de ne pas résister à ce qui se passait, lui avait permis de ressentir une joie extraordinaire.

— Et ? dit Xoxo, encore plus fort maintenant.

— Et c'était incroyable comme je me sentais bien ! s'écria Mystic, en regardant Xoxo droit dans les yeux. J'étais si heureux ! J'étais face à la mort, et pourtant j'étais en paix car je n'opposais aucune résistance, je l'acceptais !

— D'accord, dit Xoxo en se grattant la tête. Mais qu'est-ce que cela a à voir avec moi ?

— Tu ne vois pas ?

— Ahhhhhh... pas vraiment...

— Cela signifie que nous pouvons faire la même chose avec ta situation ici ! S'écria Mystic avec enthousiasme. Si nous acceptons pleinement cette prison comme tu l'appelles. Si nous arrêtons de résister à ce que nous ne pouvons pas changer et que nous nous abandonnons entièrement à ce qui est. Eh bien, nous pourrions être heureux ici et maintenant !

Xoxo le regardait fixement, et Mystic n'arrivait pas à déchiffrer ses pensées.

— Alors ? demanda Mystic en souriant. Qu'est-ce que tu en penses ?

— Ça ne tourne pas rond dans ta tête, dit Xoxo fatigué. Crois-tu vraiment qu'en acceptant mon pire cauchemar, je peux être libéré de cet endroit ?

— Non, répondit Mystic avec compassion. Je suis désolé, Xoxo, je ne peux pas te libérer physiquement, mais ce que je peux faire, c'est trouver un moyen pour toi de connaitre plus de joie en étant ici maintenant, et...

— JE NE VEUX PAS ÊTRE HEUREUX ICI! cria Xoxo. Je veux sortir d'ici!

— Je sais, mais...

— Non, tu ne sais pas. Tu ne pourrais même pas imaginer, sinon tu n'aurais jamais osé me dire une chose aussi stupide. Tu m'as manqué de respect et tu m'as blessé.

— Ce n'était pas mon intention, dit Mystic. Je te respecte beaucoup, et je suis tout à fait sincère quand je dis vouloir t'aider. Je ne joue pas avec toi. Je le veux vraiment, et je m'en sens capable.

Xoxo soupira, leva les yeux au ciel et se dirigea vers les buissons d'où il sortait toujours.

Mystic le suivit. — S'il te plaît, Xoxo, Donne-moi au moins une chance d'essayer. Une seule chance.

— Je n'ai aucune envie de participer à tes petits jeux d'esprit. Je ne veux plus être déçu à nouveau lorsque tu me fais miroiter de faux espoirs pour finalement échouer. J'en ai fini avec toi.

Même si le singe ne lui prêtait plus aucun intérêt, Mystic continua de le suivre, essayant de le convaincre qu'il pouvait l'aider à changer sa vie. Il marchait derrière Xoxo et lui racontait tout ce qui s'était passé depuis qu'il avait perdu Bumpa. La seule indication que le singe – maintenant sous son arbuste – écoutait fut quand il se mit à rire alors que Mystic arrivait à la partie où il avait eu peur que Xoxo le mange.

Quand Mystic cessa de parler, il attendit une réponse. Ce qu'il obtint après quelques secondes de silence.

— Mais qu'est-ce que tes expériences ont à voir avec la mienne? S'écria Xoxo. Je ne suis pas effrayé comme tu l'étais. J'ai vu la vraie peur, et elle n'a plus de prise sur moi. Je suis coincé! Je ne peux pas vivre librement comme toi, et je ne peux pas rencontrer des amis incroyables comme toi! Ma vie est un gouffre d'ennui et de solitude!

— Mais tu as un nouvel ami maintenant, dit Mystic doucement. Même si tu m'avais demandé de ne pas revenir t'importuner.

— Cela ne change pas le fait que je ne suis pas libre, grommela Xoxo. Je suis pris au piège, et cela ne peut pas être changé.

— Freedom m'a dit que je ne devais pas confondre la liberté physique avec la liberté mentale.

Mystic n'était pas tout à fait sûr de ce qu'elle avait voulu dire, mais il espérait que Xoxo en comprendrait le sens.

Apparemment ce ne fut pas le cas.

— Eh bien, c'est super ! se moqua Xoxo. C'est sûr que ça va m'aider à sortir d'ici beaucoup plus vite !

Mystic prit une grande inspiration. Il essayait de maintenir ses bonnes émotions, mais cela devenait de plus en plus difficile avec l'attitude négative de Xoxo.

— Écoute, tu peux me croire ou ne pas me croire, sache juste que je vais rester ici avec toi jusqu'à ce que je trouve un moyen de t'aider et je sais qu'il y en a un.

— Fais ce que tu veux, dit Xoxo, mais Mystic crut entendre une note de gratitude dans sa voix. Il y a de la nourriture et de l'eau à l'intérieur si tu veux.

— Bonne nuit, Xoxo.

Xoxo marmonna quelque chose qui aurait pu être bonne nuit, et Mystic s'éloigna de sa cachette pour lui donner un peu d'intimité. Il valait mieux le laisser seul pour le moment.

Après cet entretien avec Xoxo, Mystic n'arriva pas à rester immobile. L'anxiété grandissait en lui. Il faisait les cents pas le long des barreaux, essayant de libérer la tension dans son corps. Mais il savait que c'était son esprit qu'il devait calmer. Il avait besoin de penser positivement.

Je comprends tellement mieux maintenant alors qu'il y a quelques jours encore j'aurai été aussi fâché et confus que Xoxo. Mais en voyant les progrès que j'ai accomplis, je suis convaincu que je peux comprendre le sens de ce que Freedom voulait dire en distinguant la liberté physique et la liberté mentale. Et lorsque j'y parviendrai, je pourrai l'expliquer à Xoxo et je suis sûr que tout ira bien.

Son inquiétude commença à s'estomper, laissant la place à de la joie. Une fois de plus, il n'avait pas laissé l'angoisse prendre le dessus. Au lieu de cela, il avait décidé de faire confiance au fait que tout s'arrangerai. Il était étonnant de voir à quel point cela devenait plus facile à mesure qu'il le pratiquait.

Il n'avait pas encore vraiment faim, mais l'idée d'une collation était séduisante. Il partit alors à la recherche de la nourriture dont Xoxo lui avait parlé.

- 3 -

Mystic trouva une petite ouverture dans un mur de roche à l'arrière de la cage qui était assez grande pour lui permettre de ramper, mais qui aurait été ridiculement petite pour Xoxo. De l'intérieur provenait un mélange d'odeurs de foin sucré, de poussière et de singe.

Il se demandait vraiment pourquoi Xoxo était dans cette cage plutôt que dans un endroit plus grand et plus adéquat pour un animal de sa taille.

Une fois de l'autre côté, il entra dans une petite pièce. Un tas de foin était posé dans un coin. Plus près de lui se trouvait un seau d'eau et de la nourriture éparpillée par terre.

Il s'approcha de la nourriture et fut saisi par une soudaine panique. C'était un mélange de feuilles sèches, de racines, d'écorce de toutes sortes, et rien de tout cela n'était comestible pour lui. Il ne lui était même pas venu à l'esprit qu'il ne pourrait pas rester ici s'il ne pouvait pas se nourrir. Il baissa la tête pour inspecter la nourriture en reniflant. Absolument rien n'était, ne serait-ce qu'un peu, appétissant. Il gratta la surface, en espérant trouver quelque chose de comestible sous la couche supérieure. Parmi les plantes sèches et les vieilles boulettes, il remarqua quelques insectes morts.

— Beurk ! marmonna-t-il. Je déteste les insectes morts.

Il soupira. Il n'avait pas vraiment le choix. S'il quittait la cage de Xoxo, même pour trouver de la nourriture, le singe ne le prendrait jamais au sérieux. Il soutiendrait que Mystic pouvait être heureux parce qu'il avait toujours la liberté d'aller et venir comme bon lui semblait.

Il n'avait pas réellement faim en entrant, mais la perspective de la nourriture avait éveillé en lui une légère appétence. Désormais, il avait besoin de quelque chose pour apaiser son estomac. Avec une expression de dégoût, il se pencha pour croquer tous les insectes qu'il put retirer de la nourriture de Xoxo, les avalant avec répulsion, puis tirant la langue pour se débarrasser du goût.

— Les insectes sont très nutritifs, n'est-ce pas ? dit la voix dans sa tête, et Mystic grimaça de nouveau.

— Oui, même morts.

Il était heureux de ne pas être trop affamé. Le poisson qu'il avait attrapé plus tôt était toujours bien calé dans son ventre. Il termina sa collation et se dirigea ensuite vers l'endroit où il pourrait dormir.

Ce lieu était de taille parfaite pour Mystic. Il se sentait en sécurité et même confortable. Le foin sentait bon, il était doux et semblait des plus accueillants. Il décida de l'essayer, d'autant plus qu'après son en-cas, il avait grand besoin de sommeil. La journée avait été particulièrement longue. Il se glissa dans le foin, créant un tunnel, et il se réchauffa rapidement avec sa chaleur corporelle.

Il commençait à somnoler quand le visage de Xoxo lui apparut à l'esprit. Mystic ressentit de la compassion pour lui. Il se sentit coupable d'être confortablement installé dans le foin, alors que Xoxo dormait par terre sous un buisson à l'extérieur, probablement en train de grelotter.

Il dormirait certainement mieux ici qu'à l'extérieur, même si cela pouvait être un peu étroit.

Il devait au moins tenter de convaincre Xoxo de changer d'avis et de venir dormir ici. C'était peut-être la première étape pour l'aider à changer sa perception. Mystic sortit discrètement de son nid douillet.

— Xoxo ? Murmura-t-il à voix haute alors qu'il s'approchait de la cachette secrète du singe.

Il n'y eu pas de réponse.

Il ne voulait pas trébucher sur lui et l'effrayer, alors il appela de nouveau, un peu plus fort cette fois.

— Xoxo, c'est Mystic. Tu m'entends ?

Il attendit quelques secondes avant d'entendre enfin quelque chose sous le buisson. C'était presque inaudible, mais c'était une réponse.

— Pourquoi ne viens-tu pas dormir au chaud avec moi ? appela Mystic.

— Parce que je ne suis pas un nain comme toi ! Cria soudain Xoxo.

— Je sais que c'est un peu serré, mais une fois que tu es à l'intérieur, ça en vaut la peine ! Le foin sent bon et il y fait chaud. C'est comme être ailleurs qu'ici, je te promets ! Ça te fera oublier les barreaux !

— Non, ça ne marchera pas, dit brusquement Xoxo. Cela me rappellera juste que je suis coincé ici et que je ne suis pas libre. Qui sur terre préférerait être coincé dans un trou à rat au lieu d'être à l'air libre avec de l'espace, des arbres, des feuilles et de l'air frais ?

— Est-ce que dormir sous ce buisson te donne l'impression d'être libre ? demanda Mystic, curieux.

Il n'y avait pas vraiment pensé auparavant, mais il supposait que s'il était dans la même situation, il pourrait se sentir comme Xoxo. Surtout compte tenu de ce que le singe avait vécu.

— Ça ne me donne pas l'impression d'être libre, mais c'est mieux que d'être coincé dans cette petite cellule.

— Je suis désolé de t'avoir dérangé, alors. Je pensais avoir eu une idée qui pourrait t'aider, dit Mystic, déçu.

Il avait cru que ça marcherait, ou du moins que Xoxo y réfléchirai. Mais l'idée lui était venue plus par culpabilité que par joie. *Ce n'est peut-être pas si surprenant après tout.*

— Ce n'est rien, Mystic, dit Xoxo fatigué. Je sais que tu voulais m'aider. Mais tout ce que je veux pour l'instant, c'est dormir.

— D'accord, je comprends.

Avant de partir, Mystic se retourna une fois de plus et dit bonne nuit.

— Bonne nuit, Mystic, dit Xoxo.

Mystic pouvait jurer qu'il avait entendu quelque chose de nouveau dans la voix du singe qui n'était pas là auparavant. Ce n'était pas du bonheur, rien d'aussi extraordinaire, mais il lui semblait qu'il y avait moins de tristesse.

Mystic retraversa le trou dans le mur de roche et alla se pelotonner dans le foin. Il était content que Xoxo ait répondu à sa gentillesse autant qu'il l'avait pu, mais ce n'était pas suffisant. Il savait combien l'humeur du singe était instable, et juste parce qu'il se sentait moins seul maintenant ne signifiait pas que ce sentiment durerait.

Pourquoi ai-je imaginé que je pourrais l'aider ? pensa Mystic en se blottissant de nouveau dans le foin. *J'aurais dû commencer par quelque chose de plus facile, quelque chose qui aurait demandé moins de travail, pour renforcer ma confiance. Cela me rappelle quand je me suis précipité dans les bois ce soir-là et que Trembly est apparu. Je me sentais confiant et en contrôle avec Freedom. Puis je me suis retrouvé seul – et pfft ! Toute ma confiance a disparu.*

Mystic pensait à cela et à quel point il lui serait difficile d'aider Xoxo tant il réagissait négativement à chaque fois qu'il suggérait quelque chose.

Soudain, de l'autre côté de la pièce, il entendit un faible sifflement.

Trembly, pensa-t-il aussitôt. Un frisson parcourut sa colonne vertébrale jusqu'à ce qu'il se souvienne de leur dernière rencontre. Trembly était parti vieux, triste et vaincu. Il n'avait plus rien à craindre de lui. *C'est comme Freedom me l'avait dit. La peur est acceptable tant qu'elle ne me contrôle pas.*

Il se leva, arqua son dos et répliqua en sifflant.

— Je n'ai plus peur de toi ! Cria-t-il avec défiance.

Trembly n'était pas vieux ou malade, et n'était pas gonflé ni imposant non plus. Il semblait normal, comme lors de leur première rencontre.

— Peut-être que tu ne me crains plus, mais tu as encore peur, répondit Trembly d'une voix mielleuse. Et ça ne change rien que tu es peur de moi, ou de toi-même, car au final, cela revient au même, et c'est tout bénéfice pour moi.

Il se mit à rire et fixa Mystic de ses yeux brillants.

— C'est délicieux, siffla-t-il.

— Pourquoi aurais-je peur de moi-même ? demanda Mystic, mais sa voix manquait de conviction, même à ses propres oreilles.

— Parce que tu pensais justement combien il te serait impossible d'aider ce pauvre singe là-bas, dit Trembly avec un sourire cruel.

— Non, je... je...

Mais à quoi servirait-il de le nier ? Trembly, tout comme Freedom, connaissait toujours la vérité.

— Bien sûr que tu doutais, dit Trembly avec ravissement. Et c'est une manière très raisonnable pour toi de penser.

— Je ne doutais pas, dit Mystic à travers ses dents serrées, mais sa confiance commençait à s'éroder.

Trembly regarda Mystic de travers. — Ah non ?

— Non ! Je ne doutais pas que je pouvais le faire, je pensais juste que cela demanderait du travail et prendrait du temps

Ce n'était pas entièrement vrai, mais le regard satisfait et suffisant de Trembly le mettait hors de lui..

— Tu sais, tu peux me mentir et tu peux te mentir, ça m'est bien égal, dit Trembly. Et tu peux essayer de te convaincre que tu seras en mesure de le faire, mais au fond nous connaissons tous les deux la vérité. Tu es plein de doute, et ce singe est condamné. Tu ne pourras jamais l'aider. Il est trop abîmé, et il ne t'écoutera jamais. Comment le pourrait-il ? Tu es libre. Et même si par miracle il t'écoutait, tu ne sais même pas ce que tu ferais. Tu le rendrais probablement encore plus triste et dépressif qu'il ne l'est déjà. Tu n'es pas Freedom, et tu ne le seras jamais.

— Arrête ! cria Mystic. Je ne te laisserai pas me tirer vers le bas ! Je ne te crois pas ! Certainement pas !

Il se laissa tomber dans le foin et mit ses pattes sur ses oreilles. Il ne voulait pas entendre un mot de plus venant de cette méchante créature.

Mais cela n'y changea rien. Trembly rit de son rire horrible et se mit à parler dans l'esprit de Mystic. La sensation était répugnante, comme si les mots de Trembly étaient de l'huile dégoulinante et s'incrustant dans chaque repli de son cerveau. Mystic ressentait chaque émotion négative attachée à ces mots.

— Tu es faible, murmura Trembly, la voix dangereusement suave. Tu ne réussiras pas, c'est une tâche impossible, et tu n'es pas assez fort pour la gérer. Tu n'as pas la connaissance et le savoir-faire qu'a Freedom. Tu n'es rien, tu es insignifiant.

Mystic fut écrasé par les mots de Trembly. Il était conscient que ces paroles n'étaient que l'expression de sa propre peur, que leur réalité était conditionnée par sa propre acceptation, mais sa résistance s'amenuisait. À chaque mot, son corps et son esprit se soumettaient, jusqu'à ce qu'il finisse par les intégrer comme une vérité incontestable.

— Je te l'avais bien dit ! Trembly prit une profonde inspiration et frémit de plaisir. C'est merveilleux d'être en vie grâce à toi et de puiser mon souffle à travers ta peur et ton doute !

Mystic savait que la seule façon de le combattre était de l'ignorer, de recentrer son énergie sur quelque chose de positif. Mais toute son énergie était captivée par le chat roux. À peine pouvait-il relever la tête pour regarder Trembly qui se tenait devant lui.

— On est un peu déprimé, n'est-ce pas ? Ricana Trembly. C'est très bien d'être déprimé, Mystic. Comme on dit, il n'y a que la vérité qui blesse. Je suis simplement honnête avec toi, donc ce serait absurde de ne pas l'être en retour.

Mystic essaya de ne pas l'écouter et de comprendre plutôt pourquoi il se sentait si faible, mais c'était difficile. *Pourquoi est-ce que je n'y arrive plus ? J'ai réussi à le faire dans le tunnel à l'extérieur de l'enclos des manchots alors que j'avais bien plus peur que maintenant et je l'ai anéanti. Pourquoi est-ce que je n'y arrive pas maintenant alors que je le désir tant ?*

— Vouloir et agir ne sont pas la même chose, n'est-ce pas ? dit Trembly. Il y a ceux qui veulent, comme toi, et ils voudront toujours, vouloir, vouloir, vouloir encore et encore. Et puis... il y a ceux qui agissent et prennent le contrôle. Mais ce n'est pas toi, Mystic. Tu sais, il n'y a rien de mal à être qui tu es au plus profond de toi.

Il éclata de rire.

Mystic détestait Trembly. Toutes les choses dégradantes qu'il disait, toute la douleur qu'il lui infligeait étaient insupportables. Et pourtant, Mystic se demandait pourquoi il lui était si facile de le croire. Pourquoi les acceptait-il comme vérité simplement parce que Trembly les disait ? Il savait pourtant comment ne pas se laisser prendre à son piège. Il avait même prouvé qu'il pouvait le faire, au moins une fois, alors pourquoi était-ce si difficile ?

S'il ne voulait pas se réveiller en se sentant comme un zombie demain matin, il devait détourner son attention rapidement vers un autre sujet. Il lui fallait créer une nouvelle émotion pour générer un sentiment positif en opposition totale à toutes les horreurs que Trembly lui racontait. C'était le seul moyen.

Mystic enfonça sa tête dans le foin et réfléchit.

– 4 –

Le foin était chaud et dégageait toujours ce parfum agréable depuis la première fois ou il s'y était blotti. Mystic prit une profonde respiration essayant d'ignorer Trembly.

J'ai besoin de trouver un moyen de me sentir bien. J'ai besoin de trouver un moyen !

Il répéta cela encore et encore comme un mantra, tout en sentant le foin. À un moment donné, sans s'en rendre compte, il commença à le pétrir entre ses coussinets tout en respirant. La sensation évoqua un souvenir agréable d'un été pas si lointain où lui et Sarah avaient joué ensemble dans un champ de foin non loin de la maison. C'était une journée merveilleuse, et le foin sentait aussi bon que cela. Peut-être même plus encore.

J'adore ça, pensa-t-il. *J'adore l'odeur et la sensation – j'adore ça !* C'était comme s'il revivait cet après-midi avec Sarah. Il se rendit compte qu'il commençait à se sentir mieux. Il respirait même plus facilement.

Et petit à petit, l'emprise de Trembly sur son esprit et son corps se relâcha comme une crampe qui se détend. Un sentiment de calme remplit l'espace désormais libre. Mystic fut envahi par la certitude que tout était de nouveau en ordre. Sa confiance revint.

Avant que cette sensation de bien-être ne puisse se dissiper, Il souleva intuitivement la tête et fit face au chat roux.

— Tes paroles ne m'atteignent pas, dit-il.

C'était comme si quelqu'un d'autre parlait à travers lui, quelqu'un de puissant. Il ne s'inquiétait pas des mots qui sortaient de sa bouche. Au contraire, il les laissait venir, certain que chacun d'eux était un couteau finement affûté et lancé directement contre le pouvoir de Trembly.

— Tu as raison, je ne peux rien faire pour Xoxo. Et sais-tu pourquoi ? Parce que seul Xoxo peut vraiment s'aider lui-même. Tout ce que je peux faire, c'est continuer à me sentir bien, lui montrer qu'il est possible de se sentir mieux, renoncer au besoin de le changer et voir ce qui se passe.

Mystic s'arrêta pour savourer le moment et l'euphorie qu'il ressentait. Il ne pouvait pas savoir comment Trembly réagissait à cela, et ne s'en souciait pas. C'était juste un détail insignifiant. La seule chose qui comptait, c'était les paroles s'échappant de lui comme un message divin.

— Tout ce que Xoxo choisit de faire et de croire n'a aucun impact sur mon bonheur. Ce n'est pas mon rôle d'essayer de le changer. C'est le sien. Je ne peux que lui offrir de l'aide, s'il décide qu'il en a besoin.

Les mots sonnaient étonnamment juste. Mystic jubilait intérieurement. *C'est vraiment génial ! J'aime être responsable uniquement de moi et de mon propre bonheur dans cette vie !*

Et les mots continuaient à déferler.

— Si j'atteins mon objectif et reste heureux quelle que soit la situation, cela inspirera Xoxo à au moins essayer et peut-être même à réussir. Et alors il pourra découvrir son bonheur plus facilement.

— Ce ne sera pas aussi facile que ça.

La voix de Trembly n'était pas aussi puissante qu'elle l'avait été, mais elle était encore assez forte.

— Il m'est plus difficile de t'atteindre directement, mais je peux encore hanter Xoxo au point qu'il ne trouvera jamais le bonheur. Il sera aveugle au tien et ne verra que de fausses attitudes et manipulations. Je veillerai à cela. Il ne croira jamais pouvoir faire ce que tu fais. Il sera déprimé et seul pour toujours.

Les paroles de Trembly étaient inquiétantes. C'était incroyable la force qu'il déployait pour maintenir son emprise sur Mystic, et maintenant sur Xoxo. Il lui faudra rester sur ses gardes et continuer à pratiquer son pouvoir pour rester concentré. Il avait personnellement déjà expérimenté comment la peur pouvait facilement écraser toutes les sensations d'espoir et d'enthousiasme. Il voulait renforcer sa détermination contre elle, comme Freedom l'avait fait. Trembly serait toujours à l'affut pour exploiter sa moindre faiblesse.

Mais ces pensées le conduisaient sur un chemin imprégné de désespoir. Il les stoppa immédiatement. Il n'avait rien à prouver à personne, ni à Freedom, ni à Trembly, ni même à lui-même, il voulait juste se sentir bien.

Trembly le fixait toujours comme s'il attendait une autre objection, mais Mystic reçut un autre éclair d'intuition. Plutôt que de donner à Trembly la querelle qu'il voulait, il décida d'écouter ce que lui dictait sa voix intérieure.

Il s'enfonça plus profondément dans le tas de foin jusqu'à ce qu'il trouve un endroit confortable, alors il se mit en boule et ferma les yeux. La seule chose à laquelle il voulait penser à présent était le confort qui l'enveloppait et les doux souvenirs qui inondaient son esprit à chaque inspiration.

Très rapidement Mystic se sentit en paix et commença à s'endormir. Il ne pensa ni à la présence de Trembly ni à la manière dont il aiderait Xoxo à atteindre son bonheur. Il se contenta de respirer profondément, savourant les odeurs et le confort qu'il avait trouvés en cet instant. Il s'endormit.

- 5 -

Quand Mystic se réveilla, c'était le matin. Un faible rayon de lumière filtrait à travers le trou à l'avant de l'endroit où il s'était installé pour dormir, mais il n'ouvrit pas encore les yeux. Il se sentait enveloppé d'une merveilleuse sensation de liberté, en grande partie due à la gratitude envers son intuition, qui l'avait tant aidé la nuit précédente.

Lorsqu'il ouvrit les yeux sur la pièce sombre, il vérifia si Trembly était toujours là, mais comme il l'avait anticipé, le chat roux avait encore une fois disparu.

Il se leva et s'étira, excité à l'idée de cette nouvelle journée qui s'offrait à lui. C'était comme une toile vierge, prête à être peinte, et il ne se fixa aucun objectif pour ne pas gâcher cette journée, à part celui de se sentir bien pour lui-même.

Et ce sera suffisamment difficile ! Pensa-t-il joyeusement.

Mystic descendit du tas de foin et se dirigea vers la nourriture éparpillée sur le sol pour voir si quelque chose de nouveau avait été déposé pendant la nuit. C'était la même nourriture déjà grignotée de la veille. Ne trouvant rien à son goût et n'étant pas encore désespéré au point de manger des brindilles, il sortit.

La première chose qu'il vit fut Xoxo et Trembly qui parlaient dans le coin le plus éloigné de la cage. Son ventre se resserra un moment, mais il se rappela qu'il n'y avait rien à craindre. Rien ne s'était encore passé, et peut-être que Xoxo n'écoutait même pas les paroles empoisonnés du chat roux.

Trembly lança à Mystic un sourire provocateur, puis se retourna pour murmurer quelque chose à Xoxo. Ensuite, d'un bond, il franchit les barreaux de la cage disparaissant dans la végétation dense de l'autre côté.

Mystic l'ignora et se dirigea vers Xoxo, qui était assis, les bras croisés sur la poitrine, l'air encore plus triste que la veille.

— Bonjour, Xoxo, dit-il. Merci de m'avoir laisser utiliser ton lit. C'était l'une des meilleures nuits de sommeil depuis que je suis parti de chez moi.

Xoxo ne dit rien et haussa les épaules.

— J'ai aussi eu le repas le plus dégoûtant de toute ma vie ! Mystic rit en se souvenant du goût des coléoptères séchés sur sa langue. Les insectes morts c'est plutôt répugnant.

— Si tu savais que tu devais manger ça tous les jours pour le reste de ta vie, tu ne rirais pas, répondit Xoxo.

— Oui, tu as raison. Alors pourquoi n'essayons-nous pas d'en chasser des vivants aujourd'hui ?

— Il n'y a pas d'insectes ici, déclara Xoxo désintéressé.

Xoxo était libre de réagir comme il le souhaitait et Mystic ne voulait pas lui imposer ni ses pensées ni ses croyances. S'il voulait être négatif, c'était son choix. Mystic haussa les épaules — D'accord.

— D'accord ? demanda Xoxo, la voix plus tranchante qu'auparavant. Qu'est-ce que tu veux dire par « d'accord » ?

— Juste d'accord. Que veux-tu que je dise ?

— Dis que c'est terrible ! cria Xoxo. Dis que c'est triste et que tu me plains !

— Je ne vais pas faire ça, car cela ne me fait pas du bien, expliqua Mystic. De même, essayer de te forcer à adopter mes croyances ne m'apporterait aucun plaisir. Donc, je choisis de te laisser être comme tu le désires.

Xoxo secoua la tête.

— J'ai eu raison à propos de toi hier. Tu es fou !

Mystic sourit.

— En fait, je le suis et j'adore ça.

Xoxo le regarda un instant comme s'il n'était pas sûr de ce qui n'allait pas chez lui.

— Comment peux-tu être aussi joyeux comme ça ? grogna-t-il finalement.

Mystic ne pouvait pas le croire. Le simple fait d'arrêter d'essayer de convaincre Xoxo de ce qu'il devait faire portait déjà ses fruits, résonnant en lui d'une certaine manière. Cette réalisation lui donna une idée.

— Il y a quelque temps, Freedom m'a appris une astuce pour orienter mes pensées, et ça pourrait t'aider, dit-il. Elle m'a expliqué que pour être heureux, tu dois trouver toutes les raisons possibles pour déclencher et ressentir un sentiment de bien-être en toi. Et si tu t'exerces à le faire régulièrement et avant même que tu t'en rendes compte, cela deviendra naturel, comme un reflex. Mais pour ça il faut que tu t'entraines.

Mystic était conscient que cette idée l'aurait révolté il y a seulement quelques jours, mais il ne s'inquiétait plus de la réaction de Xoxo. En fait, il décida de partager ses sentiments avec le singe pour lui faire comprendre qu'il était normal de ressentir ce qu'il vivait.

— Au début, son conseil m'a mis en colère, mais après un certain temps, je l'ai écoutée... J'ai suivi ce qu'elle a suggéré, et ça a fonctionné ! Grâce à ses conseils, maintenant, je fais, je dis, je pense et je me concentre uniquement sur les choses qui me font du bien.

— Mais tu ne peux pas toujours faire ce que tu veux ! cria Xoxo. Penses-tu que je serais enfermé ici dans cette prison si je pouvais simplement choisir de faire que ce qui me fait me sentir bien ?

— Bien sûr que non.

— Tu vois ? dit Xoxo. Si tu étais à ma place, tu ne serais pas heureux.

— Xoxo, je suis à ta place, et je suis heureux.

— Ce n'est pas la même chose ! cria Xoxo. Tu viens d'arriver, et tu peux partir quand tu veux ! Je ne pourrai jamais quitter cet endroit, alors ne me dis pas que c'est pareil !

— Tu crois et penses ce que tu veux, Xoxo, dit Mystic gentiment. Je ne peux rien croire ni penser pour toi.

— Mais je pensais que tu allais m'aider, dit Xoxo.

— Je ne peux pas t'aider à changer les limites que tu as fixées dans ton esprit. Mon rôle est de trouver le bonheur pour moi-même et de dépasser mes propres limites. Tu es le bienvenu pour m'accompagner sur ce chemin, et peut-être en retireras-tu les outils nécessaires pour le faire toi-même. Mais, je ne te suivrai pas sur la voie de la négativité que tu as choisie.

Mystic fut surpris par ses paroles. Il sonnait comme Freedom et il se rendait compte qu'encore une fois, son intuition parlait. Mais au lieu de la puissance brute et protectrice qu'il avait utilisée avec Trembly, elle était maintenant raisonnable et calme.

— Je peux t'inspirer à accomplir de grandes choses, expliqua Mystic. C'est comme ça que je peux t'aider.

— Donc, si tu as besoin de chercher le bonheur, tu vas me quitter alors, dit Xoxo. Personne ne peut être heureux dans cet endroit.

— Non, je ne te quitte pas, dit Mystic. Il y a un moyen d'être heureux ici, et nous pouvons le trouver ensemble. Tu dois juste croire que c'est possible.

Xoxo semblait hésitant, mais légèrement optimiste, et Mystic lui en était reconnaissant. C'était comme si tout ce que Trembly avait déversé dans l'esprit de Xoxo commençait à se dissiper, comme si l'état de calme paisible de Mystic était plus puissant que le méprisable programme de Trembly. Cela lui rappelait le pouvoir de Freedom qui n'avait eu qu'à poser sa patte sur le museau de Trembly pour le vaincre. Mystic se demandait s'il commençait à acquérir cette même puissance lorsqu'une vague de honte submergea son esprit.

Comment puis-je imaginer être quelqu'un comme Freedom ! Il haussa les épaules. *Elle est si parfaite, si belle, si intelligente, si agile...*

Mystic ne pouvait se permettre de céder à de telles pensées. Cela ne ferait que raviver la douleur et donner à Trembly le pouvoir de l'attaquer à nouveau. Il devait persévérer dans son bien-être, et de telles pensées ne le conduiraient pas sur la bonne voie !

Le pouvoir du lâcher-prise

- 1 -

Si Mystic voulait être heureux, il ne devait pas être dur avec lui-même. Après tout, même s'il n'était pas aussi puissant que Freedom, il avait vaincu Trembly hier, et Xoxo semblait vouloir l'écouter, plus que le chat roux.

Pourquoi n'aurais-je pas le droit d'imaginer que je suis en train d'acquérir le même pouvoir que Freedom ? Oui... pourquoi pas ?

Enthousiaste, il se mit à sauter de joie quand il remarqua que Xoxo le regardait, perplexe.

— OK ! dit Mystic en se calmant. Allons voir s'ils ont mis de la nourriture fraiche.

— Je déteste manger, dit Xoxo.

— Vraiment ? Pourquoi ?

— Parce que j'ai horreur d'aller là-bas, dit Xoxo, montrant du doigt la zone rocheuse où Mystic avait passé la nuit.

— D'accord, dit Mystic. Mais tu ne détestes pas manger, si ? C'est juste l'endroit.

— Je suppose.

— Attends ici une seconde, dit Mystic en levant une patte. J'ai une idée.

Il courut au mur de roche et disparut dans son ouverture. De nouveaux aliments étaient éparpillés sur le sol. L'odeur était désagréable.

— Beurk, dit-il avec un sourire. Nourriture de singe.

Pendant un instant, sa brillante idée faiblit. Il voulait apporter la nourriture à Xoxo pour lui montrer qu'il n'avait aucune obligation à la manger là où elle avait été déposée. Dans son esprit, tout avait semblé très simple. Cependant, maintenant, confronté à la nourriture sans pouvoir la ramasser ni la porter avec ses pattes, il réalisa que cela serait beaucoup plus compliqué que prévu.

Mais dès qu'il eut cette pensée, son ventre se resserra, comme si ce mot « compliqué » avait provoqué cette réaction.

Est-ce vraiment possible ? Un mot peut-il si rapidement faire autant de dégâts ? Mystic avait utilisé ce mot à de nombreuses reprises dans le passé quand tout lui semblait difficile, et il n'avait jamais réagi de la sorte. Maintenant, cependant, avec son nouvel état d'esprit, ce mot lui paraissait porter plus de poids et de négativité.

Mystic sourit. Son attitude avait tellement changé que même les mots négatifs devenaient tabous. Sa compréhension de la sagesse de Freedom était bien meilleur aujourd'hui et il avait envie de crier de joie.

J'ai trop de la chance ! d'avoir une amie comme Freedom ! Et tout ça grâce au départ de Bumpa !

Ses pensées se figèrent instantanément. Comment le départ de Bumpa pouvait-il être une bénédiction ? L'idée qu'un évènement aussi bouleversant pût être autre chose que tragique était choquante.

Il secoua la tête. *Non, non, ce n'est pas possible.* Il décida immédiatement de repousser cette idée et de se concentrer sur le projet à venir : comment transporter la nourriture dehors. Mais d'abord, il devait ne plus qualifier le processus avec ce mot écrasant, « compliqué ». Alors qu'il essayait de trouver une autre manière de l'exprimer, amusé par les idées qui lui passaient par la tête, il trouva une formulation qui lui semblait parfaite.

— Je suis sûr qu'il y a un moyen, j'ai juste besoin de le trouver.

Il se mit à rire, car cette soudaine ouverture d'esprit lui apporta immédiatement un sentiment de bien-être. Cette nouvelle découverte était aussi excitante que les précédentes, et il se réjouissait à l'idée d'être plus conscient des mots qu'il choisirait à l'avenir. Une fois qu'il cessa de qualifier la situation de "compliquée", une image lui vint à l'esprit. Il vit les mains de Xoxo avec ses doigts agiles.

— Bien sûr ! dit Mystic en sautant. C'est si évident !

Il était surpris de ne pas y avoir pensé plus tôt, mais ne se laissa pas décourager. Il avait réussi !

Il balaya les graines, les plantes, les racines et les insectes en un petit monticule devant lui et l'examina. Cela fera parfaitement l'affaire.

Mystic retourna rapidement dehors vers Xoxo, qui n'avait pas bougé d'un poil.

— Viens avec moi, dit-il essoufflé.

— Où ? demanda Xoxo, méfiant.

— À l'intérieur ! Viens m'aider à porter les aliments.

Xoxo regarda les rochers puis Mystic, mais ne bougea pas.

— Écoute, qu'est-ce que tu veux vraiment de la vie ? demanda Mystic.

— Je veux être libre, tu le sais.

— Pourquoi veux-tu être libre ?

Xoxo leva les yeux au ciel.

— Enfin, c'est évident, non ?

— Dis-moi quand même.

Mystic riait un peu car il se souvenait s'être mis en colère contre Freedom quand elle l'avait taquiné de la même manière.

— Parce que je veux pouvoir faire tout ce que je veux ! cria Xoxo. Je veux courir, sauter, rencontrer des amis, manger sous le ciel et pas dans cette cellule en béton !

— Et pourquoi veux-tu toutes ces choses ?

— Pourquoi me poses-tu toutes ces questions stupides ? cria Xoxo. Tu crois que j'ai besoin d'une raison pour vouloir tout ça ?

— Non, tu n'as pas besoin d'une raison, et tu n'as pas besoin de te justifier. Mais si tu veux faire quelque chose, c'est parce que ça t'apporte autre chose en retour, n'est-ce pas ?

— Non, ça ne m'apporte rien. Je fais des choses parce que je veux les faire, c'est tout. Parce que ça fait du bien !

Mystic sourit à Xoxo, satisfait.

— Quoi ? Qu'est-ce qu'il y a maintenant ?

Mystic se pencha.

— Tu le fais parce que cela te procure du plaisir, murmura-t-il triomphalement. Et tu sais quoi ? C'est la meilleure raison de faire quelque chose ! Aucune autre raison au monde n'est meilleure que celle-ci !

— Je suppose que oui, dit Xoxo, mais Mystic s'aperçut qu'il n'était pas encore tout à fait convaincu.

— Alors, si tout ce que tu veux faire, tu le fais parce que cela te procure du bien-être, c'est donc la seule chose qui te manque ici, enfermé dans ta cage. Alors, pourquoi ne décides-tu pas simplement d'être heureux ? De te sentir bien maintenant, sans autre raison que parce que tu le peux ?

Xoxo avait le regard fixe et ne disait rien. Il avait l'air de comprendre les paroles de Mystic, ce qui donnait envie à Mystic de sauter de joie, mais au lieu de cela, il termina son raisonnement.

— Pourquoi devrais-tu décider d'attendre et de retarder ton bonheur alors que le choix t'appartient ? Tu ne peux pas changer ton environnement, et si tu attends que celui-ci change pour ressentir du bonheur, alors tu pourrais ne jamais être heureux. Mais ton esprit, la façon dont tu perçois ton environnement peut être changé – et ce, dès maintenant !

Mystic ne voulait pas argumenter ni essayer de convaincre Xoxo – il lui avait donné l'information et c'était à lui de décider ce qu'il voulait en faire. Pour éviter tout quiproquo, il lui tourna le dos et se dirigea ou se trouvait la nourriture.

— Allez, viens ! Appela Mystic par-dessus son épaule.

Xoxo se mit à crier, détaillant les raisons pour lesquelles Mystic avait tort et pourquoi cela ne fonctionnerait pas, mais Mystic l'ignora. Il n'allait pas s'épuiser à essayer de le convaincre.

Puis, alors que Mystic grimpait à travers le trou, il entendit des pas qui se précipitaient derrière lui.

— Je ne viens pas parce que je te crois ! rappela Xoxo en courant. C'est juste que je ne veux pas que Trembly revienne pendant que je suis tout seul.

Mystic n'était pas dupe du spectacle de bravade de Xoxo (il put entendre dans sa voix que Xoxo voulait en savoir plus), alors il continua à avancer s'engageant à travers le trou dans la zone où se trouvait la nourriture. Xoxo arriva un moment plus tard, se faufilant à travers l'ouverture étroite plus facilement que Mystic ne l'aurait imaginé.

Mystic s'approcha du tas de nourriture et pencha la tête.

— Prends une poignée, dit-il.

— Quoi, c'est tout ?

— Oui, c'est tout, dit Mystic. Tu as des mains avec des doigts agiles, et je n'en ai pas, donc si nous voulons manger dehors dans une atmosphère plus agréable, tu dois la porter pour nous.

Il sourit alors que Xoxo plongeait ses mains dans le monticule pour saisir aisément une énorme poignée. Il se faufila à travers le trou et fit encore deux allers-retours avant que toute la nourriture soit à l'extérieur.

— Voila! S'exclama Mystic, bondissant sur le sol et éparpillant le tas de nourriture de sa patte afin de trouver quelque chose de comestible. Tu peux manger dehors au lieu de le faire dans cette cellule!

Xoxo regarda autour de lui, stupéfait.

— Wouah, murmura-t-il.

— Wouah, beurk plutôt! dit Mystic alors qu'il continuait à trier la nourriture avec sa patte. Je pense que ce sont les mêmes insectes morts que j'ai mangés hier.

— C'était si simple, dit Xoxo, stupéfait. Je me focalisais tellement sur ma condition dans cette cage, sur le fait d'être emprisonné que j'étais dans l'incapacité de voir que je pouvais au moins faire ça pour me rendre la vie un peu plus agréable.

— Nous faisons tous cela parfois. Mystic espérait que le singe ne se blâmerait pas trop pour avoir manqué quelque chose qui semblait maintenant si évident.

— Et si je peux changer ça, peut-être qu'il y a d'autres choses que je peux changer aussi. Peut-être... Xoxo hésita un instant, comme s'il avait peur de dire ce qu'il avait en tête. Peut-être que je peux avoir une vie plus heureuse... même ici

Mystic hocha la tête avec enthousiasme.

— Merci, chuchota Xoxo, regardant autour de lui comme pour la première fois.

— Avec plaisir, dit Mystic.

- 2 -

Xoxo mangeait et mâchait sa nourriture avec une apparente joie, regardant autour de lui, incrédule. Mystic l'observait avec grand plaisir. En même temps, il ne ressentait aucun enthousiasme à la vue les insectes séchés que Xoxo avait choisis et mis de côté pour lui. Son estomac grognait fort, il avait besoin de manger. Mais il voulait quelque chose de bon, pas de vieux insectes secs. Il voulait de la nourriture humide que Jane ou Pete achetait parfois pour lui. C'était juteux, fondant sur la langue avec une odeur merveilleuse et un délicieux goût de poisson.

Mystic commençait à baver. Son estomac s'agitait et grognait.

C'est de la torture ! Pourquoi je me focalise sur ce que je n'ai pas, comme Xoxo le faisait ? Mais mon estomac me fait mal ! Comment puis-je l'ignorer ? Sa bonne humeur commençait à vaciller, et il ne voulait pas que Xoxo le remarque.

Xoxo pointa les insectes.

— Je les ai sauvés pour toi, dit-il entre deux mastications.

— Ah ! dit Mystic en feignant la surprise. C'est si gentil de ta part !

Il s'approcha du tas avec une grimace de dégoût qu'il essaya de cacher, et avala les insectes sans aucun plaisir, sans même les déguster. Son estomac se plaignait toujours. Il avait encore besoin de manger quelque chose de plus, mais quoi ?

— Ce n'était pas assez, n'est-ce pas ? dit Xoxo comme s'il lisait dans les pensées de Mystic.

Mystic sourit.

— Et c'était dégoûtant.

Xoxo éclata de rire.

— On dirait que tu vis entièrement l'expérience d'être moi maintenant.

Le rire du singe surprit Mystic. C'était la première fois qu'il l'entendait rire, et cela transformait Xoxo en un animal plus doux. Il ne fut pas contrarié que Xoxo se moque un peu de lui. Au contraire, il voulait partager sa bonne humeur.

— Je suis content de pouvoir te faire rire, dit-il.

— Je ne pouvais pas m'en empêcher : tu as une aile d'insecte coincée entre tes dents de devant.

Mystic frotta ses dents contre la fourrure de sa patte avant et remarqua qu'il se sentait mieux maintenant que tout à l'heure. Étonnamment, en recentrant son attention sur le rire et la bonne humeur de Xoxo, la douleur à l'estomac avait disparu. *Même la douleur peut être diminuée si on l'ignore,* pensa-t-il avec émerveillement.

Il expliqua à Xoxo qu'il se sentait mieux et pourquoi.

— Vraiment ? dit Xoxo. Crois-tu vraiment que ta pensée peut changer les réactions de ton corps ?

Mystic se souvint d'avoir pensé à la nourriture humide en conserve et de s'être mis à baver.

— Oui, absolument, c'est possible ! dit-il avec une énergie et un enthousiasme renouvelés.

Il avait eu une autre idée, et voulait la partager.

— Ferme les yeux, dit-il à Xoxo.

— Quoi ? Pourquoi ?

— Nous allons essayer quelque chose, dit Mystic, excité.

— Pourquoi ne serait-tu pas celui qui doit fermer les yeux ? dit Xoxo, d'un ton plutôt méfiant.

Mystic pouvait comprendre pourquoi le singe pouvait ne pas aimer les expériences et les surprises. Mais ce qu'il voulait faire n'était pas dangereux du tout.

— Parce que j'ai déjà essayé cette expérience et avant de pouvoir arriver à une conclusion, je dois m'assurer que ça marche pour toi aussi.

— Est-ce que ça va faire mal ? demanda Xoxo avec une petite voix très différente de sa voix habituelle.

— Je ne te ferai jamais de mal, dit doucement Mystic.

— Aurais-tu oublié mon histoire ? Je te l'ai raconté quand tu es venu ici avec Trembly.

— Je me souviens seulement de certains passages, dit Mystic. Le jour où tu m'as dit…

— Tu es entré en état de choc, conclut Xoxo à sa place. Je pensais bien que tu te rappellerais. Ce jour-là, tu es parti en courant et en hurlant comme si ta queue était en feu.

— Je suis désolé, je ne me souviens pas, et je préfèrerais ne pas l'entendre à nouveau si ça ne te dérange pas.

— C'est bon, répondit Xoxo. En fait, j'aimais beaucoup parler de mon horrible histoire. J'avais l'impression d'être quelqu'un d'important, mais aujourd'hui je me rends compte que chaque fois que je la raconte, je la revis, et ça m'enlève un morceau de vie à chaque fois.

— Alors, ça ne te dérange pas si on n'en parle pas, même si je ne connais pas toute ton histoire ?

— Eh bien, ça me dérange un peu. Mais je vais essayer de l'accepter. J'aimerais voir ce que ça change.

— Merci, murmura Mystic, soulagé. Tu es drôlement courageux, tu sais ? Et tu es quelqu'un qui apprend très vite, beaucoup plus vite que moi. Je t'admire.

— Vraiment ?

— Oui.

Xoxo semblait stupéfait.

— Waouh ! J'avais l'habitude de raconter mon histoire pour tenter d'impressionner les autres, afin de me sentir important, mais je viens de t'impressionner en ne la racontant pas.

— Oui, tu l'as fait !

— Waouh, murmura Xoxo de nouveau. Je pensais que j'étais un héros parce que j'avais souffert – que je devais souffrir pour avoir de l'importance.

— Oui, tu as souffert, et personne ne peut le nier, dit Mystic. Mais ce n'est pas pour ça que tu es un héros. Tu es un héros parce que tu es prêt à surmonter cette souffrance et à essayer d'être heureux malgré cela. Tu viens de faire un pas en avant incroyable. Je suis vraiment admiratif.

Mystic avait du mal à croire ce qu'il venait de dire. C'était à nouveau son intuition qui s'exprimait à travers lui. Un sentiment de joie l'envahissait, et en fixant les yeux brillants et humides de Xoxo, il comprenait que le singe avait été touché par ses paroles. C'était une autre sorte de pouvoir qu'il possédait en lui. Pas le pouvoir d'influencer ou de dominer, mais celui d'apporter la paix et la bienveillance. C'était simple et extraordinaire à la fois.

Il voulait perfectionner ce pouvoir d'utiliser son intuition. Il savait comment le faire. Il devait renoncer à son besoin de contrôle et faire confiance : son intuition viendrait toujours quand il en aurait besoin. Et il semblait qu'en aidant Xoxo, il avait amélioré ses capacités à le faire – comme si en étant là pour Xoxo, il s'était aidé lui-même.

– 3 –

Mystic secoua la tête pour éclaircir ses pensées.

— Alors, dit-il On le fait ce test ou non ?

Xoxo souffla désabusé.

— D'accord, dit-il. Mais est-ce que je dois vraiment fermer les yeux ?

— Eh bien, Je suppose que non. Mais ce serait mieux.

Xoxo sembla réfléchir un instant avant de finalement céder.

— D'accord, mais si tu me fais peur, je les rouvrirais immédiatement.

— C'est d'accord.

Mystic demanda à Xoxo de s'installer sur un gros rocher plat qui serait plus confortable que le sol et de fermer les yeux quand il serait prêt.

Une fois Xoxo détendu, les yeux fermés, Mystic commença.

— Imagine l'endroit où tu aimerais être quand tu seras libre, dit-il.

— Je ne sais pas ce que c'est d'être libre, avoua Xoxo, embarrassé. Je suis né dans une cage avec d'autres macaques comme moi. Nous étions tous amis, et...

— D'accord, d'accord, interrompit Mystic.

Espérant empêcher Xoxo de s'enfoncer trop profondément dans son passé douloureux. Cela gâcherait le test s'il était triste et déprimé.

— Où choisirais-tu d'être si tu n'étais pas ici dans cette cage ?

— Je serais avec d'autres macaques, comme j'étais quand j'étais plus jeune, répondit-il. C'était le meilleur moment de ma vie. Nous étions tous heureux ensemble. C'était avant qu'ils nous prennent et nous séparent. Avant qu'ils...

— D'accord, dit Mystic.

Xoxo semblait être pris dans un tourbillon de souvenirs douloureux, et Mystic devait être vigilant.

— Repense à tes amis, dit-il.

— C'était tellement incroyable, dit Xoxo, ses traits s'adoucissant. Nous aimions sauter, plaisanter et jouer. Il y avait beaucoup de joie.

Mystic remarqua un léger sourire apparaitre sur les lèvres du singe et lui demanda :

— Peux-tu ressentir cette émotion en ce moment ?

— Oui ! En fait, je peux ! C'est incroyable !

— Je sais.

Mystic sourit. La première étape avait été un succès. Il savait que penser à un événement passé faisait souvent ressurgir les émotions qui y étaient associées. Mais aujourd'hui, il voulait essayer quelque chose de nouveau. Il voulait voir si la même chose pouvait être vraie avec un événement qui n'avait pas encore eu lieu. Quelque chose de totalement imaginaire.

Choisissant ses mots avec précaution,

— Alors, tu as dit que lorsque tu sortiras d'ici, tu aimerais retourner dans un endroit comme celui où tu étais avant, avec d'autres macaques comme toi, et être ami avec eux, non ?

— J'adorerais ça, répondit Xoxo avec un brin de nostalgie.

— Peux-tu l'imaginer ? Peux-tu le visualiser ?

— Je peux essayer, dit Xoxo, et Mystic fut de nouveau surpris par la bonne volonté du singe.

— D'accord, imagine-le, visualise à quoi cela ressemblerait, puis arrête quand tu te sentiras prêt et raconte-moi ce qui s'est passé."

— D'accord, je vais essayer.

Mystic garda le silence, observant Xoxo pour voir s'il y avait le moindre changement. Il ne se passa rien pendant un moment, puis soudain, le visage de Xoxo s'illumina d'un sourire radieux qui s'élargit de plus en plus, au point de donner l'impression qu'il allait se mettre à pleurer.

— Qu'est-ce qui se passe ? murmura Mystic, ne voulant pas briser le silence mais incapable de se retenir.

— C'est tellement réel, murmura Xoxo. La paix, l'amour, la joie... Tout cela semble si réel.

Il respira profondément, visiblement ému par les émotions qui l'envahissaient.

Xoxo avait dit le mot que Mystic espérait. Il avait dit que cela semblait réel. Son pressentiment s'est alors révélé exacte.

— J'aimerais pouvoir garder les yeux fermés pour toujours, dit Xoxo en riant. Peux-tu croire ça ? Juste après t'avoir dit que je n'aimais pas les fermer ?

— Est-ce que cela te semble plus réel que ta vie ici ? demanda Mystic.

— Non, dit Xoxo après un moment de réflexion. C'est juste réel, comme si ça existait vraiment, même si je sais que c'est juste dans mon esprit.

— Alors qui peut dire que ce n'est pas réel ? Que ce que tu vois maintenant n'est pas ce qui se passe réellement et que tout ce qui est ici n'est qu'un rêve éveillé ?

Xoxo ouvrit les yeux.

— Et ça recommence ! Tu dis à nouveau des choses folles, tu as gâché mon merveilleux rêve, et me voilà de retour dans le monde réel.

Mystic entendit à peine ses paroles.

— Comment savons-nous ce qui est vraiment réel ?

— Je crois que la réalité réside dans les émotions que je choisis de vivre. Dit une voix à proximité.

Elle surprit à la fois Mystic et Xoxo, qui se retournèrent et virent Freedom debout juste au-delà de la cage.

— À mon avis, la seule chose qui compte, c'est le ressenti de vos émotions, dit-elle.

— Hello Freedom! Dit Mystic, sa voix encore un peu secouée d'avoir été surpris. Connais-tu mon nouvel ami, Xoxo?

— Oui je le connais, dit-elle en souriant à Xoxo.

Elle prit son élan et s'élança avec légèreté au travers des barreaux, telle une petite flèche noire.

Mystic restait sans voix en la regardant. Tant de beauté, tant d'élégance. Il aurait pu la regarder sauter indéfiniment. Il la fixa, espérant qu'elle ne lise pas dans ses pensées. Elle atterrit sans effort sur un rocher un peu plus loin.

— Es-tu amoureux? murmura Xoxo.

Mystic le regarda intensément sans dire un mot. Ses joues étaient en feu sous sa fourrure.

— Ne t'inquiète pas, je ne dirai rien, dit Xoxo en riant.

Freedom se rapprocha d'eux avec grâce.

— Bonjour, Xoxo, dit-elle.

— Bonjour, répondit-il, confus. Je suis désolé, mais je pense que tu te trompes, nous ne nous connaissons pas.

Freedom sourit.

— Oh, nous n'avons jamais été présentés, non. Mais je te connais. Je connais presque tous les animaux du parc, mais tous ne me connaissent pas.

Mystic scrutait le visage de Xoxo, et la confusion qu'il y voyait le fit sourire. C'était la même confusion qu'il avait ressentie quand il avait rencontré Freedom la première fois, et les souvenirs que cela lui rappelait étaient amusant à revivre.

— Alors, crois-tu vraiment ce que tu as dit au sujet des émotions, qu'elles sont l'unique réalité? demanda Xoxo.

— Absolument. Je peux percevoir une situation de différentes manières selon l'état émotionnel dans lequel je suis quand je la regarde. Comme si les événements extérieurs étaient influencés par mon état psychique.

— Mais est-ce que ce n'est pas plutôt ces événements extérieurs qui provoquent tes émotions en premier lieu? demanda Xoxo. Comment peux-tu les influencer quand ils t'influencent déjà?

Mystic observa leur conversation avec une grande attention, puis son intuition le saisit. Cette fois, elle était puissante, le poussant à ouvrir la bouche pour voir ce qui en sortirait.

— Ce ne sont pas seulement les événements extérieurs qui influencent ce que tu ressens, dit-il, savourant chaque mot comme s'il s'agissait d'une friandise délicieuse. Ce que tu penses peut aussi changer ce que tu ressens. En conséquence, la façon dont tu perçois une situation changera également. Tu viens de faire l'expérience du pouvoir que ta pensée peut avoir sur tes émotions, n'est-ce pas ?

Xoxo haussa les épaules.

— Ah bon ?

— Oui ! s'écria Mystic, ne pouvant plus contenir son excitation. Tu as imaginé ta vie loin d'ici, vivant et t'amusant avec d'autres macaques, ce qui a entraîné toutes sortes d'émotions et de sensations que tu ressentais comme réelles. N'est-ce pas ?

Xoxo hocha la tête.

— Alors voilà ta réponse. Les émotions peuvent être causées par ce qui t'arrive, des événements extérieurs, mais aussi par ce que tu penses, ce qui influence ta manière de les interpréter.

— Eh bien, comment ça m'aide ? Xoxo fronça les sourcils.

— Cela signifie que chaque fois que tu vis un évènement provoquant des émotions indésirables, tu n'es pas obligé d'en rester la victime. Tu peux les transformer, simplement en changeant ta pensée. Cela signifie que tu es libre de te sentir comme tu veux. Tu es libre de changer n'importe quelle émotion négative en moins négative et, avec une certaine pratique, cette émotion deviendra même positive.

— Oui ! cria Freedom depuis le côté. Félicitations, Mystic, c'est exactement ça !

— Merci, dit Mystic timidement.

Il avait presque oublié sa présence, alors ses éloges furent une surprise. Il avait été tellement absorbé par son explication qu'il l'avait impressionnée involontairement ! Elle le regardait avec une fierté évidente, et cela le comblait de bonheur.

— Mais cela ne signifierait-il pas que tu es dans le déni ? demanda Xoxo. J'avoue que ça fait du bien d'imaginer d'être libre. Mais la vérité est que je suis coincé ici. Maintenant, ça me semble même pire parce que j'ai vécu ce qui me manque.

Freedom se tourna vers lui.

— On ne nie pas que tu sois coincé dans cette petite cage, Xoxo. Personne ne peut le nier. Mais tu rencontres des difficultés à voir qu'il existe des moyens de te sentir mieux, même dans cette situation. Que tu puisses découvrir plus de bien-être au quotidien.

— Oh vraiment ? Eh bien, j'aimerais bien les connaitre, car pour l'instant Mystic n'en a pas encore trouvé.

— Il en a trouvé, dit Freedom avec bienveillance. Ce ne sont peut-être pas les meilleurs pour toi, mais je pense qu'il va continuer à chercher. Pas vrai, Mystic ?

Mystic regarda la petite cage étroite avec un frisson de malaise. Plus il la regardait, moins il était certain de savoir exactement comment il allait s'y prendre.

— Euh, bien sûr, dit-il finalement. Bien sûr que je le ferai.

Il ne sentit aucune conviction dans sa voix et espérait qu'aucun d'eux ne s'en rendrait compte, mais Xoxo souriait avec satisfaction.

— Je peux le faire, dit Mystic avec une confiance hésitante. Le sourire de Xoxo s'estompa légèrement, et Mystic se calma. La seule chose qui me tracasse, c'est le manque de nourriture. J'ai tellement faim, et il n'y a rien à manger.

— Pourquoi n'irais tu pas simplement en chercher ? demanda Freedom. Tu sais où trouver de la nourriture dans le parc maintenant, non ?

— Oui, mais si je quitte la cage, alors je triche.

— Qui dirait que chercher de la nourriture c'est tricher ?

— Xoxo, chuchota Mystic, jetant un coup d'œil au singe qui se détourna, faisant semblant de s'intéresser à quelque chose dans la poussière du sol.

— Si je quitte la cage, je ne suis plus comme lui. Je suis libre, et je perds la crédibilité à ses yeux.

— Alors, tu penses que pour aider quelqu'un qui souffre, tu dois souffrir autant que lui ? dit Freedom, amusée.

— Eh bien, je dois faire l'expérience de sa vie.

— Tu penses vraiment qu'apporter plus de souffrance et de douleur dans cette situation aidera quelqu'un à se sentir mieux ?

— Mais si je ne suis pas dans la même situation que lui, il ne m'écoutera pas ou ne me croira pas, dit Mystic. Quand je trouverai un moyen pour l'aider à être plus heureux, il dira que ça ne fonctionne que pour moi parce que je suis libre et n'essaiera même pas d'aller mieux.

— Freedom jeta un regard à Xoxo, qui traçait des motifs complexes en faisant glisser ses doigts dans la poussière. Ce que Xoxo croit ou ne croit pas n'est pas de ta responsabilité, Mystic. Tu dois être une source d'inspiration tellement forte, que personne ne puisse résister à l'envie de te ressembler, même s'ils pensent que tu as des avantages sur eux.

— Mais puis-je quand même rester dans la cage avec Xoxo ?

— Bien sûr que tu le peux, dit-elle en souriant. Tu peux faire tout ce que tu veux, absolument tout, tant que cela te procure de la joie. Et tu n'as pas besoin de la permission de moi ou de quiconque. Il te suffit de réfléchir à ce qui est le mieux pour toi et de suivre ton intuition. Parce qu'il est essentiel de savoir comment apporter de la joie dans ta propre vie pour être en mesure d'aider les autres."

— Tu as raison.

Mystic n'était pas sûr à cent pour cent – il se sentait toujours un peu mal à l'aise d'aller chercher de la nourriture alors que Xoxo était coincé ici –, mais son intuition lui disait de suivre les conseils de Freedom.

— Va chercher de la nourriture et amuse-toi ! dit Freedom.

Mystic s'approcha de Xoxo, qui continuait à dessiner des motifs complexes dans la poussière, perdu dans ses pensées.

— Je vais manger quelque chose, dit-il doucement en s'approchant. Mais je vais revenir, et je t'aiderai.

— Tu le promets ? demanda Xoxo, en regardant Mystic avec ses doux yeux bruns.

Mystic ressentit de la tristesse face à l'air mélancolique du singe, comme si une partie de lui doutait que Mystic revienne.

— Je te le promets. Et pendant que je serai parti, je continuerai à réfléchir à la façon de t'aider. J'ai vraiment besoin de manger, ou je ne pourrai aider personne.

— Eh bien, je vais y aller, dit Freedom joyeusement. Vous n'avez plus besoin de moi.

Mystic aurait souhaité pouvoir lui demander de rester, ou même de partager son repas, mais il savait qu'elle ne partirait pas si cela n'était pas nécessaire. Elle était venue les aider et avait atteint son objectif. Maintenant, elle partait donner de l'aide à d'autres qui en avaient plus besoin.

L'idée d'un poisson suffit à égayer son moral. Il pouvait presque en sentir le goût sur sa langue, gras, huileux et délicieux. Un sourire illumina son visage et il commença à saliver. Le poisson n'était qu'une image dans son esprit (bien que très vivante), et son corps commençait déjà à réagir comme s'il était devant lui, prêt à être dévoré.

Il pouvait vraiment évoquer n'importe quelle sensation simplement en contrôlant sa pensée. La révélation de cet après-midi était fascinante.

Il bondit entre les barreaux et atterrit sur le chemin désert. Alors qu'il se dirigeait vers l'enclos des manchots, il réfléchit à la façon dont il pourrait aider Xoxo à se sentir plus libre même emprisonné derrière les barreaux.

- 4 -

Cette fois-ci, obtenir le poisson fut un jeu d'enfant. Son esprit essaya de le tromper en lui ramenant les images des hommes présents la dernière fois (et, bien sûr, celles de Trembly). Mais il se souvint des paroles de Freedom et il maîtrisa sa peur. Il était tellement en contrôle de lui-même qu'il ne prit même pas la peine de transporter le poisson. Il le dévora joyeusement sur place avec un plaisir immense.

Montant les escaliers de béton, son ventre bien rempli se balançant sous lui, il réfléchissait à quel point cela faisait du bien. Il avait été affamé il n'y a pas si longtemps, et maintenant il était complètement rassasié.

Je ne devrais jamais prendre la nourriture pour acquise, jamais! pensa-t-il. *Même les insectes morts m'ont fourni assez d'énergie pour tenir jusque-là, et aussi dégoûtants qu'ils étaient, c'était un cadeau.* C'était vrai ; cependant, Mystic doutait qu'il ne puisse jamais ressentir la même satisfaction avec l'estomac rempli d'insectes.

L'énergie que le poisson lui procurait le fit sauter, courir, et même faire ses griffes sur l'écorce d'un arbre. C'était si bon d'être rassasié à nouveau. Ce fut seulement qu'une fois à l'intérieur de la cage, toujours bondissant et dansant, qu'il vit Xoxo assis près de l'endroit où il l'avait laissé, l'air triste.

— Merci de m'avoir permis de chercher la nourriture qui me convient, dit Mystic, évitant encore de mentionner la tristesse de Xoxo. Je ne m'étais pas rendu compte, mais je commençais à ressentir une certaine déprime en raison de ce manque. Une alimentation saine est essentielle pour se sentir vivant et heureux !

— Je suppose que oui, répondit Xoxo, sans se retourner.

Mystic voyait que Xoxo n'allait pas bien du tout. Essayer d'amuser Xoxo pour le sortir de sa tristesse ne serait pas approprié.

— Qu'est-ce qui ne va pas? demanda-t-il gentiment en se rapprochant. Je ne suis pas parti si longtemps. Que s'est-il passé?

— Trembly est revenu.
— Oh ?

Mystic n'était pas vraiment surpris par la nouvelle, surtout après la menace de Trembly de faire exactement cela lors de leur dernière confrontation.

— Qu'est-ce qu'il t'a dit ?
— Il m'a dit que tu ne pourrais pas m'aider... Que tu ne saurais pas comment faire parce que tu ne comprends pas ce que c'est que d'être ici tout le temps. Tu peux partir quand tu veux et obtenir ce que tu veux manger.

— Et tu l'as cru ? demanda Mystic avec précaution.

Il ne voulait pas lui mettre l'idée dans la tête si elle n'y était pas déjà, mais voulait savoir à quoi s'attendre.

— J'ai essayé de ne pas le croire, je ne voulais pas le croire. Mais il était très persuasif. J'ai essayé de faire ce que Freedom m'a dit et de penser que tu n'as pas besoin de souffrir comme moi pour m'aider, mais... c'est tellement difficile. Trembly a dit que tu étais trop égoïste pour m'aider, que tout ce qui t'intéressait, c'était ton propre bonheur.

— C'est vrai que je me préoccupe de mon propre bonheur, mais ton bonheur en fait partie, Xoxo, dit Mystic avec un sourire. Je n'étais pas heureux parce que j'étais libre, et je n'essayais pas de m'échapper. J'avais juste faim, c'est tout. J'ai mangé la nourriture qui m'était nécessaire, ce qui m'a donné l'énergie dont j'ai besoin pour continuer à t'aider. Et regarde, je suis revenu comme je te l'avais promis.

— Je suppose que oui", répondit Xoxo, jetant un regard en coin à Mystic. Il semblait vouloir y croire, et c'était un bon signe.

— C'est la vérité.

— Eh bien, je suppose que je peux comprendre ça, dit Xoxo en se détournant légèrement. Je sais que lorsque j'ai faim, je deviens désagréable et je ne suis bon a rien pour personne.

— Ce n'était que ça, dit Mystic, sentant le changement dans l'humeur de Xoxo. Et d'ailleurs, en partant chercher un poisson, j'ai eu une idée.

— Vraiment ? demanda Xoxo, se retournant brusquement vers Mystic.

Son expression morose avait disparu, remplacée par une lueur d'optimisme prudent.

— Oui ! Je me suis rendu compte que je n'avais pas accordé suffisamment d'attention aux petites sources de bonheur qui nous entourent. Comme la nourriture. Je n'avais jamais considéré son pouvoir euphorisant, mais là, je viens d'en faire l'expérience. Et je crois que la même chose peut être vraie ici. Il y a quelque chose – quelque chose que nous n'avons pas regardé sous le bon angle – qui peut nous aider à trouver le bonheur.

— Tu dis qu'il y a quelque chose dans cet endroit qui peut me rendre heureux ? dit Xoxo en regardant autour de lui.

— Je ne sais pas avec certitude.

Mystic ne voulait pas mentir à Xoxo et lui dire qu'il en était sûr. Sa propre perception de la cage était très négative, et l'idée de trouver quelque chose ici qui pourrait améliorer leur humeur semblait être illusoire. Mais il avait le sentiment que cela pouvait être vrai.

— Nous devons juste croire que cette chose existe et que nous pouvons la trouver. Qu'est-ce que tu en dis ?

Xoxo regarda la cage à nouveau puis posa son regard sur Mystic.

— Si tu as au moins le courage d'essayer, alors je veux essayer, aussi, dit-il.

— Parfait ! cria Mystic et il sautilla sur place, submergé par le lien d'amitié qu'il ressentait avec Xoxo. Commençons !

- 5 -

Mystic et Xoxo étaient silencieux, profondément absorbés par leurs pensées. Xoxo luttait contre ce que Trembly lui avait dit, essayant de le repousser loin de son esprit, alors que Mystic essayait de changer le jugement très négatif qu'il portait au sujet de cette cage.

Il ne pouvait s'empêcher de détester cet endroit. Il était froid, sombre et loin de toute la vie et de l'énergie du parc. C'était comme si le monde avait évolué et les avait abandonnés. Cela créait une profonde solitude et il était difficile de ne pas se laisser submerger par ce sentiment.

La nourriture qu'il avait trouvée l'avait aidé, mais il était conscient que son énergie ne serait que de courte durée. Il savait qu'il devait réfléchir davantage et agir plus vite. S'il n'agissait pas rapidement, ce sentiment de solitude se transformerai en négativité, rendant plus difficile son retour à un état d'esprit positif.

Comment puis-je faire ça ? se demandait-il. *Tout dans cet endroit est déprimant et laid.*

— Tu n'es pas obligé de le regarder, répondit la voix dans sa tête.

— Quoi ?

Mystic était tellement perdu dans ses pensées qu'il faillit presque ne pas l'entendre.

— Quoi ? demanda Xoxo derrière lui, le surprenant.

— Rien, dit Mystic, se retenant de rire.

Il ne voulait pas parler de son intuition à Xoxo. Il y avait déjà bien assez à faire sans en plus l'embrouiller avec ça.

— Mais tu as dit quelque chose, insista Xoxo.

— J'ai dû m'endormir et commencer à rêver.

C'était la seule excuse qu'il trouva. Son intuition était restée silencieuse.

— C'est incroyable que tu puisses t'endormir aussi facilement. J'aimerais pouvoir en faire autant, juste dormir – m'évader dans mes rêves et m'échapper de cet endroit.

Pendant qu'il parlait, un mot resta dans l'esprit de Mystic et résonna encore et encore : « Évasion ».

— C'est ça ! cria-t-il, faisant sursauter Xoxo. Personne n'a dit que nous devions le regarder ! Les mots que m'a soufflés mon intuition deviennent soudain très clairs. On peut tout simplement fermer les yeux, inutile de regarder, de toucher ou d'interagir avec quoi que ce soit ici si on n'en a pas envie !

Xoxo le regardait comme s'il était encore devenu fou. Mais cela ne dissuada pas Mystic.

— Allez, fermons les yeux et voyons ce qui se passe, dit-il.

— Je ne vois pas l'intérêt, Mystic. Tu m'as déjà fait le coup. J'ai fermé les yeux, et ça m'a laissé encore plus déprimé.

— Ce n'est pas la même chose, réplica Mystic. Cette fois, tu n'imagineras rien, tu fermeras les yeux et tu verras ce qui se passe. C'est tout !

— Nous ne verrons rien si nos yeux sont fermés !

— S'il te plaît, Xoxo, ne sois pas puéril.

— Écoute, tu n'as qu'à le faire et moi je regarde. Et si ça marche, peut-être que j'essaierai. Mais ça me semble inutile.

Mystic ressentit de la frustration face à l'attitude de Xoxo, qui refusait catégoriquement de faire un essai. Sa crainte de l'échec commença à s'accentuer lorsqu'il réalisa qu'il ne pouvait pas contraindre Xoxo à coopérer, ni le forcer à adopter son point de vue. S'il décidait de poursuivre cette démarche, il devait le faire pour lui-même, pour son propre bonheur. C'était une question de satisfaction personnelle, indépendamment de tout succès ou échec.

Cette réflexion lui permit de réaligner ses priorités. Il prit une profonde inspiration puis expira.

— D'accord, déclara-t-il, laissant son agacement derrière lui. Je ne peux pas te contraindre à essayer, et je ne peux pas t'obliger à adopter ma perspective. Je ne peux le faire que pour moi-même, satisfaire ma propre curiosité. Ensuite, nous verrons ce qui se passe.

— Merci, chuchota Xoxo, vraiment reconnaissant.

C'est à cet instant que Mystic réalisa que les paroles et les actes de Xoxo n'étaient pas dirigés contre lui de quelque manière que ce soit. Xoxo était tout simplement effrayé, redoutant d'endurer davantage de souffrance que celle qu'il ressentait déjà. Mystic comprit qu'il avait jugé son nouvel ami trop rapidement et sévèrement. Il décida de faire un effort pour être plus indulgent à l'avenir.

– 6 –

Mystic n'avait aucune idée de ce qu'il devait faire ensuite. Jusqu'à présent, rien n'avait changé, si ce n'est que son esprit s'était mis à jacasser bruyamment, faisant resurgir tous ses doutes quant à la réussite de son idée.

Il doit y avoir une solution. Je ne l'ai tout simplement pas encore trouvée, mais elle existe. Je le sais. Je n'ai aucun doute. Cette pensée interrompit immédiatement la cacophonie dans sa tête, et la petite voix de son intuition put se faire entendre.

— Respire, écoute et ressens, dit-elle.

Il savait ce que la voix signifiait par respirer, mais il ne savait pas ce qu'il devait écouter ou ressentir. Ce n'étaient que des idées abstraites. Elles n'avaient aucun sens.

Il sentit son visage se crisper alors qu'il réfléchissait. Xoxo lui demanda si tout allait bien.

— Je vais bien. J'ai juste besoin d'y voir plus clair. C'est encore un peu brumeux dans mon esprit.

— Est-ce que ça t'aiderait si je te chantais une chanson ?

— Quoi ?

— Une chanson, dit Xoxo. Tu sais, une chanson pour s'endormir, quelque chose d'apaisant. Dans mon groupe, un des macaques plus âgés avait coutume de nous la chanter.

Mystic examina la proposition. *En quoi ça pourrait me faire du mal ? Ça pourrait même m'aider à ne plus écouter toutes ces choses inutiles qui tournent dans ma tête.*

— D'accord, dit-il. Mais si je te demande de t'arrêter, tu t'arrêtes, d'accord ?

— Deal, dit Xoxo, et un instant plus tard, il se mit à chanter.

La voix de Xoxo fit fondre le cœur de Mystic par sa douceur et sa chaleur, surpassant tout ce qu'il avait entendu jusqu'alors. Pete aimait chanter ; il le faisait lorsqu'il se prélassait au soleil ou quand il faisait du jardinage. Bien que cela apportât détente et joie à la famille, sa voix ne pouvait rivaliser avec celle de Xoxo, empreinte de pureté, de tendresse et d'amour.

Le corps de Mystic se détendit si profondément qu'il se laissa tomber doucement sur le sol. Toute la tension qu'il avait ressentie précédemment avait disparu à présent. La seule chose présente à son esprit était l'amour de cet instant et de cette expérience.

Puis ça le frappa. Il était en train d'écouter et ressentir, exactement comme son intuition lui avait dit de le faire. Le fait d'avoir les yeux fermés l'aida à se concentrer encore plus intensément sur l'émotion dans la voix de Xoxo, et il pouvait ressentir la musique en lui, comme une présence physique dans son corps. C'était une toute nouvelle manière de se focaliser. C'était incroyable.

Le seul mot de son intuition qu'il avait pleinement compris au début avait été « respire », et il se concentrait sur cela. Il sentait l'air entrer et sortir de ses narines, aussi léger que du duvet, circulant dans sa gorge, revenant sans effort et aucune pensée ne l'accompagnait. Il était étonné de n'avoir jamais vraiment prêté attention à sa respiration auparavant.

La chanson touchait à sa fin. La voix de Xoxo devint plus douce jusqu'à ce qu'elle disparaisse complètement.

Mystic était totalement détendu et serein. Son esprit était apaisé, débarrassé de toute l'agitation qu'il avait ressentie quelques instants auparavant. Le temps semblait s'étirer, donnant l'impression que cela durait depuis des années.

Dans le silence qui suivi la fin de la chanson de Xoxo, Mystic soudainement prit conscience que la cage n'était pas réellement silencieuse. Chaque son qu'il entendait lui évoquait la mélodie de Xoxo. Ils semblaient converger vers lui, glissant dans ses oreilles, simples, élégants et purs. Quand l'un disparaissait, un autre prenait immédiatement sa place, tout aussi vibrant que le précédent. Créant une sensation de vie, douce et fourmillante.

Cela le rendit beaucoup plus conscient de son corps, désormais réceptif à une multitude de nouvelles sensations. La brise légère qui caressait sa fourrure était électrique et pleine de vie, et le sol sous lui n'était plus une simple terre nue parsemée de pierres, mais une surface solide et inébranlable, dont l'énergie semblait s'élever en lui à chaque point de contact.

Une pensée furtive traversa son esprit... comment expliquer tout cela à Xoxo, puis elle disparut tout aussi rapidement.

Ce que ressentait Mystic ne lui permettait pas de s'évader de la réalité comme il l'avait pensé, mais le connectait à elle de manière plus intense. Il entendait des oiseaux qu'il n'avait jamais entendus auparavant, leurs chants formant une symphonie de sons. Il percevait le vent glissant à travers les arbres comme des draps de soie, des voix humaines au loin ressemblant au murmure d'un ruisseau lointain... Il se déroulait tant d'événements autour de lui, bien au-delà de ce qu'il aurait pu imaginer. Une fois qu'il avait fermé les yeux, qu'il s'était concentré sur sa respiration et sur les sensations de son corps, le tumulte assourdissant dans sa tête s'était apaisé. Et ce soudain silence mental lui avait permis une immersion totale dans cet environnement. Alors, la beauté qui l'entourait pouvait l'envahir en toute liberté, lui procurant des sensations délicieuses, car rien dans son esprit ne faisait obstacle à cette réception.

À mesure qu'il devenait plus conscient du présent, il pouvait même entendre sa respiration. Il n'avait jamais entendu les sons de sa propre vie auparavant, le léger sifflement de sa respiration et les battements fluides de son cœur. Cela le transporta vers un lieu de profonde sérénité qu'il n'avait jamais soupçonné auparavant. Il resta là, immobile, concentré sur sa respiration. C'était trop bon pour faire quoi que ce soit d'autre.

Peu à peu, son attention sembla être attirée par un fil invisible, l'entraînant plus profondément dans les recoins de son être. Il n'aurait jamais imaginé qu'un espace aussi vaste et riche de joie puisse exister en lui, une étendue illimitée renfermant toutes les possibilités du monde, n'attendant qu'à être explorées. C'était une sensation de liberté inébranlable, que nul ne pourrait lui enlever. C'était son propre espace, où il se découvrait plus puissant que tout ce qu'il avait imaginé.

– 7 –

La première sensation du monde extérieur dont Mystic prit conscience fut l'impatience de Xoxo qui faisait les cents pas devant lui. Il percevait les grognements enthousiastes du singe et ressentait le regard intense de Xoxo, chargé d'attentes.

— Qu'est-ce qui se passe ? dit Xoxo, la voix pleine d'impatience. S'il te plaît, dis-moi ce que tu vois !

Mystic n'était nullement agacé par son interruption. Il vivait un état d'esprit comme il n'en avait jamais connu, où rien ne pouvait le perturber et rien n'avait d'importance. Tout était amour, joie et bonheur.

Mais même dans cet état de béatitude, il ne pouvait pas laisser Xoxo attendre indéfiniment.

— Je ne vois rien, dit-il sans ouvrir les yeux. Je ressens tout, à l'intérieur et à l'extérieur de moi. Il n'y a pas de séparation : tout est connecté.

— Oh, dit Xoxo semblant perplexe. Je vais attendre jusqu'à ce que tu sois prêt à expliquer, d'accord ?

Cependant, partager son expérience avait amplifié l'intensité du bien-être de Mystic. Une vague d'amour, d'une intensité inédite, le submergea, parcourant tout son corps en un instant. C'était si profond et si réel que des larmes glissèrent doucement de ses yeux clos, perlant sur le sol poussiéreux.

Il devint difficile de continuer ainsi les yeux fermés. Il sentit sa conscience revenir à son état normal, mais il n'était pas inquiet. Il savait qu'il pourrait retrouver cet état s'il répétait l'expérience de calmer son esprit.

Mystic prit son temps et scruta les alentours. Un profond bouleversement s'était produit. La cage demeurait la même, mais il ne la percevait plus de la même manière. Elle avait perdu tout impact négatif sur lui. Lorsqu'il jeta un regard au-delà des barreaux, il découvrit un monde étonnant, riche de détails insoupçonnés : les couleurs s'étaient intensifiées, les formes avaient gagné en profondeur, et l'espace entre elles regorgeait de vie, comme il ne l'avait jamais imaginé. C'était comme s'il était passé d'une vision en deux dimensions à une perception tridimensionnelle.

Il n'avait jamais été conscient d'une telle beauté. Les oiseaux voltigeaient joyeusement d'un arbre à l'autre, le bleu du ciel rehaussait la blancheur des nuages flottant majestueusement au-dessus... tout était en parfaite harmonie, y compris cette cage. Mystic n'émettait plus de jugement à son égard. Elle était là, simplement présente, c'est tout.

— J'ai ressenti un amour pur, dit-il d'un ton rêveur. Cet amour était dépourvu d'attentes ou de jugements, il était tout simplement présent. Nous le bloquons avec nos pensées négatives, mais nous ne pouvons le détruire, il demeure inébranlable, toujours en nous.

— Comment le sais-tu ? demanda Xoxo.

— Je ne peux pas le dire avec certitude, mais je l'ai ressenti. Je sais que c'est vrai.

— Alors, comment ça m'aide à me sentir plus libre ?

— Je ne sais pas... Je suppose que c'est rassurant de le savoir et d'en être conscient. Ne ressens-tu pas une certaine paix en sachant qu'il y a en toi quelque chose qui t'aime inconditionnellement ?

— Non, dit brusquement Xoxo. Si quelque chose m'aimait vraiment, alors pourquoi serais-je ici ? Et pourquoi la mort de ma compagne Cocoon ? Où est l'amour dans tout ça ?

Mystic se trouva dépourvu de toute réponse à offrir à Xoxo sans aggraver davantage sa colère et sa tristesse. C'était une situation délicate, mais il décida tout de même d'essayer.

— J'ai senti que nous ne comprenons pas l'ensemble des événements auxquels nous sommes confrontés, dit-il. Nous ne voyons que des fragments. Si nous voulons améliorer nos vies et apprendre à être plus heureux, nous ne devons pas perdre confiance.

— Confiance en quoi ? demanda Xoxo avec colère. Confiance dans l'idée que tout va bien ? Que tout est parfait ?

Mais Mystic ne fut ni contrarié ni découragé par la réaction de Xoxo. Car même pour lui, ce qu'il disait n'était pas facile à entendre ou à comprendre.

— Peut-être que nous ne pouvons pas toujours avoir confiance, murmura-t-il doucement. Cependant nous pouvons essayer de le faire aussi souvent que possible. Par exemple, ici et maintenant dans cette cage.

— Tu veux que je croie que tout va bien ici ? demanda Xoxo. Que je suis ici pour mon propre bien et qu'il y a une raison à ma présence ici ? Que je dois croire aveuglément que tout ira pour le mieux ?

Mystic sourit à Xoxo et hocha la tête. Même si sa colère montait, il ne craignait plus le singe comme auparavant. Xoxo se précipita contre les barreaux et les saisit.

— Notre seul objectif est d'embrasser la vie et de faire confiance que tout est amour, dit Mystic. Même s'il est difficile de le percevoir comme tel, nous devrions essayer.

— Et qu'est-ce que cela changerait ? demanda Xoxo, sa colère laissant place maintenant à de la tristesse.

— Cela rend tout plus léger et plus facile à aborder. Ça crée de l'espoir et donc de la joie. Ça nous permet de surmonter plus rapidement les moments tragiques et nuisibles qui se produisent et de les laisser derrière nous.

Xoxo se retourna, ses yeux bruns mouillés et cernés de rouge. De grosses larmes roulaient sur ses joues.

— Penses-tu que Cocoon a été aimée, aussi ? demanda-t-il d'une voix brisée.

— C'est ce que j'ai ressenti, Xoxo.... Je ressens que nous sommes tous aimés éternellement et inconditionnellement. Et tu peux choisir de le croire.

Xoxo éclata alors en pleurs et attrapa Mystic dans ses bras, comme Sarah le ferait avec un ours en peluche.

Sanglotant bruyamment — Merci, murmura-t-il d'une voix faible et fatiguée. Des larmes tombèrent dans la fourrure grise de Mystic et y brillèrent comme des étoiles avant de disparaître.

Mystic le serra à son tour et le laissa libérer toute la tristesse qu'il avait accumulée au fil des années.

- 8 -

Xoxo lâcha Mystic et recula en reniflant, puis essuya ses joues humides avec le dos des mains.

— Tout ce temps-là, j'étais hanté par le vide, dit-il, l'air perdu dans ses propres pensées. Mais lorsque tu as dit que Cocoon était aimée, c'est comme si l'espace autour de moi s'était tout à coup rempli de sa présence. Ce n'était que son bien-être et son amour. Aucune pensée négative n'est venue avec elle ni aucun des mauvais souvenirs attachés à sa vie.

Mystic ne dit rien, intrigué par la réaction de Xoxo et confiant que le singe saurait lui expliquer une fois remis de ses émotions.

— Et je me suis senti aimé, dit Xoxo. Aimé sans raison, juste... juste aimé.

Un long silence suivit alors qu'il semblait revoir quelque chose dans son esprit. Finalement, il se pencha et murmura à Mystic.

— Elle est heureuse, dit-il. Je l'ai senti, elle est vraiment heureuse.

Mystic examina le visage de Xoxo, qui était maintenant totalement détendu et libéré de toute tristesse. Il semblait être dans un état d'émerveillement absolu.

Quelque chose de magique vient de se produire ici. Et c'est moi qui en suis à l'origine. Je l'ai fait ! Mystic avait envie de sauter, rempli d'une joie soudaine, mais ne voulait pas perturber la fragile paix de Xoxo. Au lieu de cela, il célébra dans son esprit. *Je l'ai fait !* murmura-t-il. *J'ai le pouvoir de Freedom d'aider les autres, et c'est la chose la plus incroyable au monde. Même si je n'ai aucune idée de comment je l'ai fait. Mais je suis sûr que Freedom pourra me l'expliquer.* À la pensée de Freedom, Mystic commença à imaginer la fierté qu'elle ressentirait quand il lui parlerait de sa révélation. Alors qu'il visualisait la scène, Xoxo arrêta de regarder fixement dans le vide et scruta l'environnement autour de lui avec un réel émerveillement dans ses yeux.

— Tout est différent, murmura-t-il. Tout semble... juste différent.

— Comment ?

— C'est plus vivant, dit Xoxo. Les couleurs, les sons... c'est incroyable.

Mystic était conscient du sentiment que Xoxo éprouvait, et il se réjouissait d'avoir contribué à cette transformation. Cependant, il était troublé par une question persistante : comment Xoxo avait-il pu atteindre cet état ? Mystic avait dû atteindre un profond état de lâcher prise pour ressentir quelque chose de similaire à ce que Xoxo décrivait. Maintenant, il se demandait si son rôle dans ce miracle avait vraiment été déterminant.

Son désir de parler à Freedom grandissait. Il avait besoin d'une explication et de quelques mots réconfortant pour se rassurer.

— Qu'est-ce qui ne va pas ? lui demanda Xoxo. Tu as soudain l'air préoccupé.

— Hein ? dit Mystic. Oh, je me demandais juste...

— Quoi ?

— Qu'est-ce que j'ai fait ? Comment est-ce que j'ai réussi à changer ta perception ?

Xoxo sembla incertain et haussa les épaules.

— Quand j'ai senti que Cocoon était aimée et qu'elle n'était plus seule, j'ai eu l'impression de sortir d'un cauchemar sans fin. J'ai eu l'impression que d'une manière ou d'une autre, nous sommes tous les mêmes, tous connectés et Cocoon m'a semblé plus proche de moi à ce moment-là que jamais auparavant.

— Donc, c'est bien moi qui l'ai suscité, réfléchit Mystic. Tout s'est passé quand je t'ai parlé d'amour.

— Je suppose, oui.

Mystic fut rassuré. Xoxo lui avait dit exactement ce qu'il avait besoin d'entendre, et il était fier. *C'est certain, alors. C'est moi qui l'ai aidé. J'ai le pouvoir de Freedom !*

— Merci pour tout, Mystic, dit Xoxo.

— De rien, répondit Mystic. Je suis tellement heureux pour toi... et pour moi aussi !

— Oui, j'ai l'impression que ça t'aurait vexé de ne pas réussir à me rendre plus heureux, n'est-ce pas ? rit Xoxo.

Mystic lança un regard embarrassé à Xoxo, mais Xoxo leva les mains.

— Ne t'inquiète pas, Mystic, dit-il. Je sais que tu l'as fait aussi pour toi. Si tu ne l'avais pas fait pour toi, nous n'aurions jamais réalisé ce que nous avons accompli ici aujourd'hui.

— Et tu es en paix, bien que tu ne sois toujours pas libre ?

Il semblait incroyable que le singe, qui avait été si profondément englué dans sa tristesse et sa souffrance, ait pu changer sa perception aussi facilement.

— Mais je suis libre, Mystic, dit Xoxo avec un sourire. Je suis libre ici.

Il désigna sa tête et soudain Mystic comprit ce que lui avait dit Freedom.

— Tu es libre mentalement, dit-il à voix haute, dégustant chacun de ses mots. Tu es physiquement ici, mais mentalement, tu es libre d'aller où tu veux et de penser ce que tu veux.

— Bien sûr, rit Xoxo. N'est-ce pas ce que tu essayais de faire ?

Mystic supposait que c'était ça, mais il ne l'avait pas vraiment compris jusqu'à maintenant. Il n'avait pas réfléchi en termes de mental ou physique, il s'était juste laissé guider par son intuition dans la direction qu'il savait être juste.

— C'est incroyable, murmura-t-il.

— N'est-ce pas ! dit Freedom.

Mystic et Xoxo se retournèrent. Elle était assise sur un grand rocher à quelques pas des barreaux, prenant le soleil.

MYSTIC À LA DÉCOUVERTE DU BONHEUR

Depuis combien de temps nous regarde-t-elle ? Et est-ce qu'elle était vraiment partie ? L'idée qu'elle aurait pu se cacher à proximité, les espionner et s'assurer que tout se passait bien était réconfortante. Sans parler du fait qu'elle aurait pu voir tout ce qu'il avait fait avec Xoxo en direct, son exploit !

Mystic était impatient de l'entendre le féliciter et le louer pour le progrès extraordinaire qu'il avait accompli. Il commença à se gonfler d'orgueil.

Amour

- 1 -

Alors que Freedom venait à l'intérieur de la cage, Mystic regardait chacun de ses mouvements avec de grands yeux remplis d'amour. Xoxo gloussa un peu, mais Mystic l'ignora. Il ne voulait pas manquer l'entrée glorieuse de Freedom ni voir le sourire moqueur de Xoxo.

Freedom s'approcha de Mystic et s'assit près de lui en regardant Xoxo. Il sentit sa fourrure toucher la sienne, chaque poil crépitant presque d'électricité à son contact. Il perdit tout contrôle de ses émotions.

— Ce que tu as expérimenté était incroyable, non ?

Freedom ne regardait pas Mystic, mais seulement Xoxo, avec un grand sourire.

—-Oui, c'était incroyable, dit Xoxo, beaucoup plus calme que d'habitude, comme si lui aussi était intimidé par la présence de Freedom.

— Je suis très vraiment impressionnée par la rapidité avec laquelle tu as réussi atteindre cette paix et cette joie, Xoxo, dit-elle. Ce n'était pas une chose facile à accomplir pour toi, étant donné ta situation. (Elle jeta un coup d'œil autour de la cage). Beaucoup d'autres, avec moins d'obstacles à affronter, refusent d'admettre qu'ils sont seuls responsables de leur propre bonheur. Ils refusent de prendre en charge leur bien-être et de changer leur manière de voir les choses. Pour être honnête, cette responsabilité peut être vraiment intimidante, mais elle en vaut la peine. Et quand ils finissent par l'accepter, la plupart mettent beaucoup de temps à appliquer ces changements.

— Eh bien, c'est vraiment grâce à Mystic si...

— Mais toi Xoxo, tu l'as réalisé en un clin d'œil, l'interrompit-elle. Au début tu doutais qu'il était possible d'être heureux en changeant volontairement tes pensées, mais dès que tu as commencé à ressentir de l'amour, tu as abandonné tous tes doutes et tu t'es laissé emporter par cette certitude, même si tu ne pouvais pas l'expliquer. Tu es très courageux.

Pendant que Freedom continuait à féliciter Xoxo, Mystic ressentait un nœud tordre son estomac. *Elle ne s'est pas assise à côté de moi parce qu'elle voulait être près de moi; elle s'est assise à côté de moi pour pouvoir m'ignorer. Et elle ne parle que des qualités et des progrès de Xoxo.*

Il pensait qu'il devrait intervenir, dire à Freedom comment il avait aidé Xoxo à atteindre cet éveil, mais l'humiliation le paralysait. Freedom ne l'avait jamais ignoré comme ça et il se demandait s'il avait fait quelque chose de mal.

Cependant, elle semblait ne pas voir la souffrance de Mystic.

— Ce qui est réellement impressionnant, c'est la rapidité avec laquelle tout a pris forme pour toi. C'est comme si d'un seul coup tout avait trouvé sa place.

— Mais je ne l'ai fait que grâce à Mystic, laissa échapper Xoxo.

— Oh, je sais qu'il a fait du bon travail, dit Freedom avec une aisance déconcertante. Bravo, Mystic.

Elle se retourna vers lui pour la première fois. Mais avant qu'il puisse dire quoi que ce soit, elle revint vers Xoxo et continua à le féliciter.

— Mais tu es celui qui a décidé d'arrêter de croire que rien ne pouvait être changé, que la misère était un élément permanent dans ta vie. Ce que tu as fait est extraordinaire.

Xoxo ouvrit la bouche pour dire autre chose, mais Freedom l'interrompit.

— Eh bien, je dois y aller maintenant, dit-elle en se relevant. J'ai beaucoup à faire aujourd'hui. Mais je voulais vraiment te féliciter, Xoxo, tu le mérites.

— Merci, répondit doucement Xoxo.

— Allez, je vous laisse, prenez soin de vous deux et portez-vous bien.

Et en un éclair, elle sauta de l'autre côté des barreaux et disparut dans le parc.

Mystic éclata en sanglots. La douleur d'être rejeté par Freedom était trop brutale pour qu'il la supporte en silence. Xoxo se précipita vers lui et le prit dans ses bras.

— Je sais qu'elle a raison, sanglota Mystic. Je sais que tu as réalisé un exploit énorme aujourd'hui, et je suis aussi impressionné qu'elle.

— Mais je n'aurais pas pu le faire sans toi, dit Xoxo. C'est toi qui m'as aidé à déclencher ce changement incroyable en moi.

— Je sais, renifla Mystic, le plus gros de son chagrin derrière lui maintenant. Je t'ai aidé à y parvenir. Tu m'as même dit que c'était quelque chose que j'avais dit. Alors, pourquoi a-t-elle si peu de reconnaissance pour ce que j'ai fait ?

Xoxo haussa les épaules.

— Est-ce qu'elle me déteste autant que ça ? Je pensais que l'on s'entendait bien.

— C'est évident qu'elle t'aime, dit doucement Xoxo. Elle ne veut pas le montrer, mais c'est évident.

— Alors pourquoi m'a-t-elle ignoré comme ça ?

— Je ne sais pas, mais je suis sûr qu'il y a une explication à cela. Regarde, si je n'avais pas été emprisonné dans cette cage, je ne t'aurais jamais rencontré, et je n'aurais jamais trouvé le moyen de me sentir mieux dans ma vie. D'une façon ou d'une autre, c'est grâce à cet endroit horrible, et à toi, bien sûr.

— Quel rapport avec moi et Freedom ?

Xoxo afficha un sourire malicieux.

— Et si tout cela n'était qu'une opportunité pour toi de trouver le courage d'aller lui parler ? De lui dire ce que tu ressens ? Que tu l'aimes ?

Mystic ressentit l'enthousiasme de Xoxo, ce qui l'aida à retrouver le moral.

— Peut-être qu'elle a même fait ça pour t'apprendre quelque chose, dit Xoxo.

Cela attira l'attention de Mystic. Freedom lui avait enseigné beaucoup de choses depuis leur rencontre, et il ne l'avait pas toujours comprise immédiatement.

— Tu crois ? demanda-t-il, plein d'espoir.

— J'en suis sûr, répondit Xoxo. Peut-être que c'est sa façon de te pousser à être moins timide et si impressionné par elle.

— Ce serait bien, mais je n'en suis pas sûr, dit Mystic.

Mais Xoxo semblait assez convaincu pour deux.

— Nous avons le choix de décider ce que nous croyons. Et je choisis de croire qu'elle veut que tu réagisses, alors vas-y et fais-le ! Réagis !

Il sauta en l'air en poussant des cris de joie.

Mystic sourit, et puis se mit à rire. C'était incroyable comme Xoxo avait changé en si peu de temps d'un singe triste à un singe tellement vivant. Son enthousiasme était contagieux, Mystic sauta sur ses pattes.

— D'accord ! cria-t-il. Je vais la retrouver !

— Ouais ! Xoxo agrippa les barreaux de sa cage pour se soulever du sol encore et encore. Il était comme un petit enfant. Ils rigolèrent.

Profitant de son plein d'énergie, Mystic fit un signe d'adieu à Xoxo et s'engagea sur le chemin que Freedom avait pris quelques instants auparavant.

– 2 –

Une fois hors de la cage, seul avec ses pensées, il était terrifié à l'idée d'affronter Freedom. Il avait déjà été témoin de son côté sévère (l'épisode où elle avait dit à Trembly de partir lui revint à l'esprit), et il ne souhaitait pas la voir ainsi. Surtout pas envers lui.

Je dois être calme et veiller à ne l'accuser de rien, pensa-t-il en marchant. *Je ne veux pas la fâcher*. Mais même l'idée de lui parler calmement l'inquiétait. Il avait l'impression de faire quelque chose de mal, et que s'il mettait son plan à exécution, (qui lui avait semblé si rationnel et maintenant une pure folie), elle le détesterait à jamais.

Perdu dans ses pensées, il avait marché rapidement et avait déjà rattrapé Freedom. Elle avait pris son temps et se penchait maintenant avec un intérêt particulier sur une petite fleur à peine ouverte.

Mystic prit un moment pour évaluer la situation. S'il continuait à avancer, elle le verrait, et alors il n'y aurait plus de retour possible. Elle lui demanderait pourquoi il l'avait suivie, et s'il inventait un mensonge plausible, elle le sentirait tout de suite. L'autre option était de revenir discrètement à la cage de Xoxo, et de laisser le sentiment de rejet prendre racine en lui. À vrai dire il ne voyait qu'une solution.

Mais d'abord, il voulait prendre un moment pour retrouver son calme. Son cœur battait la chamade, et Il voulait paraître confiant quand il lui parlerait. Il était essoufflé, sa fourrure en désordre après avoir traversé plusieurs buissons sur son chemin. Et bien sûr, il était douloureusement conscient de sa timidité et de sa crainte de la décevoir.

Cependant, après quelques respirations profondes, il se rendit compte que ses préoccupations ne justifiaient pas de ne pas lui parler. Il se souvint comment elle l'avait presque totalement ignoré. *Comment est-ce que ça pourrait être pire que ça ? Elle est déjà déçue par moi, alors qu'est-ce que je risque à lui parler ?*

Ce changement dans sa façon de penser dissipa la tension qu'il ressentait. *Il y a vraiment toujours une façon de voir les choses sous un jour plus positif, n'est-ce pas ?* Il se sentait plus énergique. *Qu'est-ce que j'aime ça !*

Il était désormais impatient de parler à Freedom, alors il se remit à marcher. Elle se trouvait un peu plus loin sur le chemin, se déplaçant d'une manière très détendue.

Je n'ai rien à perdre, se répétait Mystic encore et encore. *Et qui sait, peut-être qu'elle sera impressionnée que j'ose venir la voir pour lui faire part de mes sentiments.*

Ses pensées positives lui venaient de plus en plus facilement. Il était content. Une idée positive en engendrait une autre, puis une autre et cela jusqu'à ce que son humeur change complètement. C'était comme de la magie.

Avant qu'il n'ait pu rejoindre Freedom, et fort de cette nouvelle conviction, elle se retourna et s'assit sur le sentier en face de lui. Comme si elle avait toujours su qu'il la suivait.

Il sursauta en oubliant toute les paroles qu'il avait soigneusement préparées dans sa tête, et laissa échapper la première chose qui lui vint à l'esprit.

— Hé, Freedom !

— Hé, dit-elle avec un sourire.

Elle avait l'air gentille et accessible, pas du tout comme l'enseignante sévère et déçue à laquelle il s'attendait. Cela l'aida à se détendre.

— Qu'est-ce que je peux faire pour toi ?

— Je voulais juste te parler, dit Mystic plus calmement. Je voulais te demander pourquoi... pourquoi tu m'as traité comme tu l'as fait quand nous étions dans la cage de Xoxo.

Il parlait vite, inquiet que s'il hésitait, il ne pourrait pas le dire du tout.

— Tu t'es comportée comme si je ne comptais pas pour toi, ajouta-t-il, ses yeux se remplissant de larmes en se remémorant la scène.

— Pourquoi est-ce que ça t'a fait si mal que je donne plus d'attention à Xoxo ? demanda-t-elle. N'a-t-il pas réalisé quelque chose d'extraordinaire ?

— Bien sûr, dit Mystic. Je n'ai jamais dit le contraire. Et je suis aussi impressionné par lui. Ce qu'il a accompli et la rapidité avec laquelle il l'a fait, surtout compte tenu de sa situation... est une inspiration pour nous tous.

— Alors pourquoi es-tu choqué que je lui aie donné toute mon attention ?

— Parce qu'il ne l'a pas fait tout seul. Je l'ai aidé à en arriver là !

— Et qu'as-tu ressenti, en l'aidant ainsi ?

— Je... j'étais fier, dit Mystic, un peu confus. Comme si je flottais sur un nuage de bonheur. Je me sentais bien et plein d'énergie.

— Alors, pourquoi as-tu gâché cet incroyable moment de bonheur juste parce que je ne t'ai pas donné les compliments que tu voulais ?

— Je sais que tu m'as dit que je ne devrais pas du tout me soucier de ce que les autres pensent de moi ou comment ils jugent ce que je fais, dit Mystic, mais c'est tellement difficile ! Cela me procure tellement de joie d'être félicité par les autres, j'en ai besoin pour être heureux ! J'adore ça !

— Et qu'a dit Xoxo après que tu l'aies aidé ? continua Freedom, insensible aux reproches de Mystic.

— Il était vraiment heureux, admit Mystic.

— Et quoi d'autre ?

— Il m'a dit que, sans moi, il n'aurait pas pu le faire.

Freedom esquissa un doux sourire.

— Eh bien, n'as-tu pas déjà été reconnu ? Tu as été félicité pour ta grande bonté et tu as obtenu les éloges que tu désires de la personne dont les louanges devraient compter le plus.

— Oui, mais je voulais que tu réagisses de la même manière !

Il ne pouvait pas comprendre pourquoi Freedom ne percevait pas à quel point il avait besoin de son soutien et comment son attitude le blessait profondément.

— Parce que ce que tu penses et ce que tu ressens pour moi est important.

— Mystic, te rends-tu compte que tu gâches la meilleure partie de ta journée à cause d'une personne, une seule, qui ne t'a pas porté en triomphe sur ses épaules ? Freedom soupira. J'ai du mal à te dire ça, Mystic, et ça me fait de la peine, mais tu devrais peut-être envisager de renoncer à ton rêve d'être heureux. Si ta joie dépend uniquement du désir de plaire à tout le monde sur cette planète, il serait peut-être judicieux d'éviter les déceptions et les frustrations qui découlent des échecs quasi inévitables.

— Pourquoi ne serai-je pas capable d'y arriver, dit-il.

Elle haussa les épaules de manière catégorique.

— Parce que tu ne peux pas plaire à tout le monde. La seule personne à qui tu dois plaire, c'est à toi-même.

Mystic réalisa que Xoxo avait raison. Freedom avait vu ce qu'il avait accompli et l'avait ignoré délibérément pour l'aider à renforcer cette idée. Il soupira, embarrassé.

— Tu vois comment ce besoin de plaire aux autres t'emprisonne, n'est-ce pas ? Dit gentiment Freedom. C'est le pire état de dépendance que tu peux avoir. C'est l'enfer. Tu le vois maintenant, n'est-ce pas ?

Elle parlait doucement et tendrement à nouveau et Mystic lui en était reconnaissant.

— Oui, murmura-t-il.

— Je sais que c'est une chose difficile à apprendre et à appliquer, mais tu dois vraiment être heureux pour toi d'abord. Tout le reste est insignifiant.

— Mais tu n'es pas insignifiante pour moi ! dit Mystic. Je t'aime trop pour ça !

Il rougit avant même que les mots ne lui échappent, mais Freedom ne cessa pas de parler comme si elle n'avait pas entendu ni compris ce qu'il avait voulu dire.

— Je ne dis pas que tu ne peux pas avoir d'amis et te soucier de leurs opinions, mais s'il te plait ne deviens pas dépendant de ce qu'ils pensent de toi, dit-elle. Apprends à aimer tes amis sans dépendre de l'approbation que tu devrais t'accorder à toi-même. L'amour doit être libre de tout besoin ou justification. Aime de manière inconditionnelle.

Freedom se leva, s'étira longuement, puis descendit lentement le sentier, humant les fleurs sur son passage. Mystic la rejoignit. Alors qu'ils marchaient ensemble, il se rappela qu'il avait une autre question à lui poser.

— Je suis conscient que mes paroles ont contribué à conduire Xoxo vers le bonheur aujourd'hui. Il me l'a dit, mais je ne comprends pas comment j'y suis parvenu. J'ai l'impression de développer la même capacité que la tienne à procurer du bien-être et du bonheur aux autres, mais je ne comprends pas comment je m'y prends.

— Tu ne fais rien, répondit Freedom, rêveuse. C'est le pouvoir de ne rien faire et de simplement laisser venir ce qui vient à toi sans chercher à le contrôler.

— Mais j'ai fait quelque chose, Xoxo l'a dit.

— Oui, mais sans essayer de le faire, dit-elle. Tu n'as pas essayé de trouver les mots parfaits, tu t'es détendu et tu les as laissés venir, pas vrai?

Mystic se souvint du flux de mots qui sortaient de sa bouche et de la joie qui l'accompagnait. Cela avait été énergisant et encore mieux, cela avait été facile.

— Lorsque tu te sens incroyablement bien comme ça, quand tu trouves la joie et que tu ne prends pas les choses trop au sérieux, l'inspiration vient à toi et te rend rayonnant pour toi-même et pour les autres.

Mystic aimait ça. Depuis que Bumpa était parti, tout tournait autour de ce sujet – trouver le pouvoir du bonheur – et à chaque instant, il le sentait de plus en plus proche.

Il allait bien. Il était heureux d'avoir surmonté sa timidité et d'être venu voir Freedom pour parler. Ce faisant, il avait atteint un nouveau niveau de confiance sans savoir qu'il en était capable.

Maintenant, il pouvait le lui dire.

Il se sentait prêt.

C'était maintenant ou jamais !

— 3 —

— Freedom ? s'écria-t-il.

Je ne peux pas m'arrêter maintenant, je dois le faire pour moi. L'idée qu'il faisait cela pour lui-même était exaltante. Il savait qu'il lui serait difficile d'être détaché de sa réaction, peu importe ce qu'elle serait, mais il en avait besoin et voulait le faire.

Je dois le faire maintenant. Si je ne le fais pas maintenant, je ne le ferai jamais. Je dois le faire maintenant !

Freedom se retourna vers lui, ses yeux verts doux et perçants. Mystic se sentit submerger par sa timidité. *Oh qu'est-ce que je fais ?*

— Oui ? demanda Freedom.

— Je... eh bien, je veux dire, je... balbutia Mystic.

Freedom s'assit et le regarda.

C'est comme si elle savait ce que j'allais dire, pensa Mystic. *Elle sait que j'ai besoin de prendre mon temps, et elle ne va pas me presser. Je me sens en sécurité avec elle, comme si j'étais la seule chose importante au monde à ses yeux.* Cela lui donna le courage de continuer, même si ses coussinets transpiraient horriblement et que son cœur battait la chamade.

— Ça fait mal quand tu... euh... tu... Quand tu pars, dit-il finalement. Et tu me manques quand tu n'es pas là.

Freedom n'avait pas bougé. Elle respirait calmement, avec un léger sourire sur les lèvres. Il ne ressentait aucune gêne à regarder ses traits délicats. Il aurait pu rester à la regarder ainsi toute la journée.

— Tu es belle, gracieuse, soupira-t-il d'une voix pleine d'amour.

Freedom ne disait toujours rien, mais son émotion était clairement visible sur son visage. Elle ferma les yeux un instant, comme si elle éprouvait une joie extraordinaire à chacun de ses mots.

— Je crois que... que je suis amoureux de toi, dit-il d'une voix légèrement tremblante. Je t'aime, Freedom.

Il avait l'impression de s'évanouir, comme si ce qui venait de se passer était un rêve qu'il ne pouvait pas vraiment maîtriser. Qu'allait-elle dire ?

Mais alors il se souvint que même si elle ne ressentait pas la même chose, il devait être content de lui-même. Il avait fait un pas de plus pour aller vers son propre bonheur, et comme Freedom venait de l'expliquer, c'était la seule chose importante. Le reste était secondaire.

Et maintenant, je n'ai plus besoin de dissimuler mes émotions. J'ai ouvert mon cœur, tout est clair. Je me sens plus léger, plus libre.

— Tu es incroyable, Mystic, dit Freedom après un moment de silence. J'admire tout ce que tu as fait et tout ce que tu veux faire. Tu es un chat exceptionnel. Et sur ces mots, elle se leva, s'approcha de Mystic stupéfait et l'embrassa légèrement sur les lèvres.

En un instant, Mystic perdit tout repère, mais après quelques secondes, quand la pensée lui revint, il souriait bêtement d'une oreille à l'autre. Ça lui avait été égal que Freedom puisse ou non ressentir la même chose. *Mais je suis si, si heureux qu'elle éprouve les mêmes sentiments,* pensa-t-il.

Mystic et Freedom marchaient côte à côte, se souriant et rigolant. De temps en temps, ils s'arrêtaient pour se frotter l'un à l'autre en signe de tendresse.

Mystic était au paradis. Il était amoureux, et il était aimé.

Tout cela lui fit penser à Xoxo, qui avait perdu son amour Cocoon, et à ce qu'il disait avoir ressenti un peu plus tôt.

— Comment pouvons-nous savoir si ce que Xoxo a ressenti au sujet de Cocoon est réel ? demanda-t-il. Il disait qu'il l'avait sentie heureuse et aimée et qu'elle était présente tout autour de lui.

— Nous ne pouvons pas le savoir, répondit Freedom. Mais ce que nous savons, c'est que ce qu'il a ressenti était réel pour lui, et cela ne peut être nié. Juste parce que nous ne pouvons pas le percevoir, cela ne signifie pas que cela ne peut pas être réel. Xoxo y croyait si profondément que cela l'a complètement transformé. Alors qui sait ?

— Penses-tu que nous avons tous nos propres réalités ?

— On dirait que oui, déclara Freedom. Pour moi, chacun de nous a ses propres convictions qui l'aident à devenir plus heureux. Et ce n'est pas notre affaire de juger ou d'imposer nos croyances parce que nous pensons qu'elles sont les meilleures.

— Juste parce qu'elles sont meilleures pour nous, ne signifie pas qu'elles seraient meilleures pour eux, comprit Mystic en un éclair.

— Oui !

— Nous pouvons donc inspirer les autres avec nos croyances, mais nous ne devrions jamais essayer de les imposer à quiconque.

— Exactement ! s'exclama Freedom. Je pense que chacun devrait être libre de croire ce qu'il veut et de vivre en paix avec les autres.

— Et être heureux ! Conclurent-ils ensemble en riant.

Ils volaient sur un nuage de romance. Ils se frottèrent le museau avec tendresse, insufflant une vague joyeuse sur tous les animaux du parc qu'ils croisaient.

Lorsqu'ils arrivèrent à l'enclos de Lili et Lulu, les girafes, poussèrent des cris de joie.

— Venez ici, vous deux ! cria Lulu.

— Oui, venez nous raconter ce que vous avez fait ! dit Lili.

Freedom et Mystic entrèrent dans leur enclos et racontèrent ce qui s'était passé depuis leur dernière rencontre. Les girafes étaient impressionnées et félicitèrent Mystic pour les progrès qu'il avait accomplis. Elles exprimèrent leur grande joie d'apprendre que lui et Freedom étaient amoureux. Mystic et Freedom entrelaçaient leurs queues et riaient.

Lili les regarda avec amusement.

— Vous êtes vraiment adorables tous les deux, dit-elle.

Mystic se sentit submergé de joie.

Ils échangèrent encore quelques mots avec Lili et Lulu, mais il ne fallut pas longtemps avant qu'ils ne se disent au revoir. Mystic ne voulait pas laisser Xoxo seul trop longtemps, surtout après la matinée intense qu'ils avaient passée ensemble. Il voulait s'assurer que tout allait bien pour lui.

Et à sa grande joie, Freedom décida de l'accompagner.

- 4 -

Alors qu'ils s'approchaient de la cage de Xoxo, Mystic et Freedom entendirent des rires et des voix qui bavardaient joyeusement. Ils avancèrent rapidement jusqu'au bout du chemin et tournèrent à droite pour faire face à la cage de Xoxo. Le spectacle devant eux était au-delà de tout ce que Mystic aurait pu imaginer.

Il y a tout juste deux jours, Xoxo était un singe solitaire et profondément triste, sans espoir en lui. Maintenant, ce même singe était dans sa cage, à divertir une foule considérable. Tout autour de Xoxo étaient rassemblés des animaux joyeux – des oiseaux, des lézards, des chats, et toutes sortes de rongeurs – riant avec lui alors qu'il sautait énergiquement d'un barreau à l'autre. Mystic ne pouvait pas croire que cela arrivait vraiment !

— Il est là ! cria Xoxo du haut de sa cage. C'est Mystic, l'ami dont je vous parlais !

Tous les animaux se retournèrent et regardèrent Mystic, qui fut surpris par leur soudaine attention. À sa grande surprise, il vit le groupe de chats sauvages et parmi eux Dusty et Tiger. Ils firent un clin d'œil à Mystic.

Mystic regarda Freedom et elle hocha la tête.

— Vas-y, dit-elle avec un sourire.

Il se dirigea vers la cage de Xoxo.

— J'ai dit à tout le monde comment tu m'as aidé ! S'écria Xoxo. Comment tu as toujours su que je pourrais trouver le bonheur ici, ta conviction n'a jamais faibli. Mystic sourit, les yeux brillant de fierté. Il n'aurait pas pu espérer une meilleure expérience.

— Et regarde ! continua Xoxo joyeusement, bondissant vers un autre barreau. Regarde tous les amis que j'ai maintenant ! C'est grâce à toi !

— Je ne l'ai pas réalisé tout seul, dit Mystic. Nous étions tous les deux. Nous étions ensemble. "Nous".

En disant cela, il réalisa combien le partage de la réussite lui donnait encore plus de joie que s'il avait pris tout le mérite pour lui. Tout cela avait été possible grâce à sa volonté de se sentir bien pour lui-même, quoi qu'il arrive. Grâce à cela, il pouvait maintenant partager son succès avec Xoxo, ce qui multipliait la joie qu'il ressentait déjà.

Mystic bondit joyeusement à travers les barreaux. Ses pieds avaient à peine touché le sol de l'autre côté devant Xoxo que celui-ci le prit dans ses bras et le souleva au-dessus de sa tête comme un trophée. Mystic et tout le monde éclatèrent de rire.

Une fois que Xoxo l'eut déposé, Mystic observa la foule avec un sentiment d'émerveillement.

— Comment vous êtes-vous tous retrouvés ici ? demanda-t-il. Qu'est-il arrivé ?

— J'ai entendu du bruit, dit une mésange bien dodue à l'arrière du groupe. Je suis venue voir ce que c'était, et Xoxo sautait comme un fou heureux dans sa cage. C'était trop drôle pour ne pas venir le voir !

— C'était la même chose pour moi, gloussa une petite marmotte.

Tout le monde se mit à parler en même temps, racontant une histoire semblable. Ils avaient tous entendu la joie de Xoxo et n'avaient pas pu résister à la tentation de venir vers lui.

Mystic était stupéfait. C'était la deuxième fois qu'il constatait clairement que la négativité et l'apitoiement sur soi ne constituaient pas les meilleurs moyens pour attirer l'attention des autres. Le bonheur, en revanche, suscitait une attention plus joyeuse, tandis que la négativité n'attirait que Trembly.

C'était vraiment incroyable et impressionnant. *Maintenant que j'ai changé, je me demande quelle sera ma relation avec mes amis,* pensa-t-il. Mais il pouvait deviner la réponse. Ce serait beaucoup plus facile et plus léger qu'auparavant. Il y avait quelque chose d'excitant à cela. Il n'avait expérimenté que le pouvoir de retenir les autres grâce à sa négativité, mais la démonstration de Xoxo aujourd'hui était véritablement inspirante.

— À quoi penses-tu ? demanda Freedom gentiment.

Elle s'était approchée derrière lui alors qu'il observait la foule.

Il sursauta et se retourna. Pendant un moment, il avait oublié qu'elle était là. Un sentiment de honte lui comprima la poitrine.

Mais Freedom lui souriait.

— Freedom, je suis tellement désolé. J'étais tellement absorbé par ma gloire que j'ai oublié que tu étais...

— Chut, murmura-t-elle et elle posa une patte sur son museau.

— Mais tu devrais être fâchée ?

— Non, dit-elle en riant et en enlevant sa patte. Crois-tu vraiment que je t'aime seulement pour recevoir ton attention, pour ce que tu peux faire pour moi ? Ce ne serait pas de l'amour, parce que l'amour est inconditionnel.

Il était une fois de plus ébloui par sa beauté intérieure. Elle voulait être seule responsable de son bien-être et ne voulait pas qu'il ait le moindre pouvoir sur son bonheur. Il était très motivé à l'idée de maitriser cet état d'esprit. Ça rendait tout si simple et amusant.

— Tu dois être d'une autre planète, dit-il doucement. Mais peu importe ce que tu dis, j'ai encore honte de mon comportement. Tu es la vraie héroïne ici, pas moi.

Sans elle, il n'aurait même jamais songé à aider le singe qui maintenant sautait et hurlait dans sa cage comme un fou.

— Tu es mignon, murmura-t-elle en se frottant le nez contre sa joue. Merci.

Mystic regarda dans ses yeux, laissant son cœur fondre avec le sien, et l'embrassa.

Après leur moment de tendresse, Mystic se tourna vers Xoxo, qui les observait avec satisfaction et murmura ce mot : « Merci », et Xoxo lui répondit avec un pouce levé, ce qui fit sourire Mystic.

— Tu m'as demandé à quoi je pensais, dit-il à Freedom.

Elle hocha la tête.

— Et ?

— Je pensais à mon ami Ulysse. J'imaginais ce que ce serait de le revoir maintenant que j'ai changé. Ou même comment serait ma relation avec Sarah et ma famille.

— Alors, pourquoi ne pas retourner pour une visite et voir ce qui se passe ?

Mystic fut choqué que Freedom puisse être si détachée concernant une possible séparation.

— Et nous dans tout ça ?

— Que veux-tu dire ? Tu viendras me voir, n'est-ce pas ?

— Non, non, non, murmura Mystic ressentant déjà les premières vagues de panique monter en lui. Je veux être avec toi tout le temps.

— Oh Mystic, dit Freedom en frottant son nez contre son cou gris.

— Pourquoi tu ne viens pas avec moi ? dit soudainement Mystic. Je suis sûr que Jane, Pete et Sarah t'accueilleraient.

— Je suis vraiment touchée, mais je ne serais pas bien dans une maison avec des humains. J'ai besoin de rester dehors. C'est là que je suis heureuse. Et j'ai besoin de continuer à répandre ce bonheur auprès de ceux qui ne peuvent pas encore trouver le leur... comme je l'ai fait avec toi il n'y a pas si longtemps.

Mystic savait qu'elle ne changerait pas d'avis ; ça ne servait à rien d'essayer de la convaincre. D'ailleurs, il ne voulait pas que son amour soit une prison pour elle. Elle devait être libre, et il devait l'aimer ainsi. Essayer de la changer pour lui ne ferait que rendre les choses plus difficiles pour tous les deux. Alors, plutôt que de laisser sa déception grandir, il décida de ne plus en parler.

— D'accord, dit-il. Mais nous devons nous voir beaucoup.

— Bien sûr ! s'exclama joyeusement Freedom. Moi aussi j'ai besoin d'être proche de toi. Je vais...

Mais ils furent soudainement interrompus par Xoxo hurlant de terreur. Ils se retournèrent et virent une scène d'horreur se dérouler devant eux.

Tout rentre dans l'ordre

- 1 -

Xoxo avait été attrapé par un homme et une femme vêtue des uniformes bleus des soigneurs du parc. Ils avaient trouvé un moyen de le saisir par les bras soulevant son corps qui semblait sans vie et qui se balançait dans les airs comme les animaux en peluche de Sarah.

— Ils l'ont endormi, chuchota Freedom avec un sentiment d'urgence. Nous devons les suivre.

Le cœur de Mystic se mit à battre rapidement.

— Ne laisse pas ta peur te dominer, Mystic, dit-elle. Xoxo a besoin de nous, il a besoin de toi, maintenant !

Mystic prit une profonde inspiration et hocha la tête.

Les deux soigneurs emmenèrent Xoxo hors de la cage. Freedom bondit entre les barreaux, suivie de près par Mystic. Ils se faufilèrent entre les buissons pour suivre les soigneurs d'aussi près qu'ils le pouvaient tout en évitant de se faire repérer.

Les humains se dirigèrent vers un chemin que Mystic ne connaissait pas. il n'avait aucune idée de ce qui se passait. Il se sentait très mal, l'estomac serré et écœuré. C'était la deuxième fois qu'il perdait un ami !

Puis il aperçut au loin sur le chemin, Trembly qui souriait avec un air satisfait.

Oh non, pensa-t-il, mais Freedom le surprit et il perdit de vue Trembly.

— Regarde ! murmura-t-elle bruyamment, hochant la tête vers les humains.

La femme tenait Xoxo dans ses bras comme un bébé, tandis que l'homme ouvrait une caisse à l'arrière d'un pick-up rouge. La femme posa la tête de Xoxo sur son épaule et le caressa doucement dans le dos.

— Qu'est-ce qui se passe ? demanda Mystic.

— Je pense que pour la première fois, je suis témoin du pouvoir incroyable du bonheur, dit Freedom.

— Quoi ?

— Tout va bien, je peux le sentir. Mieux encore, je le sais. La transformation de Xoxo lui a apporté quelque chose de bon.

Mystic n'eut pas le temps de répondre, Freedom s'empressait déjà de rejoindre le véhicule et les humains.

Depuis que la femme tenait Xoxo dans ses bras, elle n'avait pas cessé de le caresser. Et l'homme semblait prendre beaucoup de soin à organiser un lit douillet avec du foin dans la caisse à l'arrière du pick-up. Un autre homme portant les mêmes vêtements bleus apparut devant le véhicule.

— Il est prêt, dit joyeusement la femme à l'homme qui s'approchait.

Mystic pouvait sentir dans sa voix qu'elle était satisfaite et il aurait souhaité pouvoir mieux comprendre ses paroles.

— Elle a dit que Xoxo était prêt, murmura Freedom.

— Tu comprends leur langue ?

— De plus en plus.

Mystic était constamment surpris par elle. Freedom était vraiment incroyable, mais ce n'était pas le moment de s'attarder sur le sujet.

— Il est prêt pour quoi ? demanda-il.

— Je ne sais pas. Nous devons les suivre pour le découvrir.

La femme installa Xoxo dans la caisse avec une grande délicatesse et l'embrassa doucement sur la joue. Mystic et Freedom échangèrent des regards surpris. Puis les trois soigneurs grimpèrent dans la cabine du pick-up et démarrèrent le moteur.

— Vite ! s'exclama Freedom. Suis-moi !

Elle bondit hors de sa cachette vers le véhicule.

Mystic n'eut pas le temps de réfléchir à la situation. Freedom courait à toute vitesse, alors il la suivit aussi près que possible. Le pick-up avançait, mais lentement. Ils le rattrapèrent et bondirent à l'arrière, atterrissant près de la caisse où Xoxo commençait à se réveiller.

Mystic était terrifié. Il ne savait pas ce qui allait arriver à son ami, ni où ils allaient, ni même s'il pouvait faire quoi que ce soit pour l'aider.

— Mon intuition me dit que tout va bien, dit Freedom.

Le véhicule roula sur une grosse bosse, déséquilibrant tout le monde à l'arrière. Xoxo se mit alors à hurler. Il était complètement réveillé.

— Qu'est-ce qui se passe ? criait-il, essayant de tirer sur les barreaux de la caisse. Où suis-je ? À l'aide !

Il tournait le dos à Mystic et Freedom, alors Freedom courut de l'autre côté pour qu'il la voie.

— Hé, tu vas bien, tu vas bien, murmura-t-elle doucement.

Mais terrifié, Xoxo était hors de contrôle. Il ne la voyait pas, même si elle était juste devant lui, comme si elle n'existait pas. Il secouait les barreaux de plus en plus frénétiquement.

— Qu'est-ce qui se passe ? criait-il.

Mystic ne supportait plus la peur de Xoxo. Il contourna la caisse et atterrit à côté de Freedom. Il appela Xoxo d'une voix apaisante. Xoxo ne le voyait pas non plus.

C'était une telle joie de le voir vivant et heureux, pensa Mystic. *Pourquoi doit-il vivre ça maintenant ?* Voir le désespoir de Xoxo était pire que de ressentir le sien.

À leur première rencontre Mystic n'avait même imaginé qu'il aurait pu aider Xoxo. Maintenant, il était presque certain qu'il ne le pourrait pas. Il se sentait inutile et impuissant. Sa gorge se serrait à chaque cri poussé par Xoxo. C'était horrible.

Et puis Mystic vit quelque chose qui le fit frissonner. Trembly était assis sur le dessus de la caisse. Un air de triomphe éclairait son visage, il était heureux et imposant.

Oh non, pas lui.

Xoxo, qui n'avait pas pu voir Mystic ou Freedom, semblait savoir que Trembly était là. Il leva la tête vers le chat roux qui le regardait avec des yeux malveillants.

— Non ! cria Mystic.

Il courait de long en large devant les barreaux, essayant d'attirer l'attention de Xoxo. Mais les yeux du singe étaient complètement captivés par ceux de Trembly.

— Il n'est pas ton ami ! cria Mystic. C'est ton pire ennemi ! Il est ta peur, ton manque d'espoir, ta négativité...

Mystic fut frappé par ce qu'il venait de dire. *Peur, manque d'espoir, négativité... C'est exactement ce que je ressens et je ne pourrai jamais aider Xoxo si je me sens comme ça !*

Il fut surpris de voir Freedom assise un peu plus loin sur le côté de la benne, souriant et respirant profondément.

— Comment es-tu capable de faire ça ? Dit-il. Comment peux-tu ne pas perdre le contrôle dans cette situation ? Comment peux-tu croire que tout va bien et te sentir bien malgré ce qui se passe ?

— Parce que je fais confiance à ma première intuition, répondit-elle calmement. Je ne laisse pas mon esprit ou ce qui se passe juste devant mes yeux me dire le contraire.

Mystic secoua la tête, incrédule. Ce qu'elle disait était trop difficile à accepter.

— J'ai appris à toujours suivre ma première intuition qui est positive, expliqua Freedom. Celle qui vient si vite que la plupart d'entre nous ne la remarquent même pas. Elle passe en un éclair, aussi fugace qu'une étoile filante. C'est celle qui te donne l'impression que tout ira bien... enfin, jusqu'à ce que les émotions désagréables et les pensées négatives t'attaquent juste après. Tu connais cette sensation, n'est-ce pas ? Elle rit. Quand la peur vient à toi et tente de t'effrayer, de te rendre misérable, avant même que quelque chose de réel ne se soit produit ?

— Parce que pour toi rien n'est encore arrivé ? dit Mystic, choqué. Pourtant il me semble que beaucoup de choses viennent de se passer pour Xoxo !

— Eh bien, il n'est pas blessé, il est simplement déplacé quelque part, et nous ne pouvons pas encore savoir si c'est une bonne ou une mauvaise chose. Alors, je choisis de faire confiance à ma première impression, qui m'a dit que tout va bien. Si tu peux en faire autant, Mystic, tu réduiras le pouvoir de Trembly sur toi et tu aideras aussi Xoxo. Parce que s'il voit que tu ne paniques pas et que tu gardes l'espoir, cela l'inspirera à te faire confiance et à contrôler sa peur. Et quand tu te sentiras plus détendu, tu trouveras l'inspiration et les mots pour l'aider à se sentir mieux. Tu te souviens ?

Freedom parlait doucement, ses yeux rayonnant d'amour, mais

malgré tout, Mystic soupira, se sentant un peu découragé. Bien sûr, il connaissait déjà tout cela. Mais la théorie était souvent plus simple que la pratique, et ce n'était vraiment pas le moment idéal pour l'appliquer.

Mais ses pensées furent interrompues. Xoxo sanglotait, les bras sur ses yeux humides. Trembly était assis sur la caisse, arborant un sourire cruel.

Freedom a raison. Rien ne s'est encore produit. Mystic prit une profonde inspiration, se sentant de plus en plus détendu. *Je fais confiance à son intuition.* Cette pensée lui apporta immédiatement une lueur d'espoir et il se souvint de la soigneuse en chemise bleue qui avait tendrement embrassé Xoxo sur la joue. Il décida qu'il devait tenter sa chance, à la fois pour lui-même et pour Xoxo. Il avança d'un pas et lança à Trembly un regard plein de défi.

— Tu sais, dit-il en regardant Xoxo, les humains qui t'ont extrait de ta cage ont montré beaucoup de douceur à ton égard. Surtout la femme. Elle t'a porté, t'a caressé le dos pour te rassurer, et quand elle t'a déposé ici, elle t'a même embrassé sur la joue.

Xoxo découvrit ses yeux, brouillés et rouges, et regarda Mystic avec ce qui pouvait être de l'espoir. Le cœur de Mystic bondit.

— Vraiment ? demanda Xoxo.

— Oui, vraiment, répondit-il. Elle a même dit à un des hommes qui l'accompagnait que tu étais prêt. Nous ne savons pas ce qu'elle a voulu dire, elle ne l'a pas expliqué, mais elle semblait heureuse quand elle l'a dit. Comme si tu avais accompli quelque chose. Quelque chose de vraiment bien.

Trembly avait écouté tout cela avec un sourire narquois. Dès que Mystic termina, il se pencha pour regarder de nouveau les yeux de Xoxo.

— N'écoute pas ces sottises, tu es un imbécile si tu le fais, dit-il. Tu sais comment cela va se terminer, tu en as déjà fait l'expérience. Tu souffriras encore plus dès que tu reviendras à la réalité.

Xoxo baissa les yeux et regarda de nouveau Mystic.

— J'aimerais pouvoir te croire, dit-il à Mystic. Mais je ne peux pas.

— Est-ce que je n'ai pas déjà réussi à te rendre vraiment très heureux ? demanda Mystic, essayant de dissimuler l'exaspération qu'il ressentait.

— Oui, dit Xoxo hésitant. Mais maintenant la situation est différente.

— Ce sera toujours différent, Xoxo. Du moins à l'extérieur ça le sera. Mais à l'intérieur, ce sera toujours la même chose. Tu peux choisir de croire que tout va bien, ou tu peux choisir de croire en ta peur et donner ta vie à Trembly.

Mystic se sentit à nouveau positivement plus fort et ne put s'empêcher de parler.

— Peut-être que dans certaines situations, pendant un moment, tu ne peux pas contrôler tes émotions, mais après le choc initial, tu as le choix. Surtout quand rien de vraiment mauvais n'est arrivé pour justifier le désespoir.

Xoxo ne disait rien, mais sa respiration avait repris un rythme normal. Il avait l'air beaucoup plus calme qu'il ne l'avait été depuis que les soigneurs l'avaient attrapé, presque détendu. Mystic jeta un coup d'œil sur le toit de la caisse. Trembly était parti.

Oui! pensa-t-il joyeusement. Freedom lui fit un clin d'œil, et il sentit une soudaine vague d'euphorie. Il voulait sauter et danser, mais parvint à se contenir. L'attention ne devait pas être sur lui, mais sur Xoxo.

Il voulait continuer à convaincre Xoxo que tout allait s'arranger, que tout ce qu'il avait à faire était de penser positivement, mais le véhicule s'arrêta brusquement, surprenant tout le monde.

- 2 -

Mystic avait été tellement absorbé avec Xoxo qu'il n'avait pas prêté attention à quoi que ce soit d'autre. Il n'avait aucune idée ou le pickup les avait emmenés. Il sauta sur le rebord de la benne et regarda autour de lui, essayant de s'orienter, en vain. Il n'était jamais venu ici auparavant. Ils étaient au bout d'une rue étroite entourée de hauts bâtiments en briques rouges.

Le moteur s'arrêta, les laissant dans le silence. Mystic jeta un coup d'œil à Freedom, vit l'urgence dans ses yeux et comprit tout de suite ce que cela signifiait. Ils devaient se cacher.

Xoxo semblait de nouveau inquiet, mais tout à son honneur, il ne paniqua pas.

— Nous devons nous cacher, murmura Mystic. Mais on ne te quitte pas! Nous allons te suivre d'aussi près que nous le pourrons. Souviens-toi juste de continuer à imaginer toutes les conséquences positives que cette situation pourrait en fait t'offrir, d'accord ? Ne perds pas espoir !

Xoxo hocha la tête. Son visage ne reflétait pas la sérénité, mais Mystic y vit sa détermination à essayer de voir les choses positivement. Il ressentit de la fierté.

— Allons-y, chuchota Freedom.

Elle était à l'arrière de la benne, prête à sauter. Mystic la rejoignit. Il se retourna et sourit à Xoxo, qui tenta de lui rendre son sourire.

Les portes du pick-up s'ouvrirent.

Mystic et Freedom sautèrent de l'arrière de la benne en tandem, atterrirent sur le trottoir et se précipitèrent derrière une poubelle non loin. Ils pourraient ainsi surveiller le véhicule tout en étant cachés.

Les deux hommes retirèrent la caisse de Xoxo hors de la benne, tandis que la femme se dirigea vers un des bâtiments et ouvrit une porte. Elle plaça une grosse pierre devant pour l'empêcher de se refermer.

Freedom tapota l'épaule de Mystic pour attirer son attention et hocha la tête vers la porte ouverte.

— Nous devons y entrer avant qu'ils ne la referment ! murmura-t-elle.

— D'accord ! répondit Mystic avec une grande confiance, ce qui le surprit.

La positivité et la confiance de Freedom étaient contagieuses. Il se sentait incroyablement fort et intensément vivant.

Les hommes marchaient côte à côte, transportant la caisse de Xoxo entre eux. C'était le moment ou jamais.

— Va derrière celui de droite, et je vais suivre celui de gauche, dit-il, inspiré. Ça devrait nous garder cachés de la femme, et nous devrions pouvoir entrer sans problème.

— OK, allez, on y va !

Le ton joyeux dans la voix de Freedom ne passa pas inaperçu. Sans un mot de plus, ils sortirent de leur cachette et se mirent en marche derrière les hommes.

Xoxo les avait vus, mais ne fit d'autre signe qu'un rapide clin d'œil.

Et avant que Mystic ne s'en aperçoive, ils atteignirent la porte et se retrouvèrent dans un long couloir avec un tas de boîtes empilées le long du mur à leur gauche. Il jeta un coup d'œil à Freedom, qui hocha la tête, et sans attendre, ils se précipitèrent derrière les boîtes, juste à temps. À peine avaient-ils été cachés que la femme se retourna pour donner un coup de pied dans la pierre et la porte se referma. S'ils étaient restés derrière les hommes, elle les aurait certainement vus. Mystic était fier de son intuition.

Les hommes continuèrent dans le couloir vers deux grandes portes argentées, qui s'ouvrirent automatiquement. Ils entrèrent avec Xoxo à l'intérieur d'une petite pièce carrée et attendirent. Les portes se refermèrent dans un bourdonnement.

— Qu'est-ce qui s'est passé ?

Mystic, espérait que Freedom aurait une réponse, mais elle avait déjà quitté sa cachette et se dirigeait vers les portes argentées.

— Je n'en ai aucune idée, répondit-elle.

Mystic la suivit et s'assit à côté d'elle, fixant l'énigme qui se dressait devant eux.

— Quelque chose se déplace derrière ces portes, dit-il au bout d'un moment. Je peux entendre des vibrations et les sentir dans mes pattes.

Comme ils scrutaient les portes, cherchant un moyen d'entrer, elles se mirent en mouvement et s'ouvrirent. Freedom bondit à gauche, Mystic à droite, et ils se regardèrent à travers la distance qui les séparait. Freedom arborait un immense sourire, et pour une fois, Mystic éprouva le même enthousiasme. Même si tout ceci pouvait être effrayant, c'était l'occasion d'aller de l'avant et de retrouver Xoxo.

La petite pièce derrière les portes n'était pas vide, cependant. Les trois soigneurs étaient là, la femme en tête suivie par les deux hommes. En revanche, Xoxo était introuvable. Aucun d'eux ne remarqua les deux chats de chaque côté, et ils se dirigèrent vers la porte par laquelle ils étaient entrés dans le bâtiment.

S'assurant que personne ne regardait, Mystic et Freedom coururent entre les deux portes coulissantes et pénétrèrent dans la petite pièce.

La situation était terrifiante, mais Mystic ne ressentait pas de terreur. Il avait choisi de se concentrer uniquement sur les aspects positifs : il se sentait en sécurité, il était avec Freedom, et bien sûr, la joie que Xoxo ressentirait quand ils le retrouveraient.

— Et maintenant ? Demanda-t-il.

Freedom haussa les épaules et sourit.

— Je ne sais pas. Attendons et voyons.

Pour la première fois, cette réponse détendue ne le dérangea pas. Il commençait à faire confiance à son intuition comme Freedom l'avait toujours fait, et c'était libérateur. Il jouissait de cette nouvelle sensation de calme lorsque les lumières au-dessus de leur tête s'éteignirent, les plongeant dans le noir.

En un instant, tout son optimisme fut soudainement remplacée par de l'appréhension.

— Nous avons de la chance de voir dans l'obscurité, n'est-ce pas ? dit Freedom avec de la légèreté dans la voix.

— Oui, c'est vrai.

Mystic se mit à rire de sa positivité immuable. Elle avait raison. Les lumières éteintes ne changeaient rien pour eux. Ils voyaient encore très bien. Tout allait bien. Il respira de nouveau normalement. Tout était devenu silencieux et calme. Non, pas tout. Il entendait quelque chose au loin.

— Tu entends ça ? demanda Freedom, et Mystic hocha la tête.

— Cela ressemble presque à Xoxo criant quelque chose, mais comme s'il y avait beaucoup de Xoxo, et ce n'est pas possible, si ?

Freedom haussa les épaules.

— Pourtant ça y ressemble.

Tous deux cessèrent de parler et écoutèrent les sons. Il n'y avait pas de crainte dans les cris, juste une exubérance, comme si un groupe de singes se parlaient avec excitation, chacun criant plus fort que les autres pour être entendu au-dessus de l'agitation.

Tout à coup les lumières se rallumèrent, le bourdonnement recommença, le sol vibra, et la petite pièce où ils se trouvaient se souleva.

— Ça bouge ! dit Freedom avec enthousiasme.

Mystic hocha la tête, se réaffirmant que tout allait bien et que c'était tout juste une occasion de trouver Xoxo. Il était alerte sur ses pattes, prêt à bondir, et un instant plus tard, quand la pièce s'arrêta et que les portes commencèrent à s'ouvrir, c'est ce qu'il fit. Comme ils avaient fait quand ils étaient dans le couloir, Mystic sauta d'un côté et Freedom de l'autre.

Quatre hommes entrèrent dans la pièce, parlant haut et fort. Freedom et Mystic ne perdirent pas de temps. Complices, ils hochèrent la tête et jaillirent en même temps hors de la pièce, espérant que leur présence continuerait à passer inaperçue. Mais le couloir dans lequel ils atterrirent était plein de monde. Ils firent à peine quelques pas quand une voix cria : « Hé ! »

Aucun d'eux ne leva les yeux. Une ouverture avec moins de gens se présentait à leur gauche, et ils s'élancèrent dans cette direction. Ils slalomèrent dans une forêt de jambes et de mains alors que les gens essayaient de les saisir. Ils les évitèrent tous, certains juste d'un cheveu, et passèrent de l'autre côté, mais ce qu'ils virent était décourageant. Le couloir finissait abruptement par un mur.

L'espoir de Mystic commença à s'éteindre, sa gorge se serra et son cœur battit a plein regime. *Tout va bien, tout va bien, tout va bien,* balbutia son esprit.

— Le trou là-haut ! cria Freedom.

Mystic leva la tête au son de sa voix. En haut du mur se trouvait un grand trou rectangulaire. Il en avait déjà vu de similaires – d'ordinaire, ils avaient une grille –, mais celui-ci n'en avait pas. Il n'avait jamais sauté aussi haut et son esprit essaya de lui dire qu'il ne pouvait pas le faire. Mais il refusa de perdre à nouveau sa confiance.

— Je le vois ! cria-t-il. Je peux le faire !

L'énergie avec laquelle il cria l'aida à se convaincre qu'il pouvait réellement y arriver. Il sentit l'espoir revenir.

Ils atteignirent le bas du mur en même temps, et sans prendre le temps de réfléchir, ils prirent leur élan et s'élancèrent avec autant de force qu'ils le pouvaient. Il y avait à peine assez d'espace pour eux deux dans le conduit de ventilation. Ils atterrirent côte à côte, s'accordèrent un bref regard ravi, et reprirent leur course. Freedom riait et criait joyeusement. Après un moment, Mystic en fit autant.

Une fois que la menace du danger eut disparu, ils ralentirent, progressant plus loin dans le tunnel. Plus ils avançaient, plus les cris des singes se faisaient entendre.

— Nous nous rapprochons, dit Mystic. J'espère que Xoxo est là.

— Je suis certaine qu'il y est.

— Bien sûr que tu en es certaine, dit Mystic en rigolant doucement. Cela m'aurait étonné que tu dises le contraire.

Après un certain temps, ils pouvaient aussi sentir l'odeur des singes, et Mystic était certain maintenant que Xoxo n'était pas loin.

— Il est juste là, dit-il. Je le sens ! Il est là !

Mystic recommença à courir, et Freedom le suivit de près. Quand ils arrivèrent au bout du tunnel, ils trouvèrent une autre ouverture rectangulaire comme celle par laquelle ils étaient entrés, seulement celle-ci était couverte par une grille à persiennes. Ils s'en approchèrent et regardèrent par les ouvertures. Ils étaient perchés au sommet d'un mur très haut. Mais ce n'est pas ce qui les surprit.

MYSTIC À LA DÉCOUVERTE DU BONHEUR

Au-delà de la grille se révélait une vue extraordinaire. C'était mieux que ce que Mystic aurait pu imaginer dans ses rêves les plus fous. Ses yeux brillèrent de larmes de joie, et Freedom frotta sa tête contre sa joue en ronronnant.

- 3 -

Devant eux s'étendait un immense espace baigné de soleil, d'arbres, de cascades et de rochers. Une multitude d'oiseaux colorés volaient de branche en branche, chantant joyeusement. L'air était pur et transportait des odeurs de nature et de fleurs exotiques. Et, bien sûr, de singes.

En face de Freedom et Mystic, sur une branche à la même hauteur, se trouvait un groupe de macaques installés en ligne en train de se toiletter les uns les autres. L'un d'eux était Xoxo.

— Il est là ! cria Mystic joyeusement. Aide-moi avec la grille !

Freedom n'eut pas à demander ce qu'il voulait dire. Elle baissa son épaule contre la grille et commença à la pousser de tout son poids. Ils durent la pousser plusieurs fois, mais heureusement, elle était fragile. Ce qui la maintenait en place ne pouvait résister à leur détermination. Très vite, elle se détacha avec un grincement métallique et plongea dans une piscine en contrebas. Heureusement, il n'y avait pas de singes en dessous et personne ne fut blessé.

Tous les singes se tournèrent vers Mystic et Freedom. Les yeux de Xoxo s'illuminèrent quand il les vit.

— Merci.

La voix de Xoxo était pleine d'émotion.

— Merci de m'avoir sauvé.

Mystic resta momentanément sans voix.

— Tu m'as aidé à changer jusqu'à ce que je sois prêt pour ça, poursuivit Xoxo. Il fallait que j'aie le bon état d'esprit pour qu'ils m'acceptent ici. Je devais être heureux pour pouvoir me mêler à encore plus de bonheur.

Mystic sentit la gratitude de Xoxo malgré l'espace qui les séparait.

— Merci, murmura encore Xoxo.

— Eh bien, nous devrions tous les deux remercier Freedom, dit Mystic. C'est Elle qui m'a inspiré à choisir le bonheur à la place de la misère que je choisissais auparavant.

Il se tourna vers elle.

— Rien de tout cela ne serait arrivé sans toi.

Elle inclina la tête en signe d'assentiment.

— De toute façon, c'est comme je te l'ai dit auparavant dit Mystic à Xoxo, qui le regardait encore, dans l'expectative. C'est toi qui as fait la partie difficile. Moi, je n'ai fait que ce qui me procurait le plus de joie.

Alors qu'il disait cela, les autres singes commencèrent à crier énergiquement et à sauter de branche en branche. Xoxo éclata de rire, se leva, tenant une branche au-dessus de sa tête et l'autre sous ses pieds et se mit à bondir, grimaçant de bonheur.

Freedom et Mystic se regardèrent l'un l'autre et se mirent à rire.

La transformation de Xoxo était incroyable. Mystic pensa alors à Bumpa. Il en était venu à accepter qu'il ne le reverrait peut-être jamais (et une fois qu'il serait parti d'ici, il savait qu'il ne reverrait peut-être jamais Xoxo non plus), mais voir Xoxo aussi heureux l'incitait à penser que Bumpa pouvait être tout aussi comblé. Il était triste à l'idée de perdre deux amis comme cela, mais son bonheur pour eux était beaucoup plus fort et l'emportait largement. Son intuition lui disait que Bumpa vivait son rêve tout comme Xoxo.

Et je suppose que moi aussi, pensa Mystic, en regardant Freedom. Tout est parfait. Eh bien... presque parfait.

— Comment allons-nous rentrer ? demanda-t-il à Freedom.

- 4 -

Freedom et Mystic ne pouvaient pas repartir par le chemin qu'ils avaient emprunté pour arriver jusqu'ici sans être certainement attrapé. Il y aurait probablement un tas de gens de l'autre côté en train de les attendre.

— Une seule option, dit Freedom en souriant. Tout droit.

L'enceinte où vivaient les singes était gigantesque, mais les yeux vifs de Mystic pouvaient en voir le bout. Loin de l'autre côté se trouvait un mur de verre à travers lequel le soleil pouvait briller, mais les panneaux ne descendaient pas jusqu'au sol, créant ainsi une ouverture juste assez large pour qu'un chat puisse se faufiler.

— D'accord, répondit Mystic, regardant vers le bas à l'endroit où la grille avait plongé.

Ils étaient perchés très haut. Beaucoup trop haut pour sauter sans se blesser. De même, l'arbre le plus proche était trop loin. Ils ne pouvaient certainement pas l'atteindre, et une chute de cette hauteur était très risquée.

— Comment allons-nous descendre d'ici ?

— Nous allons vous attraper ! dit un singe en dessous de Xoxo. Sautez, et nous vous attraperons !

Mystic avait un nœud dans la gorge.

— Nous sommes forts, nous pouvons le faire ! déclara un autre singe à droite de Xoxo.

— D'accord ! dit Freedom avec confiance.

— Et s'ils nous ratent ? dit Mystic, inquiet.

— Et si nous vous attrapons ? dit Xoxo avec un large sourire.

Mystic rit malgré sa crainte. Xoxo avait raison.

— D'accord, d'accord, dit-il avec autant de confiance qu'il put rassembler. Allons-y. On y croit !

Freedom avait déjà plié ses pattes arrière pour prendre autant d'élan que possible. Mystic dans un geste désespéré voulut l'arrêter. Mais avant qu'il ne puisse bouger une patte, elle volait déjà à travers les airs, se dirigeant vers l'arbre comme un oiseau noir gigantesque.

Tous les singes s'étaient déplacés au bout de leurs branches pour être plus près de là où elle retomberait. Ils tendirent leurs corps vers elle aussi loin qu'ils le pouvaient.

Elle tomba devant une branche où un jeune singe l'attendait. Il faillit l'attraper, mais la manqua. Puis elle tomba à travers l'arbre vers le sol, essayant frénétiquement de s'accrocher aux branches qui défilaient devant elle. Elle passa à proximité de trois autres singes qui, malgré leurs réflexes rapides et leurs mains agiles, la manquèrent. Elle continua à chuter.

— ATTRAPEZ-LA ! hurla Mystic. SAUVEZ-LA ! NE LA LAISSEZ PAS TOMBER !

Juste au-dessous de Freedom se trouvait un large espace entre deux branches où se tenaient deux singes, un de chaque côté. Il n'y avait aucun moyen qu'ils puissent l'atteindre – elle tombait en plein centre, trop loin, même pour des mains agiles –, mais le singe de gauche agit rapidement. Avant que Freedom ne tombe à travers l'ouverture, il bondit dans l'espace, visant son petit corps noir et velu. Il la heurta aussi doucement qu'il put, la propulsant vers le singe de droite, qui était prêt à l'attraper alors qu'elle volait vers lui. Il réussit à la saisir par la peau du cou.

Freedom lâcha un petit cri quand il l'attrapa en plein vol et lui permit d'enfoncer ses griffes dans l'écorce. Elle était en sécurité.

Mystic s'écroula au sol submergé par l'émotions, haletant et murmurant « Merci » encore et encore.

Les singes explosèrent de joie en poussant des cris de célébration et sautant joyeusement tout autour. Quand Mystic jugea qu'il avait de nouveau la force de se tenir debout, il le fit. Il vit, Freedom et, quelques branches au-dessous d'elle, le singe qui l'avait catapultée en plein vol. Il était indemne, assis sur une branche, applaudissant. Freedom fit signe à Mystic.

Mystic soupira, mais avant qu'il ne puisse perdre le peu de courage qu'il avait, il prit son élan et sauta dans le vide entre la bouche de ventilation et l'arbre. Il volait vers l'arbre quand il vit le visage de Xoxo se rapprocher de lui. *Je vais y arriver!* pensa-t-il, jubilant. Le saut de Mystic le conduisait vers la branche où Xoxo se tenait debout, les bras tendus, prêt à attraper son corps léger. Et avant qu'il ne puisse y penser davantage, les deux mains agiles de Xoxo lui saisirent les pattes avants, le tirèrent et le posèrent sur la branche à côté du singe blond.

Mystic sauta de joie et frotta le visage de Xoxo avec son nez. Les singes tout autour se mirent à célébrer avec encore plus d'enthousiasme.

Bientôt, tout le monde se dirigea vers la base des arbres et vers les grands panneaux de verre. Un silence pesant régnait, comme si chacun pouvait percevoir la douleur que ressentait Mystic à l'idée de dire au revoir à son ami.

— N'est-ce pas idiot que je ressente de la douleur alors que je devrais ressentir de la joie ? Je devrais être heureux pour toi, dit-il à Xoxo. Et pour nous, ajouta-t-il en regardant Freedom. Mais au lieu de me concentrer sur les choses merveilleuses qui viennent de se produire et qui m'entourent encore, tout ce à quoi je pense, c'est à la douleur de nous séparer. Ce n'est même pas encore arrivé, mais je peux déjà la sentir au lieu de me réjouir de cet instant merveilleux d'être encore tous ensemble.

— C'est normal que cette situation te fasse mal, répondit Xoxo. Je suis plutôt content que tu sois un peu triste de notre séparation. Ça veut dire que tu tiens vraiment à moi. Immédiatement, Mystic se sentit plus léger.

— Il a raison, dit Freedom gentiment. Mais ta douleur ne vient pas seulement du fait que tu laisses Xoxo derrière toi. Elle est amplifiée parce que tu te juges pour la ressentir. C'est ce qui te fait vraiment mal. Il est important d'accepter toutes tes émotions telles qu'elles viennent, sans juger si tu dois les ressentir ou non.

— Oui ! dit Xoxo avec un sourire en coin. Qui penses-tu être pour juger si tes émotions sont bonnes ou non ? Regarde, tu penses que tu as tort de ressentir de la peine ? Eh bien, pour moi, ça me parait être la chose la plus naturelle au monde. Je n'aurais pas apprécié si tu avais été heureux de me quitter !

Mystic pouffa de rire avec Xoxo et Freedom, tandis que tous les autres singes poussaient des cris de joie et sautaient derrière eux.

Xoxo saisit Mystic dans ses bras et le serra.

— Je suis le plus heureux des macaques, murmura-t-il à l'oreille de Mystic. J'avais rêvé nuit et jour de ce que je viens d'obtenir, mais l'idée de te laisser partir me serre aussi l'estomac.

Il souleva Mystic à la hauteur de son visage pour le regarder droit dans les yeux.

— Pourtant, c'est une émotion magnifique, ajouta-t-il, une émotion douloureuse, mais belle, qui se traduit par de l'amour.

Mystic ressentit une chaleureuse vague d'amour l'envahir. Oui, cette émotion douloureuse était en réalité très belle.

— Merci, dit-il à Xoxo, qui le serra une dernière fois dans ses bras avant de le reposer au sol.

- 5 -

Après de nombreuses embrassades et au revoir, Freedom et Mystic se glissèrent enfin sous l'un des panneaux de verre. Mystic avait encore la gorge serrée, mais il trouvait du réconfort en reconnaissant que sa tristesse découlait d'une émotion d'amour profonde. Il accepta sa douleur et choisit de la considérer comme quelque chose de très positif.

J'ai toujours le choix, se réaffirma-t-il intérieurement. Il avait le sentiment qu'il continuerait à le faire pendant longtemps.

Freedom marchait à ses côtés et même si Mystic avait l'impression qu'il y avait beaucoup de choses dont elle aurait aimé parler, il ressentait qu'elle voulait respecter ses émotions. Il était connecté à Freedom et pouvait la comprendre comme par télépathie. *Je deviens de plus en plus comme elle,* pensa-t-il en la voyant sourire.

Ils contournaient le bâtiment en brique, se dirigeant vers l'endroit où ils avaient sauté du véhicule, quand ils entendirent une voix.

— C'est la femme du pickup! murmura-t-il. Celle qui portait Xoxo!

Ils s'étaient dirigés vers l'entrée du bâtiment, espérant que le véhicule serait toujours là, et il semblait que la chance était de leur côté.

— Tu as raison! dit Freedom joyeusement. Allons-y! C'est peut-être notre transport de retour après tout!

Ils coururent jusqu'au coin du bâtiment, le contournèrent et constatèrent que le pickup rouge était toujours là. Ils ne virent personne autour.

— C'est incroyable! cria Mystic en courant vers le véhicule. C'est tellement incroyable!

— Juste le miracle dont nous avions besoin! dit Freedom.

Ils arrivèrent à l'arrière du pickup et sautèrent dedans immédiatement. À peine avaient-ils atterri que le moteur du véhicule se mit en route. Ils se regardèrent avec joie. Les soigneurs avaient été apparemment dans la cabine, prêts à partir. Le timing était absolument parfait.

— Tu vois, quand tu commences à percevoir la vie de façon positive, les miracles peuvent se produire. Des miracles réels et physiques! dit Freedom.

Mystic était dubitatif. Il avait fait l'expérience de ce qu'une pensée plus heureuse avait sur ses réactions émotionnelles, mais de là à créer des miracles physiques? C'était un peu plus difficile à accepter pour lui. Plutôt que de s'acharner sur cette idée, il décida de la laisser tomber pour l'instant d'autant que Freedom ne creusa pas la question non plus.

Alors que le pickup ronronnait dans les ruelles étroites vers le parc (du moins, ils l'espéraient), ils restèrent silencieux quand soudain Freedom dit :

— Vas-tu retourner vers ta maison quand nous serons de retour au parc?

Il n'y avait pas de malveillance ou d'accusation dans sa voix, juste une douce curiosité.

— Pourquoi me demandes-tu ça?

L'intuition de Mystic lui murmura quelque chose, non pas parce qu'il était en colère ou parce qu'il avait peur de l'écouter. Elle murmurait maintenant parce que c'était tout ce qu'elle avait à faire pour attirer son attention. Elle lui fit comprendre que Freedom avait encore une surprise pour lui.

— Il y a quelqu'un que j'aimerais que tu rencontres, si tu le peux, dit-elle.

— Quelqu'un qui a besoin de mon aide, comme Xoxo?

Il venait d'avoir un flash soudain, la vision d'un animal plus petit que Xoxo dans son ancienne cage. Il n'avait pas pu voir qui c'était, parce que la vision avait été trop furtive, rendant l'image floue.

Freedom sourit,

— Je vois que tu perfectionnes ton intuition. Oui, il s'agit de quelqu'un qui a besoin de ton aide.

— Alors oui, je serais heureux de le rencontrer, répondit Mystic, ravi de voir qu'elle avait assez confiance en lui pour lui recommander quelqu'un d'autre à aider et que leur aventure n'était pas encore terminée. Il savait qu'à la fin, il retournerait chez lui sans elle, et cela était un peu difficile à envisager.

Ils avaient été tellement absorbés par leur conversation et par leurs propres pensées qu'ils n'avaient pas remarqué qu'ils étaient déjà de retour dans le parc. Mystic ne le réalisa que lorsqu'il leva les yeux et vit les cous de Lili et Lulu entrecroisés au-dessus des arbres au loin.

— Nous sommes de retour! dit-il alors que le véhicule s'arrêtait non loin du vieil enclos des ours polaires.

Le moteur s'arrêta soudainement; alors ils bondirent sur leurs pattes et coururent vers l'arrière de la benne.

— Allez, suis-moi! dit joyeusement Freedom alors qu'elle bondissait du hayon. Mystic la suivit, parcourant encore une fois les sentiers familiers de ce parc bien aimé.

Il reconnut l'endroit vers lequel ils se dirigeaient : la vieille cage de Xoxo. Mais avant d'y arriver, Freedom l'arrêta en posant une patte douce sur son flanc.

— Chut, dit-elle.

Ils s'avancèrent lentement, en faisant le moins de bruit possible lorsque Freedom pointa de la patte.

— Là.

Mystic regarda dans la cage qui était encore plus déprimante qu'avant et vit un petit animal enroulé sur la poussière du sol. Celui qui était là était petit et roux, mais pas roux comme Trembly. C'était un roux plus doux, presque attendrissant. Il réalisa que son intuition lui avait montré tout cela, tout sauf l'occupant de la cage.

Et c'est probablement parce que j'ai été pris par surprise. Peut-être que si j'apprends à ressentir mon intuition quand elle s'apprête à communiquer avec moi, je serai capable de voir encore plus clairement ! L'idée était passionnante et il n'eut pas à attendre longtemps pour la voir se réaliser. Un autre éclair lui vint alors, mais au lieu d'une image statique ou d'une brève vision de ce qui pouvait arriver, il la vit comme si elle se passait réellement, juste devant lui.

Il vit la petite créature et lui-même jouer comme il avait joué avec Bumpa il n'y avait pas si longtemps, roulant sur le sol dans un enclos qui était beaucoup, beaucoup plus agréable que celui dans lequel il était maintenant. Tout autour, les enfants étaient alignés, leurs visages souriants se penchant en avant pour les voir jouer tous les deux. Et avec cette vision, Mystic sentit une grande vague de bonheur.

— Il est mignon, dit-il.

— Il l'est, confirma Freedom. Et il a besoin de ton aide. Mais quand il sera prêt.

— Quel est son nom ?

Freedom haussa les épaules.

— Je ne pense pas qu'il en ait un, mais les humains l'appellent panda roux. C'est peut-être une bonne façon de te présenter à lui quand il sera temps. Donne-lui un nom qui montre ton attention.

Mystic réfléchit pendant un moment, puis décida de suivre son premier instinct.

— Et pourquoi pas Cutie ?

Freedom lui fit un large sourire.

— Je pense que ce serait tout simplement parfait. Mais pour l'instant, laissons-le. Il a eu une journée très difficile et il a besoin de temps pour lui.

Et tout aussi tranquillement, ils changèrent de direction et retournèrent sur le chemin.

- 6 -

Après avoir quitté la cage de Cutie, Ils se promenèrent un petit moment dans le parc. Mystic demanda à Freedom comment ils allaient rester en contact pour passer autant de temps ensemble qu'ils le souhaitaient une fois qu'il serait de retour chez lui.

— C'est très simple, dit Freedom avec amusement. Il te suffira de m'appeler mentalement, d'avoir la conviction que je t'entendrai, et je viendrai.

Mystic la regarda avec incrédulité.

— C'est la vérité, insista-t-elle. Tes intentions devront être fortes et directes. Il te faudra sentir avec certitude qu'elles fonctionneront, et ça marchera !

— Et si je n'y arrive pas ? demanda Mystic en doutant. Ou si cela me prend beaucoup de temps pour y arriver ? Comment est-ce que je vais te voir ?

— Ne t'inquiète pas, Mystic, je ne serai jamais loin. Même si nous sommes séparés physiquement, nous sommes toujours ensemble ici. Elle tapota sa patte contre sa tête.

Mystic se rappelait comment elle avait semblé apparaître presque comme par magie quand il était en difficulté.

— C'est comme ça que tu savais toujours quand j'avais le plus besoin de toi ?

— Bien sûr. Et tu vois ? J'ai toujours été là à chaque fois que tu m'as appelée.

— Mais je ne t'ai pas appelée.

— Si, tu l'as fait, tu n'en étais tout simplement pas conscient. Mais je te ressentais chaque fois que tu avais besoin de moi.

Une fois de plus, Mystic était admiratif de Freedom.

— Tu es magique, murmura-t-il.

— Non, Mystic, je ne le suis pas. Au moins pas plus que toi ni personne. Nous avons tous cette capacité. Certains, comme toi, doivent simplement la réapprendre, mais nous l'avons tous.

— Oui, et avoir l'air idiot en le faisant.

— Tu te sens peut-être ridicule, mais moi, je trouve que tu as l'air d'un mignon fou fou, déclara Freedom en souriant. Mystic afficha un large sourire. Et n'oublie pas que j'étais exactement là où tu es maintenant. Et regarde-moi, j'ai réussi à m'en sortir !

— Qu'est-ce qui ne va pas avec nous alors ?

— Rien, tout va bien, dit Freedom en riant. Nous sommes tous différents, et c'est un cadeau extraordinaire. Ça nous rend fort à notre manière quand d'autres ne le sont pas, et cela signifie aussi que d'autres sont forts à leur manière quand nous ne le sommes pas. Nous nous complétons tous les uns les autres.

— Alors, nous avons tous quelque chose à offrir aux autres ?

demanda Mystic. Quelque chose qui rendra leur vie meilleure ? Plus heureuse ?

— Oui, s'écria Freedom. N'est-ce pas merveilleux ?

Mystic pensait à sa relation avec Sarah. Il se souvenait du bien-être extraordinaire qu'il éprouvait quand elle le caressait ou jouait avec lui et comment à chaque fois il avait remarqué qu'elle aussi se sentait mieux. En réalité, il ne pouvait se rappeler d'un seul moment où l'un d'entre eux était sorti d'une rencontre sans avoir été touché par l'autre.

— Penses-tu que nous partageons également ce lien avec les humains ?

— Je parie que oui ! dit Freedom, confirmant ce que l'intuition de Mystic laissait déjà entendre.

Cette confirmation n'était pas la seule raison pour laquelle il n'était pas surpris par son excitation. C'était aussi parce qu'elle semblait toujours prête à croire tout ce qui était positif et amusant ; Elle en était animée. Il trouvait cela tout simplement remarquable et l'aimait encore plus. Elle était vraiment une créature incroyable.

Freedom l'embrassa tendrement sur la joue.

- 7 -

Désormais, Mystic marchait seul dans le parc. Après le baiser, Freedom était partie pour aider un autre animal, et avant cela, ils s'étaient donné rendez-vous pour le lendemain.

Grâce à l'expérience qu'il avait eue avec Xoxo, il savait quelle joie cela procurait d'aider les autres à trouver un plus grand bonheur. Cependant, il avait eu du mal à ne pas la supplier de rester.

Cela faisait longtemps qu'il n'avait pas ressenti une telle douleur, et le retour de cette sensation était presque insupportable.

— Tu vois ? Je te l'avais dit que ça ne dure jamais !

La voix venait des bois à sa gauche. Elle vint si soudainement que Mystic sursauta. C'était Trembly, naturellement – Mystic pouvait reconnaître la suffisance dans sa voix – et un instant plus tard, le chat roux sortit sur le sentier.

— Bonjour, mon ami, dit Trembly. Je t'ai entendu m'appeler à l'aide, alors voilà !

— Je ne t'ai jamais appelé !

— Tu veux dire que tu ne l'as pas ressenti ? Dans ton petit cœur brisé et vide ? Oh, c'est dommage.

MYSTIC À LA DÉCOUVERTE DU BONHEUR

Le sourire de Trembly transforma son visage en un horrible masque plein de dents pointues.

— Ne te mens pas à toi-même. Tu étais dans la douleur, et c'est dans ces moments que tu as besoin de moi. Tu le sais.

Je ne peux pas le laisser m'envahir, pensa Mystic, inquiet. *Je dois me sentir mieux ! Je dois trouver un moyen ! Il est normal que je sois blessé et apeuré quand Freedom est partie, mais je ne peux pas laisser cette douleur me consumer. Si je le fais, Trembly deviendra plus puissant et se transformera en cette horreur qu'il était auparavant.*

À cette pensée, l'image de Trembly triplé en taille avec des yeux creux, vides et une bouche cauchemardesque lui apparut. Il frissonna. La peur commençait à revenir. Il pouvait la sentir se propager dans tout son corps.

Oh non !

— Oh oui ! s'écria Trembly avec un grand plaisir. Tu ne pourras jamais échapper à la douleur ! Jamais ! Si seulement tu l'avais accepté plus tôt, tout aurait été tellement plus facile ! Alors pourquoi ne pas le faire maintenant ? Abandonne et accepte que nous sommes tous condamnés à cette vie de misère ! Toi, Freedom et même Bumpa !

Mystic savait rationnellement que tout ce que Trembly disait était faux, mais son esprit ne pouvait s'empêcher d'écouter. Son corps tremblait de peur. Il appela Freedom dans sa tête, criant pour qu'elle vienne le sauver. Il la visualisa comme elle l'avait dit, et pendant une fraction de seconde, l'image lui accorda un sursis à sa peur. Il crut qu'elle pourrait venir.

Mais elle ne vint pas.

Trembly éclata de son rire méchant, comme s'il avait goûté à l'échec de Mystic et l'avait trouvé délicieux.

Et si Trembly avait raison ? pensa Mystic soudainement. *Le bonheur semble vraiment être une illusion éphémère. Bumpa est parti, Freedom est partie... notre bonheur n'a même pas pu durer le peu de temps que nous avons passé ensemble.* Il se sentit submergé par la colère. *Pourquoi a-t-elle dû faire ça ? Pourquoi pense-t-elle que partir et faire ce qu'elle aime est plus important que de rester ici avec moi ?*

— Parce que si je ne me donne pas ce dont j'ai besoin pour me sentir bien, alors je ne pourrai pas t'aimer, dit Freedom, apparaissant derrière Trembly, surprenant Mystic.

— Et il en va de même pour toi, ajouta-t-elle.

Aussitôt la colère de Mystic disparut, consumée par un sentiment de honte. Il baissa la tête.

— Hé, tu vas bien maintenant, dit-elle, s'approchant de lui. Trembly est parti.

Mystic était tellement embarrassé par ses pensées blessantes et égoïstes qui lui avaient traversé l'esprit et qu'elle avait entendues.

— Je ne peux plus te regarder dans les yeux, grommela-t-il misérablement. Je suis un raté.

— Non, tu ne l'es pas, dit-elle, couvrant la patte de Mystic avec la sienne. Tu as simplement trébuché, comme nous le faisons tous.

— C'étaient de si mauvaises pensées, dit-il, en colère contre lui-même pour avoir été si lâche.

— Ce ne sont pas tes pensées, Mystic. Elles viennent de traverser ton esprit dans un moment de faiblesse, mais elles ne sont pas les tiennes. Ne les accapare pas en les jugeant, en les ruminant, ou en les partageant. Laisse-les simplement s'évaporer.

Ce que Freedom venait de dire le soulagea, et il se sentait à nouveau capable de la regarder. Il releva la tête. Trembly était bel et bien parti, et Freedom le regardait, les yeux pleins de gentillesse. Quel soulagement après s'être retrouvé projeté à nouveau dans cette négativité si choquante et violente. Pendant un instant, il avait vraiment cru qu'il était condamné.

— C'était si brutal, murmura-t-il. La douleur quand tu es partie était terrible, et puis Trembly est apparu et... tout est allé si vite. J'ai juste perdu le contrôle et bien sûr, j'ai ressenti de la colère à nouveau. Comme tu me l'as déjà dit, c'est comme ça que j'avais l'habitude de faire face à mes peurs. J'aurais vraiment souhaité que cela ne revienne pas aussi facilement.

— Je sais, répondit Freedom en posant son front contre le sien.

La chaleur de sa fourrure le fit se sentir encore mieux.

— Et cela se reproduira encore et encore jusqu'à ce que tu apprennes à reconnaître ces moments de faiblesse avant qu'ils ne surviennent, et à t'en détacher avant qu'ils ne t'empoignent. Quand tu pourras faire cela, ils commenceront à revenir de moins en moins souvent et avec moins d'intensité.

— Peut-on jamais se débarrasser d'eux complètement ?

— Non, dit Freedom en haussant les épaules, comme pour dire, que peut-on y faire ? Trembly sera toujours en train d'observer, cherchant à dénicher nos faiblesses. Il ne sera jamais totalement vaincu... et c'est ok, Mystic. Tu dois juste arrêter de t'accrocher à tes pensées négatives quand elles surgissent et les empêcher de devenir une partie de toi.

— Cela semble horrible et comme beaucoup de travail, dit Mystic en essayant de ne pas paraître aussi découragé qu'il le ressentait.

— Ça ira. Si je peux le faire, n'importe qui au monde peut le faire aussi, crois-moi.

— Merci d'être venue, dit-il.

Elle sourit,

— Je le ferai toujours si je peux,

- 8 -

Ils marchèrent ensemble jusqu'au bord du parc près de la maison de Mystic. Il lui semblait qu'il y avait des années qu'il n'avait pas pris ce chemin. Il pensa à l'époque où il avait emmené Tiny chez lui.

Il sourit, *J'étais alors un chat bien différent,*

— Eh bien, je suppose que je devrais rentrer à la maison, soupira Mystic.

— Tu devrais ?

— Oui...

Mystic fut perplexe devant sa réaction, mais son intuition lui disait qu'il était sur le point d'apprendre quelque chose d'important. Alors il attendit patiemment.

— Je ne fais jamais les choses par obligation ou par culpabilité, répondit Freedom.

— Mais parfois, nous devons le faire.

Freedom sourit de nouveau de son sourire sage et lumineux.

— Agir par culpabilité ou parce que tu te sens obligé, ça fait mal.

Mystic pouvait voir qu'elle aimait l'aider et il réalisa que lui aussi.

— OK, dit-il en riant. Alors, dis-moi comment je devrais... non, pas devrais, comment je peux faire ça.

Freedom sautillait avec enthousiasme.

— Tu me connais si bien maintenant ! dit-elle avec joie.

Mystic voulait savoir ce qu'elle allait dire. Chaque instant avec Freedom était une expérience passionnante. Il adorait ça.

— C'est facile, dit-elle enfin. Je choisis de toujours me sentir heureuse de faire ce que je fais. Je trouve des moyens de vouloir faire les choses que je dois faire. Je cherche ce qui peut m'apporter de la joie ou de la satisfaction en le faisant. Par exemple, je n'aimais pas me lever le matin. Quand j'étais endormie, allongée, à l'aise, au chaud et confortable, l'idée de me déplacer ne me plaisait pas. C'était un combat avec moi-même pour décider de me lever. Mais tu sais quoi ?

Mystic haussa simplement les épaules et sourit. Écouter Freedom était délicieux.

— J'ai trouvé un moyen de l'apprécier et même d'en être excitée, elle rit. Je garde les yeux fermés, et je cherche quelque chose que je ferai dans ma journée qui m'excitera. Même si cet événement ne se produira qu'en fin d'après-midi ou même en soirée, je le visualise et ressens la joie qu'il me donnera. Alors, je deviens soudainement impatiente de commencer ma journée et me lever devient une expérience heureuse et enthousiasmante.

Comme toujours, Mystic fut frappé par la simplicité de cet exemple. C'était logique.

— Alors ? demanda Freedom. Peux-tu faire en sorte que ton retour chez toi soit une expérience plus positive ?

Mystic le voulait – la pensée de la maison était très séduisante –, mais il y avait Freedom à considérer maintenant.

— Tu sais, dit-elle en interrompant ses pensées, même si tu ne rentrais pas chez toi, nous ne serions quand même pas toujours ensemble. Nous avons chacun nos propres choses à faire. J'ai d'autres personnes que j'aide et tu as aussi quelqu'un à aider.

Mystic n'y avait pas vraiment pensé de cette façon. Il était stupéfait de voir à quel point Freedom pouvait répondre de façon si directe et précise à ses préoccupations, lui disant exactement ce qu'il avait besoin d'entendre.

Rentrer à la maison n'était pas la raison pour laquelle il éprouvait de la peine. Sa séparation avec Freedom l'était. Comme dans tous les cas, ils allaient être séparés, il était plus facile de trouver des raisons pour lesquelles il était content de revenir chez lui.

— Je suis triste de ne pas pouvoir passer tout mon temps avec toi, mais je suis vraiment excité de revoir tout le monde, dit-il. Surtout Sarah et Tiny.

L'anticipation de son retour grandissait en lui maintenant.

— Rentrer me donne aussi l'occasion de me réjouir de te revoir et de partager des nouvelles de ma famille avec toi, ce que je ne pourrais pas faire si nous vivions ensemble. Et avec toutes mes expériences ici, je peux aider ma famille à trouver encore plus de bonheur, ainsi qu'apprendre d'eux des moyens d'être plus heureux moi-même.

Waouh, pensa-t-il, étonné de voir à quel point toutes les pensées positives lui venaient de plus en plus facilement. *C'est la même situation qu'auparavant, mais il y a un nombre illimité de façons dont je peux la percevoir. Et ça marche toujours ! J'adore ça !*

— Oui ! s'écria Freedom, en sautant et en enlaçant Mystic dans ses pattes avant, les faisant tomber tous les deux au sol.

Ils ne formaient plus qu'une boule de fourrure joyeuse.

— Merci de m'avoir donné une nouvelle vie extraordinaire, dit Mystic quand leur rire s'apaisa.

— De rien, dit-elle tendrement et elle lui donna un baiser. Allez. Je te raccompagne chez toi.

- 9 -

Ils venaient d'entrer dans le jardin de la maison voisine de Mystic quand il fut frappé par sa beauté.

— Whoa ! dit-il. Je ne savais pas que c'était si jolie ici. J'ai dû traverser ce jardin mille fois, mais je ne l'avais jamais vu comme ça. Il s'arrêta, tournant la tête, essayant de saisir tout à la fois.

— Est-ce que ça a toujours été comme ça ?

— Oui, dit Freedom. Mais souvent nous ne le voyons pas, ou nous ne cherchons pas à le voir, parce que nos esprits sont trop encombrés de négativité. Quand nous remplaçons cette négativité par quelque chose de plus positif, la beauté réelle, alors la vraie beauté se manifeste.

Mystic était captivé par les couleurs vibrantes de l'herbe, le brun crémeux des arbres et les teintes presque néon des fleurs. Les parfums qui flottaient dans l'air le transportaient presque dans un état d'extase.

— C'est un peu comme ce que j'ai vécu dans la cage de Xoxo, dit-il enfin.

— Avec une pratique régulière, ça sera de plus en plus facile, comme tout le reste, déclara Freedom. La véritable beauté rayonnera non seulement à travers les endroits, mais aussi à travers les autres et même les situations. C'est tout simplement extraordinaire.

Ils continuèrent leur marche dans le jardin, s'arrêtant de temps en temps pour sentir les fleurs ou pour caresser les plantes douces comme du duvet. Peu après, ils arrivèrent à la clôture en bois qui séparait ce jardin de celui de Mystic.

— C'est ici que je poursuis ma route en solitaire, dit-il en souriant.

— Je te verrai demain ou peut-être même ce soir, dit Freedom. Et je te verrai tous les jours et toutes les nuits que nous le pourrons. Nous allons beaucoup nous amuser – toi, moi et les autres dans le parc. Je suis tellement excitée, Mystic, pas toi ?

Mystic n'avait plus de place en lui pour être triste ou déprimé. Tout ce qui les attendait était extraordinaire et il ne pensait pas qu'il pourrait même trouver un moyen d'être déprimé à nouveau. Sa vie était comme un conte de fées. Il se sentait béni.

— Je t'aime, dit-il en frottant son nez contre la joue de Freedom. Je t'aime.

— Je t'aime aussi, Mystic.

Après leurs adieux et un doux baiser de bonne nuit, Mystic s'élança sur la clôture en bois et, après un dernier regard en arrière vers Freedom, il bondit de l'autre côté.

- 10 –

Mystic traversa le jardin, toujours émerveillé par la beauté qu'il voyait. Il remarquait des détails qu'il n'avait jamais vus auparavant : l'élégance complexe de l'agencement des pierres le long de la clôture, la gracieuse douceur des lys de Jane ondulant dans la brise. C'était paradisiaque.

Il était au milieu du jardin, se déplaçant plus rapidement maintenant et se dirigeait vers la chatière, quand il entendit la voix aiguë de Tiny crier de joie.

— Mystic ! cria Tiny. Mystic !

Mystic tourna la tête en direction des cris de joie et vit Tiny courir vers lui. Il était surpris de voir à quelle vitesse Tiny avait grandi en si peu de temps.

— Tiny ! Tu es tellement grand maintenant ! dit-il.

Ils coururent l'un vers l'autre, s'entrechoquèrent, se cognant la tête et s'effondrant dans un éclat de rire. Après s'être démêlés, ils se levèrent en sautant de joie.

C'est alors que Mystic entendit la voix de Sarah. C'était le son le plus extraordinaire. Il n'avait même pas réalisé à quel point elle lui avait manqué jusqu'à présent. Elle était debout dans l'encadrement de la porte de la cuisine, sautillant comme lui et Tiny, et criant de joie.

Mystic et Tiny échangèrent un regard complice et coururent vers la maison.

- 11 -

Mystic et Tiny étaient couchés l'un à côté de l'autre sur le lit de Sarah. Elle était sur le plancher, jouant avec sa poupée, bavardant joyeusement toute seule. Son enthousiasme à l'égard du retour de Mystic n'était pas encore retombée, et cela le rendait heureux, surtout maintenant qu'ils étaient à l'étage confortablement allongés sur le lit. Sarah avait insisté pour les porter tous les deux en même temps, ce qui n'avait pas été une expérience agréable pour les deux chats, mais Mystic avait été surpris de découvrir que même cela lui avait apporté une petite dose de joie. Rien que de voir le bonheur sur le visage de Sarah avait contribué à augmenter le sien.

Tandis que Sarah jouait, Tiny avait demandé à Mystic de lui raconter ses aventures. Mystic le fit, parlant longuement et racontant tout ce qu'il pouvait. C'était une merveilleuse façon de réfléchir à tout ce qui s'était passé. Lorsqu'il eut terminé, Tiny le regarda avec les yeux écarquillés, bouche bée.

— Donc, si je choisis d'être heureux, alors seulement de bonnes choses m'arriveront ? Tous mes vœux se réaliseront ?

— Je ne sais pas. C'est ce que Freedom semble croire, mais...

— Alors c'est vrai ! s'exclama Tiny.

— Non, pas nécessairement.

— Mais tu viens de dire que Freedom y croyait ! protesta Tiny.

— Eh bien, elle a également précisé que si quelqu'un dit que quelque chose est vrai, cela ne veut pas dire que ça l'est. Tout ce que nous percevons c'est ce que nous croyons, et cela nous amène à penser que c'est la vérité ultime. Mais en fait, c'est seulement *notre* vérité ultime. Il n'y a pas qu'une seule vérité, il y en a autant qu'il y a de personnes et de créatures dans le monde.

— Wow, c'est beaucoup.

— Regarde Sarah par exemple. Elle voit des choses tout en jouant avec sa poupée que nous ne pouvons pas percevoir, donc sa perception de ce qui se passe est très différente de la nôtre. Et je suis sûr que Jane et Pete ont une vision très différente de la vérité aussi. Ils pourraient tous regarder exactement la même chose et ne pas la percevoir de la même manière, car ce ne sont pas les yeux qui voient, c'est l'esprit. Et il est dirigé par toutes les croyances que nous avons ici.

Il tapota sa tête pour accentuer son propos.

— Donc, si nous décidons de remplir nos esprits avec des pensées heureuses, alors nous verrons des choses heureuses autour de nous ? demanda Tiny.

— C'est ce que j'ai vécu.

— Mais que s'est-il passé quand Xoxo a réalisé son rêve ? insista Tiny.

— Je ne sais pas, Tiny, répondit Mystic honnêtement. Freedom aime penser que c'est le changement de perception de Xoxo qui a provoqué son miracle. Elle le croit vraiment.

— Et toi, tu n'y crois pas ?

— Là-dessus, je ne suis pas sûr, mais ce dont je suis sûr, c'est que nous ne devrions jamais porter de jugement sur les convictions ou la vision de la vérité des autres. Et nous ne devrions jamais essayer d'imposer les nôtres à quiconque. Rappelle-toi que c'est seulement notre vérité, notre façon de nous sentir mieux dans la vie. Cela ne concerne que nous. Nous avons la possibilité d'écouter et d'échanger nos croyances si nous le souhaitons, mais nous ne devrions jamais nous disputer à ce sujet. Si chacun pouvait accepter que les autres ont leur propre vérité et leur propre perception, le monde deviendrait un endroit plus heureux pour nous tous.

Pendant un instant, les deux chats silencieux imaginaient un monde parfait où tous les êtres seraient libres d'avoir leurs propres croyances. Ce serait merveilleux.

— Et bien tu sais quoi ! dit soudain Tiny, moi je l'aime bien la croyance de Freedom. Ça ne peut pas me faire de mal, ça peut que m'aider à être plus heureux. Alors je ne vois pas pourquoi je la rejetterais. On a tellement tendance à adopter les croyances des autres quand elles sont négatives, comme par exemple que la vie est difficile et injuste, alors pour une fois…pourquoi est-ce que je devrais dire non à une croyance qui fait du bien !

Mystic sourit à Tiny. Il comprit que le petit chat était né avec la connaissance instinctive que Mystic avait dû réapprendre avec Freedom pendant cette dernière semaine. Tiny n'avait simplement jamais oublié son instinct.

— Tant mieux pour toi, dit Mystic. Et tant mieux pour moi

d'avoir la chance de t'avoir comme famille maintenant. Il ronronna et frotta son nez contre la joue de Tiny, ce qui fit ronronner Tiny aussi.

Sarah, entendant peut-être leur ronronnement, se tourna vers eux avec un regard d'excitation et d'amour et sauta sur le lit joyeusement.

— Le bonheur est contagieux, murmura Tiny.

— Oui, en effet, répondit Mystic.

- 12 -

Les retrouvailles avec sa famille avaient été incroyables. Mystic n'aurait jamais imaginé que cela puisse être aussi agréable, être à la maison avec son nouveau petit frère était tout simplement parfait. C'était tellement plus amusant que d'être seul.

Maintenant il était couché sur le dossier du canapé, Tiny devant lui dormait profondément. La famille avait fini de dîner (Tiny et Mystic avaient été servis de généreuses portions de nourriture fraiche), et tout le monde était rassemblé dans le salon, à bavarder joyeusement et à se détendre.

Soudain, Sarah cria, réveillant Mystic et Tiny, et surprenant tout le monde.

— Regardez! cria-t-elle. Mystic est à la télé!

Elle pointa l'écran en parlant et en sautillant d'excitation. Mystic se demanda pourquoi et regarda ce qu'elle désignait du doigt. Ce qu'il vit le figea sur place. C'était lui et Freedom dans l'enclos avec Xoxo et tous ses nouveaux amis! Il se leva et s'approcha de l'écran, le regardant avec émerveillement.

— Regardez! dit Sarah en montrant Mystic du doigt. Maman, regarde! Il sait que c'est lui sur l'écran!

Jane et Pete essayèrent de la calmer, mais ce n'était pas facile.

Tiny suivit Mystic en silence, son regard captivé par la télévision.

— Maman! Le chat noir a sauté, et les singes l'ont rattrapé! Cria Sarah bondissant à nouveau. Oh, et maintenant Mystic a sauté et ils l'ont attrapé, aussi!

Mystic sourit, se regardant lui-même et Freedom se jetant dans un si grand espace (qui semblait encore plus grand maintenant qu'il le voyait d'un point de vue différent). *Il est facile de sourire maintenant, sachant qu'ils vont nous rattraper*, pensa-t-il.

Tiny regardait fixement l'écran.

— C'est magique, murmura-t-il. Tu me l'as raconté, et maintenant je le vois !

Mystic se mit à rire et se retourna vers le poste de télé, espérant voir la suite, mais l'enclos des singes avait disparu. Au lieu de cela, l'image montrait un grand champ avec de hautes herbes jaunes bruissant dans le vent. L'intérêt de Mystic s'estompa. Il se dirigea vers le canapé pour reprendre sa sieste lorsque la voix de Bumpa emplit la pièce.

Il se retourna vers l'écran, sans savoir à quoi s'attendre, et ce qu'il vit emplit son cœur, le faisant déborder d'émotion. C'était Bumpa.

Il était sur l'écran où Mystic venait de se voir lui-même. Il sortait de l'arrière d'un camion, se dandinant d'une façon dont Mystic se souvenait parfaitement. Un autre éléphant marchait à côté de lui. Ils se balançaient à l'unisson, comme s'ils se connaissaient depuis des années.

— Bonjour, Mystic, barrit Bumpa, face à l'écran. Mon intuition me dit que tu peux m'entendre. Je ne sais pas comment c'est possible, mais j'écoute toujours ce qu'elle me dit. Je pense que tu as probablement appris un peu à ce sujet maintenant.

Bumpa cligna des yeux, et Mystic fixa l'écran, totalement stupéfait.

— J'espère que Freedom t'a aidé autant que j'en avais rêvé et même plus, poursuivit Bumpa.

Mystic commença à haleter. L'émotion de voir Bumpa à nouveau était incroyable et intense. Des larmes jaillirent de ses yeux. Il avait rêvé de ce moment depuis longtemps, il l'avait imaginé encore et encore, et bien que la réalité fût différente, les émotions étaient là.

— Bumpa ! s'écria-t-il. Bumpa !

— Avant de partir, je me suis assuré que Freedom prendrait soin de toi, dit Bumpa même s'il ne pouvait pas entendre Mystic. Tu mérites d'être heureux et libre. La vie est extraordinaire.

Mystic regarda son ami à l'écran à travers un voile de larmes scintillantes. Il réalisa que Bumpa avait été retiré du parc et emmené dans un endroit où il pouvait être libre et s'épanouir, tout comme cela avait été le cas pour Xoxo.

D'une manière ou d'une autre, Bumpa savait que cela allait se produire, pensa Mystic. *Il avait gardé le secret pour que nous puissions profiter de tout notre temps ensemble jusqu'à la fin, comme Lulu l'avait dit. Et avant qu'il ne parte, il m'a envoyé Freedom parce qu'il savait que* j'avais besoin d'aide pour découvrir ce qu'était le vrai bonheur. Il l'a envoyée pour m'aider à me libérer.

— Tu te souviens de cette nuit où j'ai fait un vœu et dit que je te dirais ce que c'était quand il se réaliserait ? dit Bumpa.

Mystic s'en souvint. C'était un souvenir qui le remplissait désormais de joie plutôt que de tristesse.

— C'est ce que j'ai souhaité ! Mon rêve s'est réalisé, et je vis mon rêve ! Je n'ai jamais été aussi heureux de toute ma vie !

Je suis tellement heureux pour toi, Bumpa. Je suis tellement heureux que tu sois libre et que tu vives ton rêve, je peux entendre la joie dans ta voix ! Mystic espérait que ces pensées parviendraient à son ami d'une manière ou d'une autre.

— Tu me manques, Mystic, et je pense à toi tous les jours, mais je suis persuadé que tu es heureux et libre, et que tu découvres à quel point la vie est extraordinaire.

À l'écran, Bumpa laissa échapper un grand barrissement de joie, son sourire jusqu'aux oreilles illuminant toute son imposante stature.

— Je suis maintenant certain que tu comprends quand je te dis d'apprécier tout ce que la vie t'offre et de toujours trouver un moyen de ressentir le bonheur en toutes choses.".

Oui, je suis heureux, dit Mystic avec un sourire. *Freedom m'a donné le plus beau cadeau de ma vie. Je suis vivant aujourd'hui comme je ne l'ai jamais été. Et demain je serai encore plus vivant, et après-demain, encore plus. Et c'est grâce à toi, Bumpa.*

— Je t'aime, Mystic, dit Bumpa. Je t'aime.

Merci, Bumpa. Je t'aime aussi, pour toujours et à jamais.

L'image à l'écran changea. Mystic le fixa un instant, attendant de voir si Bumpa reviendrait, mais cela ne fut pas le cas.

Mystic retourna sur le divan où Sarah était maintenant assise, tenant Tiny sur ses genoux, le caressant. Mystic grimpa et s'installa à côté de son nouveau petit frère puis se mit à ronronner.

Il regarda par la fenêtre et vit Freedom à travers la vitre, un sourire sur le visage. Elle cligna de l'œil et puis sauta du rebord. Mystic sourit en se couchant sur les genoux de Sarah.

Il ferma les yeux. *Pour toujours et à jamais*, pensa-t-il.

FIN

Vous avez aimé...

Vous avez aimé les aventures de Mystic et souhaitez soutenir l'auteur ?
Prenez un instant pour partager vos impressions avec d'autres lecteurs.
Votre avis les aidera à découvrir ce roman.
Un immense merci pour votre soutien !

Anne-Claire Szubaniska

Mystic à la Découverte du Bonheur est le premier roman d'Anne-Claire Szubaniska

À propos de l'auteur

Persécutée par mes peurs, mon cheminement vers le bonheur.

À l'âge de 10 ans, j'ai confié à ma mère mon rêve d'écrire un jour un livre sur les expériences douloureuses de mon enfance. Je prévoyais y décrire la négativité qui avait marqué mes premières années, me condamnant à une existence empreinte de souffrance, ainsi que les personnes qui l'avaient provoquée. Ce que j'ignorais alors, c'est que la vie avait une toute autre destinée pour moi et bien plus positive.

Jeune adulte, je luttais contre l'anorexie, la dépression et une haine virulente de la vie. Ces épreuves étant toutes l'expression de mes peurs les plus profondes. Puis un jour, à la lecture de mon premier livre de développement personnel, j'ai pris conscience que la joie et le bonheur que j'avais vécus chez mes grands-parents des années auparavant, n'était pas perdu à jamais dans la jungle inextricable de mon mal-être. En y mettant du mien, je pouvais les retrouver.

Cette découverte m'a conduite sur un chemin escarpé, entravé par des obstacles émotionnels. J'ai traversé des hauts et des bas, provoqués par mes angoisses et ma négativité qui revenaient en force cherchant à percer ma fragile carapace pour me plonger dans le tourbillon de mon agonie existentielle. Malgré leur acharnement, je n'ai jamais abandonné. C'est ainsi que j'ai saisi la nature de ma joie intérieure, apprenant ensuite comment l'atteindre et la développer pour qu'elle réside en moi de manière permanente et durable.

C'est alors que le désir d'écrire sur mes expériences passées refit surface. Cependant, cette fois, je n'étais plus hantée par l'histoire sombre de mon enfance. Cette fois ma plume se barderait de positivité, je choisirais des mots qui résonneraient chez chacun de mes lecteurs, une allégorie riche en rebondissements racontant l'histoire d'un chat qui entame son propre cheminement pour découvrir le véritable bonheur qui sommeille en lui. C'est ainsi que "Mystic à la découverte du bonheur" est né.

~

Remerciements

Merci Antoine, pour ta patience lorsque je perdais la mienne. Mais au-dessus de tout, merci pour notre amour, sans lequel je n'aurais jamais pu m'ouvrir à cette aventure extraordinaire.

Merci à ma mère pour avoir aimé les aventures de Mystic dès la lecture de mon premier brouillon.

Finalement, merci à toute ma famille pour un soutien dont je n'aurais jamais osé rêver.

www.ingramcontent.com/pod-product-compliance
Lightning Source LLC
Chambersburg PA
CBHW030433010526
44118CB00011B/620